50テーマ&
100キーワードでわかる

CORPORATE FINANCE

一通り
コーポレート・
ファイナンス

公認会計士・税理士
佐和 周——著

中央経済社

はじめに

　本書は，コーポレート・ファイナンスに関する様々なテーマについて，ざっと一通り確認できるよう，「50のQ&A」と「100のキーワード」に整理したものです。著者がよく遭遇する論点や企業の方々のよくある疑問を中心に，「これだけ知っておけば，社内外のコミュニケーションがスムーズ」という，ちょうどいいくらいのレベルを目指しました。言い換えると，誰でもわかる簡単さも，逆にプロにしかわからない難しさもありません。企業の方々が，自社に関係するコーポレート・ファイナンスの論点について，ちゃんと秩序立てて説明できるレベルに目線を合わせています。

　少し経緯をお話しすると，ここ何年か，「ROEは8％を上回っていなければならない」や「PBRが1倍割れということは解散価値を下回っている」など，正直よくわからない議論があります。著者は，そういう議論は適当に流していたのですが，編集者の方から「しっくりきていない人が多いのでは？」と企画のご提案があり，「まあ，確かに」と納得しました。そのときは「最近仕事でもよく議論するから頭の中も整理されているし，以前に作った資料もあるし，すぐに書けるだろう」と安請け合いしてしまったのですが，いざ書こうとすると，「ちょうどいいレベル」というのもなかなか難しいものだなと気付かされました。

　それはそれとして，本書の執筆の際に気を付けたことは3つあります。
　1つ目として，何よりも「スッキリさせること」を重視しました。構成は「資金調達→投資→株主還元」という流れに沿う形にしながら，投資と株主還元の選択を「キャピタル・アロケーションの問題」として整理したり，資本収益性を示す指標（ROE）や企業価値に関連する株価指標（PBR）との関係を整理したり，色々な工夫をしています。
　2つ目として，できるだけ幅広いテーマを取り扱いながらも，1テーマ読み切りの形式を採用することで，1つの話を膨らませ過ぎないように注意しました。全体のストーリーをあえて「ぶつ切り」にすることで，気になるテーマだけを読んで頂けるようにしています。

3つ目として，よくわからないことは，「よくわからない」と断言しました。数式が多いので騙されがちですが，実務上のコーポレート・ファイナンスに関する議論は，「みんながそう言ってるから，まあいいか」みたいな適当なノリがあるのも事実なので。

　気を付けた上記3つのポイントとは逆に，本来もっと気を付けるべきだったのは，「この企画を引き受けた際の軽率な判断」ということで間違いありません。

　ちなみに，最初に著者のスタンスを申し上げておくと，重要なのは，「財務」よりも「事業」のほうだと考えています。こんなことを言うと身も蓋もないですが，結局のところ，事業が好調でどんどん利益が出ており，将来に向けた成長投資をしっかりと行っていれば，財務についても大きな問題は起きません（少なくともあまり指摘されません）。ROEも高くなるし，株価も高くなるし，PBRも高くなるはずです。

　ただし，これは財務を無視していいという意味ではありません。特に上場企業の皆さんは，財務の話から逃れることもできないでしょう。東証の要請には応える必要がありますし，機関投資家の意見や社内の議論が理解できないのも困ります。そこで，「ぜひそういう方々に読んでいただきたい」ということで，本書を書いたという経緯があります（前述の経緯との食い違いは無視してください）。

　本書が，著者と同様，「コーポレート・ファイナンスの話は，どうもしっくりこないなあ」と感じておられる皆さんの効率的な知識習得の一助になることを心から願っています。

　最後に，本書を企画してくださった中央経済社の末永芳奈氏，協力してくださった企業の方々に改めて厚く御礼申し上げます。

2024年8月

佐和　周

※　本書における見解は，すべて著者個人のものであり，著者が所属する組織とは全く関係しません。

目　次

はじめに　*I*
凡例　*xvii*
全体の構成　*xviii*

第Ⅰ章
コーポレート・ファイナンスの視点で見る財務諸表

Q-1 コーポレート・ファイナンスと会計の関係 ──────── *2*
　(1) コーポレート・ファイナンスとは　*2*
　(2) ファイナンスを理解するための会計知識　*2*
　(3) 財務会計とファイナンス　*3*
　(4) 管理会計とファイナンス　*5*
　(5) 財務会計・管理会計・ファイナンスの関係まとめ　*6*

　コラム　会計基準による財務諸表や財務指標の見え方の違い　*4*

Q-2 貸借対照表①：資産や負債のわかりやすい切分け方 ──────── *7*
　(1) 貸借対照表と資金の流れ　*7*
　(2) 資産や負債の切分け方　*8*
　　■有利子負債の切分け　■事業資産・負債と事業外資産・負債の切分け　■運転資本と固定資産の切分け

Q-3 貸借対照表②：純資産・自己資本・株主資本の関係 ──────── *12*
　(1) 自己資本の位置付け　*12*
　(2) 純資産とその内訳　*12*
　(3) 株主資本とは　*13*
　(4) 自己資本とは　*13*
　(5) 自己資本の役割　*14*

　コラム　よくわからない簿価純資産の位置付け　*14*

Q-4 貸借対照表③：バランス・シートの最適化とは ──────── *16*

  (1)　バランス・シートから見た収益性　*16*
  (2)　バランス・シートの最適化とは　*17*
  (3)　資産の圧縮　*18*
   ■余剰資金の圧縮　■政策保有株式の縮減　■関連会社株式の売却　■遊休不動産などの処分　■賃貸不動産の売却
  (4)　資本構成の検討　*21*

[コラム]　バランス・シートの最適化と固定資産の減損処理　*20*
[コラム]　事業外資産の売却収入の使途　*20*

Q-5　貸借対照表④：余剰資金保有の考え方 ——— *22*
  (1)　必要な手許資金残高　*22*
  (2)　企業はなぜ余剰資金を保有するのか（予備的動機）　*23*
  (3)　結果としての余剰資金保有　*26*
  (4)　デット・キャパシティやコミットメント・ラインとの関係　*26*
  (5)　過度な余剰資金の保有に係る問題　*28*
  (6)　余剰資金には意外に価値があるかもしれない　*29*

[コラム]　すべてを自己資金で賄うという方針　*25*
[コラム]　いったいキャッシュはどこにあるのか　*26*
[コラム]　余剰資金の評価がディスカウントされることの意味合い　*28*

Q-6　貸借対照表⑤：政策保有株式の縮減 ——— *30*
  (1)　政策保有株式とは　*30*
  (2)　CGコードにおける政策保有株式の位置付け　*30*
  (3)　リターンの問題　*31*
  (4)　ガバナンスに与える影響の問題　*32*
  (5)　機関投資家の厳しい目　*33*

Q-7　損益計算書：ファイナンスでよく使われる利益指標 ——— *34*
  (1)　損益計算書とは　*34*
  (2)　損益計算書の構成要素　*35*
  (3)　会計上の費用の位置付け　*37*
  (4)　ファイナンスで使う利益指標（EBITDA・EBIT・NOPAT）　*39*

[コラム]　持分法による投資損益の取扱い　*36*
[コラム]　設備投資による償却負担とEBITDA　*41*

Q-8 キャッシュ・フロー計算書：フリー・キャッシュ・フローとの関係 ─── 44
　(1) キャッシュ・フロー計算書とは　44
　(2) CFの重要性（利益との比較）　45
　(3) FCFとは　46
　(4) キャッシュ・フロー計算書でFCFは見つかるか　47
　(5) FCFの計算方法　48
コラム　事業安定期におけるCFと利益の関係　49
コラム　最もシンプルな運転資本の増加パターン　50

第Ⅱ章

キャピタル・アロケーション

Q-9 キャピタル・アロケーションの基本的な考え方 ─── 54
　(1) キャピタル・アロケーションとは　54
　(2) キャピタル・アロケーションの考え方　55
　(3) アロケーションの原資に係る検討　56
　(4) 資金のアロケーションに係る検討　57
　(5) 投資家への説明が求められる理由　59
　(6) キャピタル・アロケーション方針の例　60

第Ⅲ章

資金調達と資本コスト

Q-10 資金調達の分類 ─── 62
　(1) 負債による資金調達（デット・ファイナンス）　62
　(2) 株式による資金調達（エクイティ・ファイナンス）　63
　(3) デット・ファイナンスとエクイティ・ファイナンスの比較　66
コラム　有利子負債と無利子負債　63
コラム　内部留保＝エクイティ・ファイナンス　66

Q-11	事業リスク・財務リスクと営業レバレッジ・財務レバレッジ ———— 68

　　　(1)　事業のリスク（事業リスク）　*68*
　　　(2)　営業レバレッジとは　*69*
　　　(3)　負債のリスク（財務リスク）　*69*
　　　(4)　財務レバレッジとは　*71*
　　　(5)　財務リスクのモニタリング　*71*
　　　　■負債比率（ストック vs. ストック）　■Debt/EBITDA倍率（ストック vs. フロー）　■インタレスト・カバレッジ・レシオ（フロー vs. フロー）

Q-12	資本コスト①：資本コストとは ———————————— 76

　　　(1)　資本コストとは　*76*
　　　(2)　資本コストの把握と株主への説明　*77*
　　　(3)　負債コストと株主資本コストの比較　*79*
　　　(4)　見えづらい資本コスト　*80*

(コラム)　**資本コスト＝「期待」と「失望」の分水嶺**　*78*
(コラム)　**無借金経営が意味すること**　*79*

Q-13	資本コスト②：資本コスト・要求収益率・割引率の関係 —— 82

　　　(1)　要求収益率＝資本コスト　*82*
　　　(2)　要求収益率＝割引率　*83*
　　　(3)　資本コスト＝要求収益率＝割引率　*84*

(コラム)　**資本コストと企業価値の関係**　*84*

Q-14	負債コストと負債の節税効果 ———————————— 86

　　　(1)　負債コストとは　*86*
　　　(2)　負債の節税効果とは　*87*
　　　(3)　なぜ負債コストが重視されるのか　*88*

(コラム)　**節税効果は割引率に反映**　*88*

Q-15	株主資本コストとCAPM ——————————————— 89

　　　(1)　株主資本コストとは　*89*
　　　(2)　CAPMによる株主資本コストの推計　*89*
　　　(3)　株主資本コストの計算例　*93*
　　　(4)　投資家との対話の必要性　*94*

(5) 日本企業の株主資本コストはだいたいどれくらいか　95
Q-16　加重平均資本コスト（WACC）————————————— 96
　　(1) 加重平均資本コスト（WACC）とは　96
　　(2) なぜWACCは重要なのか　97
　　(3) WACCの決定要因（貸借対照表の左側）　98
　　(4) WACCの具体的な算定方法　98
Q-17　資本構成①：代表的な理論 ————————————— 100
　　(1) 資本構成とは　100
　　(2) MM理論　101
　　(3) トレードオフ理論　102
　　(4) ペッキング・オーダー理論　104
　　(5) 財務柔軟性に関する理論　105
コラム　MM理論から得られる示唆　102
Q-18　資本構成②：実務上の検討事項 ————————————— 107
　　(1) 実務における検討　107
　　(2) 考慮すべき諸要素　108
　　(3) 格付けへの影響（調達余力）の検討　109
　　(4) 自己資本水準の検討　111
　　(5) 資本構成の調整方法　111
コラム　格付けは高ければ高いほどよいわけではない　110
Q-19　資本コストと資本収益性を示す指標との対応関係 ————— 113
　　(1) 資本コストを意識した経営とは　113
　　(2) WACCとROICとの対応関係　114
　　(3) 株主資本コストとROEとの対応関係　114
　　(4) 厳密には比較できない　115
　　(5) 資本コストの使い方　115

第Ⅳ章

投資とその判断基準

Q-20　投資意思決定の手順とポイント ————————————— 118

(1)　ファイナンスにおける「投資」とは　*118*
　　　(2)　投資意思決定の手順　*120*
　　　(3)　投資意思決定の基準（NPV・IRR・回収期間など）　*122*
　　　(4)　実務的に重要なポイント　*123*
　　　　　■CF予測　■初期投資に係る検討
(コラム)　会計上の利益率を用いた投資意思決定　*122*

Q-21　NPV（正味現在価値）に基づく投資意思決定 ────── *125*
　　　(1)　NPVとは　*125*
　　　(2)　NPVに基づく投資意思決定の方法　*126*
　　　(3)　NPVの計算イメージ　*126*
　　　(4)　NPVの計算要素　*128*
　　　(5)　資本制約の問題と収益性インデックス　*129*
(コラム)　現在価値計算の頻出パターン　*128*

Q-22　IRR（内部収益率）に基づく投資意思決定 ────── *131*
　　　(1)　IRRとは　*131*
　　　(2)　IRRに基づく投資意思決定の方法　*132*
　　　(3)　IRRの計算イメージ　*132*
　　　(4)　IRRルールの問題点　*134*
　　　(5)　NPVとIRRのどちらを優先すべきか　*134*
(コラム)　それでもIRRは使いやすい　*135*

Q-23　投資意思決定時のハードル・レート ──────── *136*
　　　(1)　ハードル・レートとは　*136*
　　　(2)　ハードル・レートと資本コストの関係　*137*
　　　(3)　リスクに応じたハードル・レート設定　*140*
　　　(4)　事業別ハードル・レートの設定方法　*142*
　　　(5)　全社統一のハードル・レートという考え方　*143*
(コラム)　金利上昇が将来や過去の投資に与える影響　*139*
(コラム)　企業は事業別ハードル・レートを設定しているのか　*142*
(コラム)　そこまでしてβ値を計算する必要があるのか　*143*

Q-24　回収期間法に基づく投資意思決定 ──────── *145*
　　　(1)　回収期間法とは　*145*
　　　(2)　回収期間法の計算イメージ　*145*

　　　　(3) 回収期間法はわかりやすい　146
　　　　(4) 回収期間法の問題点と使い方　147
　　　　(5) 回収期間法が適合する状況　147
コラム　経営者も理解しやすい回収期間法　146

Q-25　投資案件のキャッシュ・フロー予測のポイント ────── 149
　　　　(1) CF予測の重要性　149
　　　　(2) CF予測の手順　150
　　　　(3) CF予測の際の注意点（with or without）　152
　　　　(4) シミュレーションの重要性　155
コラム　CF予測において貸借対照表を意識することの重要性　152

Q-26　投資プロジェクトとしてのM&A ─────────────── 156
　　　　(1) M&Aも投資プロジェクト　156
　　　　(2) M&Aに係る投資意思決定の方法　156
　　　　(3) 回収期間法によるリアリティ・チェック　159
コラム　どうにも怪しいM&AのNPV　159

Q-27　事業ポートフォリオの見直しと撤退の意思決定 ────── 161
　　　　(1) 事業ポートフォリオの見直し　161
　　　　(2) 資本収益性と成長性に基づく評価　162
　　　　(3) 事業撤退に係る意思決定　163
　　　　　■事業撤退の選択肢　■事業撤退の基準
　　　　(4) なぜ撤退は投資より難しいのか　164
　　　　(5) 各事業に対するモニタリング　166
コラム　事業ポートフォリオの見直しはなぜ行われないのか　161

第Ⅴ章

株主還元

Q-28　ペイアウト政策と総還元性向 ──────────────── 170
　　　　(1) ペイアウトとは　170
　　　　(2) なぜペイアウトが必要なのか　171
　　　　(3) ペイアウト水準の決め方　173

(4) ペイアウトを巡る実態　*175*
　　　(5) ペイアウトと総還元性向　*176*
コラム　高い総還元性向は何を意味するのか　*178*

Q-29　配当①：配当政策と安定配当 ─────── *179*
　　　(1) MMの配当無関連命題　*179*
　　　(2) 配当のシグナリング効果とは　*180*
　　　(3) なぜ安定配当が重視されるのか　*181*
　　　(4) 配当の基準　*182*
　　　(5) 配当に関する制約　*184*
　　　(6) 配当政策に関するIRの重要性　*185*
コラム　ネガティブな増配とポジティブな減配　*181*

Q-30　配当②：配当性向とDOEの関係 ─────── *187*
　　　(1) 配当性向とは　*187*
　　　(2) 配当性向の目安となる水準　*188*
　　　(3) DOEとは　*189*
　　　(4) DOEの目安となる水準　*190*
　　　(5) DOE＝配当性向×ROE　*191*
コラム　DOEの採用前に自己資本水準の適正化を　*190*

Q-31　自社株買い ─────────────────── *192*
　　　(1) 自社株買いとは　*192*
　　　(2) 自社株買いの目的　*193*
　　　　■株主還元（一過性の利益や余剰資金）　■資本収益性の改善
　　　　■資本構成の調整　■持合い解消の受け皿
　　　(3) 取得した自己株式の用途　*194*
　　　　■消却　■市場での処分（資金調達）　■保有継続
　　　(4) 自社株買いのシグナリング効果とは　*196*
　　　(5) 自社株買いによるEPSやROEの変化　*196*
　　　(6) 自社株買いにより株価は上昇するか　*198*

Q-32　配当と自社株買いの比較 ──────────── *199*
　　　(1) 配当と自社株買いの共通点　*199*
　　　(2) 配当と自社株買いの相違点　*200*

第Ⅵ章

資本収益性を示す指標

- Q-33 資本収益性を示す指標とその他の指標 —————— 204
  - (1) 企業や投資家が重視する指標　204
  - (2) 資本収益性を示す指標　206
  - (3) 他の指標とのバランス　207
- コラム　TSRは中長期的視点で相対評価すべき　210
- Q-34 ROA ———————————————————————— 212
  - (1) ROAとは　212
  - (2) 経営者目線の指標　214
  - (3) ROAの分解　215
  - (4) 日本企業のROAはだいたいどれくらいか　216
  - (5) ROEとの関係　217
  - (6) 事業別ROAによる管理　218
- コラム　分解後の指標がトレードオフの関係にある場合　216
- Q-35 ROE①：重視される理由 ——————————————— 219
  - (1) ROEとは　219
  - (2) ROEの分解と財務レバレッジの影響　220
  - (3) なぜROEが重視されるのか　221
  - (4) 求められるROEの水準　221
    - ■ROE＞8％？　■5年平均ROE≧5％？
  - (5) 日本企業のROEはだいたいどれくらいか　223
  - (6) 社内展開の難しさ　225
- コラム　企業がROEを重視する理由　221
- Q-36 ROE②：8％と比較することの意味 ————————— 226
  - (1) なぜ8％が基準になるのか　226
  - (2) ROEと株主資本コストは比較できるのか　228
  - (3) ROEという指標をどのように扱えばよいか　229
- Q-37 ROE③：ROEの改善方法 ———————————————— 230
  - (1) 日本企業の低ROEの要因　230
  - (2) 売上高当期純利益率の問題　231

(3) 総資産回転率の問題　*233*
　　　(4) 財務レバレッジの問題　*235*
　　　(5) 結局は財務ではなく事業が重要　*236*
コラム　為替レートの変動がROEに与える影響　*235*
Q-38　ROE④：分母子の変動パターンの整理 ——————— *237*
　　　(1) ROEの分母子への影響：パターン分け　*237*
　　　(2) ROEの上昇パターンの詳細　*238*
　　　　　■分子だけが増加　■分母の増加以上に分子が増加　■分母だけが減少　■分子の減少以上に分母が減少
コラム　M&AがEPSに与える影響　*239*
Q-39　ROIC ————————————————————— *241*
　　　(1) ROICとは　*241*
　　　(2) ROICの分子　*242*
　　　(3) ROICの分母（投下資本か投下資産か）　*242*
　　　(4) WACCとの対応関係　*244*
　　　(5) 事業別ROICによる管理　*244*
　　　(6) ROICのさらなる分解（ROICツリー）　*247*
　　　(7) ROEとの関係　*249*
コラム　企業は事業別貸借対照表を作成しているのか　*243*
コラム　ROICによる管理がうまくいかないケース　*247*
Q-40　ROICスプレッドとエクイティ・スプレッド ————— *250*
　　　(1) 資本収益性を示す指標と資本コストの対比（スプレッド）　*250*
　　　(2) 黒字事業のチェックに有効　*252*
　　　(3) 個別案件の評価と毎期の業績評価の関係　*254*
コラム　本当に動くのはROICだけか　*251*

第Ⅶ章

企業価値と株価指標

Q-41　自社の企業価値の把握 ————————————— *256*
　　　(1) 企業価値とは　*256*

(2) 自社の企業価値を考える　*259*
　　　(3) 自社の企業価値を知っておくことのメリット　*260*
　　　(4) 市場での過小評価の問題　*262*
[コラム] **企業価値の向上と株主価値の向上**　*260*

Q-42　DCF法による事業価値の把握 ─── *264*
　　　(1) DCF法とは　*264*
　　　(2) DCF法の特徴　*265*
　　　(3) DCF法の計算手順　*265*
　　　(4) DCF法による事業価値のシンプルな計算　*268*
　　　(5) DCF法をもとに企業価値の向上策を考える　*269*
[コラム] **ターミナル・バリューの割合が大きいことは問題ではない**　*267*
[コラム] **FCFの計算要素間の相互関連性**　*270*
[コラム] **事業外資産の売却と企業価値の向上**　*271*

Q-43　EV/EBITDA倍率による企業価値の把握 ─── *272*
　　　(1) 乗数法とその特徴　*272*
　　　(2) EV/EBITDA倍率とは　*273*
　　　(3) EV/EBITDA倍率で見る自社の評価　*274*
[コラム] **その利益は企業の実力を表しているか**　*275*
[コラム] **EV/EBITDA倍率とコントロール・プレミアム**　*276*

Q-44　残余利益モデルによる株主価値の把握 ─── *277*
　　　(1) 株主価値を直接算定するモデル　*277*
　　　(2) 残余利益モデルとは　*279*
　　　(3) 残余利益モデルで見るエクイティ・スプレッドとPBR　*281*

Q-45　PER ─── *283*
　　　(1) PERとは　*283*
　　　(2) PERの意味合い　*284*
　　　(3) PERに影響を与える要因（株主資本コストと成長率）　*286*
　　　(4) PERを使って株主価値を考える　*287*
　　　　　■日本企業のPERはだいたいどれくらいか　■業種別PERの重要性
[コラム] **PERから期待成長率を逆算する**　*287*

Q-46　PBR①：重視される理由（PERやROEとの関係） ─── *289*
　　　(1) PBRとは　*289*

- (2) PBRの意味合い *290*
- (3) PBRに影響を与える要因（PBR＝ROE×PER）*291*
- (4) 日本企業のPBRはだいたいどれくらいか *292*
- (5) PBRの改善策 *292*
- (6) 1株当たり純資産にどれほどの意味があるのか *294*

[コラム] 資産の含み益がPBRに与える影響 *295*

Q-47　PBR②：PBR1倍割れの意味 ─── *297*
- (1) PBR1倍割れの場合に言われること *297*
- (2) 残余利益モデルで見るPBR1倍割れの意味 *298*
- (3) 低PBRの構造的要因（ROEの問題か，PERの問題か）*299*
- (4) 東証が考える「PBR＝1倍」の意味合い *301*
- (5) PBR改善のポイント *302*

Q-48　コングロマリット・ディスカウントと企業価値の関係 ─── *303*
- (1) 多角化に関する基本的な考え方 *303*
- (2) コングロマリット・ディスカウントとは *304*
- (3) 多角化が正当化される状況 *306*
- (4) コングロマリット・ディスカウントへの対応 *307*

[コラム] コングロマリット・ディスカウント定量化の試み *305*

Q-49　IRと企業価値の関係 ─── *309*
- (1) CGコードにおけるIRの位置付け *309*
- (2) IRとは *310*
- (3) IRによる資本コストの引下げ（企業価値の向上）*311*

[コラム] 定性的にはそうかもしれないが定量化するのは難しい *312*

Q-50　ESGと企業価値との関係 ─── *313*
- (1) ESGとは *313*
- (2) ガバナンス（G）の重要性 *314*
- (3) 環境（E）・社会（S）とサステナビリティの関連性 *314*
- (4) 企業や投資家の実態 *316*
- (5) ESG対応と企業価値 *317*
- (6) 統合報告書による非財務情報の開示 *319*

索　引 *321*

Keyword 一覧

第Ⅰ章　コーポレート・ファイナンスの視点で見る財務諸表

Keyword 1：貸借対照表　7
Keyword 2：事業資産・事業負債　9
Keyword 3：事業外資産・事業外負債　9
Keyword 4：運転資本　10
Keyword 5：固定資産　10
Keyword 6：自己資本比率　15
Keyword 7：関連会社株式　19
Keyword 8：手元流動性比率　23
Keyword 9：予備的動機による資金保有　24
Keyword 10：コミットメント・ライン　27
Keyword 11：政策保有株式　30
Keyword 12：コーポレートガバナンス・コード　31
Keyword 13：損益計算書　34
Keyword 14：1株当たり当期純利益（EPS）　37
Keyword 15：EPS成長率　37
Keyword 16：損益分岐点売上高　38
Keyword 17：限界利益　39
Keyword 18：EBITDA　40
Keyword 19：EBITDAマージン　41
Keyword 20：EBIT　41
Keyword 21：NOPAT　42
Keyword 22：キャッシュ・フロー計算書　44
Keyword 23：フリー・キャッシュ・フロー（FCF）　46
Keyword 24：コンバージョン・レート　47
Keyword 25：資本的支出（capex）　50

第Ⅱ章　キャピタル・アロケーション

Keyword 26：キャピタル・アロケーション　54
Keyword 27：ショートターミズム　58

第Ⅲ章　資金調達と資本コスト

Keyword 28：デット・ファイナンス　62
Keyword 29：エクイティ・ファイナンス　64

Keyword 30：希薄化　*65*
Keyword 31：事業リスク　*68*
Keyword 32：営業レバレッジ　*69*
Keyword 33：財務リスク　*70*
Keyword 34：財務レバレッジ　*71*
Keyword 35：負債比率（D/Eレシオ）　*73*
Keyword 36：Debt/EBITDA倍率　*74*
Keyword 37：インタレスト・カバレッジ・レシオ　*74*
Keyword 38：資本コスト　*76*
Keyword 39：配当利回り　*80*
Keyword 40：割引率　*84*
Keyword 41：負債コスト　*86*
Keyword 42：負債の節税効果　*87*
Keyword 43：株主資本コスト　*89*
Keyword 44：リスクフリー・レート　*90*
Keyword 45：マーケット・リスク・プレミアム　*91*
Keyword 46：ベータ（β）　*92*
Keyword 47：機関投資家　*94*
Keyword 48：加重平均資本コスト（WACC）　*96*
Keyword 49：資本構成　*100*
Keyword 50：トレードオフ理論　*102*
Keyword 51：倒産コスト　*103*
Keyword 52：ペッキング・オーダー理論　*104*
Keyword 53：財務柔軟性に関する理論　*105*
Keyword 54：最適資本構成　*107*
Keyword 55：格付け　*110*

第Ⅳ章　投資とその判断基準

Keyword 56：人的資本への投資　*119*
Keyword 57：NPV（正味現在価値）　*125*
Keyword 58：資本制約　*129*
Keyword 59：収益性インデックス（PI）　*130*
Keyword 60：IRR（内部収益率）　*131*
Keyword 61：ハードル・レート　*136*
Keyword 62：回収期間法　*145*
Keyword 63：機会費用　*153*
Keyword 64：埋没費用　*154*
Keyword 65：ベストオーナー　*165*

第Ⅴ章　株主還元

Keyword 66：ペイアウト　*170*
Keyword 67：エージェンシー・コスト　*172*
Keyword 68：総還元性向　*177*
Keyword 69：シグナリング効果　*180*
Keyword 70：DPS（1株当たり配当金）　*183*
Keyword 71：配当性向　*187*
Keyword 72：DOE（純資産配当率）　*189*
Keyword 73：自社株買い　*192*

第Ⅵ章　資本収益性を示す指標

Keyword 74：オーガニック・グロース　*208*
Keyword 75：CAGR（年平均成長率）　*209*
Keyword 76：TSR（株主総利回り）　*210*
Keyword 77：ROA（総資産利益率）　*212*
Keyword 78：ROE（自己資本当期純利益率）　*219*
Keyword 79：キャッシュ・コンバージョン・サイクル（CCC）　*234*
Keyword 80：ROIC（投下資本利益率）　*241*
Keyword 81：ROICスプレッド　*250*
Keyword 82：エクイティ・スプレッド　*252*

第Ⅶ章　企業価値と株価指標

Keyword 83：事業価値　*257*
Keyword 84：企業価値　*257*
Keyword 85：株主価値　*258*
Keyword 86：DCF法　*264*
Keyword 87：ターミナル・バリュー　*266*
Keyword 88：乗数法　*272*
Keyword 89：EV/EBITDA倍率　*274*
Keyword 90：配当割引モデル（DDM）　*277*
Keyword 91：残余利益モデル（RIM）　*279*
Keyword 92：クリーン・サープラス関係　*281*
Keyword 93：PER（株価収益率）　*283*
Keyword 94：PBR（株価純資産倍率）　*289*
Keyword 95：コングロマリット・ディスカウント　*304*
Keyword 96：エンゲージメント　*309*
Keyword 97：IR　*310*
Keyword 98：ESG　*313*

Keyword 99：コーポレート・ガバナンス　*314*
Keyword 100：統合報告書　*320*

凡例

本書では，以下の略称を使っています。

伊藤レポート：
「持続的成長への競争力とインセンティブ～企業と投資家の望ましい関係構築～」プロジェクト（伊藤レポート）最終報告書（2014年）

伊藤レポート2.0：
持続的成長に向けた長期投資（ESG・無形資産投資）研究会 報告書（2017年）

事業再編ガイドライン：
経済産業省「事業再編実務指針」（2020年）

生命保険協会の企業・投資家向けアンケート（2018年度版）：
一般社団法人生命保険協会『生命保険会社の資産運用を通じた「株式市場の活性化」と「持続可能な社会の実現」に向けた取組について』（2019年4月）に含まれる企業・投資家向けアンケート（2018年10月実施）

生命保険協会の企業・投資家向けアンケート（2022年度版）：
一般社団法人生命保険協会『生命保険会社の資産運用を通じた「株式市場の活性化」と「持続可能な社会の実現」に向けた取組について』（2023年4月）に含まれる企業・投資家向けアンケート（2022年10月～11月実施）

生命保険協会の企業・投資家向けアンケート（2023年度版）：
一般社団法人生命保険協会『生命保険会社の資産運用を通じた「株式市場の活性化」と「持続可能な社会の実現」に向けた取組について』（2024年4月）に含まれる企業・投資家向けアンケート（2023年10月実施）

全体の構成

　資金の流れから企業の活動を見ると，(1)資金提供者から資金を調達し，(2)それを事業に投資して，(3)投資の成果を資金提供者に還元するという流れになります。例えば，近年の日本の上場企業に当てはめると，手元流動性が厚いため，(1)それほど資金調達に積極的なわけではなく，(2)一定の投資は行うものの，投資家からのプレッシャーもあって，(3)配当や自社株買いなどの株主還元を積極的に行っている，という状況ではないかと思います。

　上記(1)〜(3)は，コーポレート・ファイナンスで扱う3つの主要なテーマであり，本書では，この流れに沿う形で解説しています。具体的には，基礎となる会計の知識を第Ⅰ章で整理した後，企業が行うべき意思決定について，以下の区分で整理しています。

---

(1)　資金調達：資金をどのように調達するか（第Ⅲ章）
(2)　投資：調達した資金をいかに効率的に投資するか（第Ⅳ章）
(3)　株主還元：投資の成果を株主等にどのように還元するか（第Ⅴ章）

　また，このうち(2)投資と(3)株主還元は，キャピタル・アロケーションの問題と捉えることもできます。つまり，「調達した資金や投資の成果として得た資金について，さらなる投資に回すのか，あるいは株主還元に使うのか」という問題です。このキャピタル・アロケーションについては，1つのテーマとして第Ⅱ章で解説します。

　さらに，第Ⅴ章までの資金の流れを前提に，第Ⅵ章では，投資効率や資本効率のモニタリングという位置付けで，資本収益性を示すROEやROICなどの指標について考えます。そのうえで，上記のすべての活動の目的を中長期的な企業価値の向上と考え，第Ⅶ章で企業価値自体やそれを反映した株価に関連する指標（PBR・PERなど）について解説します。

　本書の全体像をまとめると，下図のとおりです。

全体の構成　xix

■ 本書の全体像（各章の位置付け）

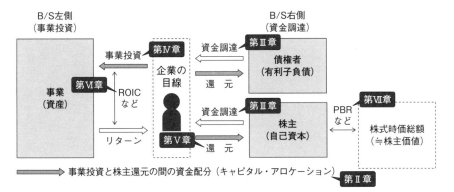

第 I 章

コーポレート・ファイナンスの視点で見る財務諸表

　過去の記録を扱う「会計」と将来の意思決定を扱う「コーポレート・ファイナンス」では，そもそもの目線が異なりますが，一方で，過去・現在・将来は連続しているので，ファイナンスにおいても会計データを参照することは多くあります。また，ファイナンスに関する議論を理解するためには，最低限の会計知識は必須といえます。

　このような視点から，第I章では，会計とファイナンスとの関係を整理します。具体的には，貸借対照表，損益計算書，キャッシュ・フロー計算書といった財務諸表について，ファイナンスの視点でその意味合いを考えます。

Q-1 コーポレート・ファイナンスと会計の関係

コーポレート・ファイナンスと会計の関係を教えてください。

A

　コーポレート・ファイナンスと会計は密接に関係しています。企業はファイナンスの知識を使って様々な意思決定を行いますが，その基礎となるのが会計（管理会計）のデータです。また，意思決定の結果としての財務数値は，会計（財務会計）の枠組みで外部に公表されます。

解説

(1) コーポレート・ファイナンスとは

　「コーポレート・ファイナンス」は「企業金融」や「企業財務」と訳されるものの，その定義は必ずしも明らかではありません。「コーポレート」なので，企業（会社）の経済活動に関する理論であり，「ファイナンス」なので，金融や財務に関する内容であることは間違いないという程度です。

　ただ，「ファイナンス」といっても，単に「財務担当者が知っておくべきもの」という位置付けではありません。コーポレート・ファイナンスは，企業の資金調達，投資，株主還元，さらには企業価値評価なども取り扱うものであり，企業の経済活動全般を財務的な視点で俯瞰するものと整理できます。つまり，経営者のような，より広い視野で考えるべきものということです。

　なお，以下，本書では，コーポレート・ファイナンスのことを単に「ファイナンス」と呼びます。

(2) ファイナンスを理解するための会計知識

　ファイナンスと会計は切っても切れない関係にあります。とはいえ，会計は「過去」のデータを取り扱う一方，ファイナンスは「将来」に係る意思決定を取り扱うので，両者は別物です。シンプルにいうと，会計が集計した「過去」のデータを生かして，ファイナンスは「将来」を予測するということです。

会計には，財務会計と管理会計の2つがあり，それぞれ目的が異なります。財務会計は外部向けのもので，成果物は財務諸表（いわゆる「決算書」）なので，細かなルールがあります。一方で，管理会計は内部向けのもので，企業が自由に設計することができます。ファイナンスは，財務会計よりは管理会計と親和性が高いものといえます。

　ファイナンスを理解するために，会計に関する詳細な知識までは不要ですが，ある程度の知識は必要です。例えば，企業価値を考える際，フリー・キャッシュ・フローという概念は重要です。そのため，「利益」と「キャッシュ・フロー（CF）」の差異が理解できていないと困りますし，差異を構成する「資本的支出」や「減価償却費」，「運転資本」などの情報も貸借対照表や損益計算書から見つけてくる必要があります。また，財務指標には，会計数値を基礎としているものが多くあり，例えば，ROEという指標の理解には，「当期純利益」や「自己資本」といった用語の理解が前提になります。

(3) 財務会計とファイナンス

① 財務会計とは

　財務会計（financial accounting）は，利害関係者に対して企業の財政状態や経営成績を報告するための会計であり，その成果物として貸借対照表や損益計算書といった財務諸表があります。財務会計には，財務諸表作成のための細かなルールがあり，基本的には決められたルールに従って数字を集計することになります。

　財務会計については，管理会計と比べるとファイナンスとの関連性は薄いですが，現在の財務会計にはファイナンス的な考え方も多く取り入れられています。その典型がDCF法であり，これはファイナンスにおいて，資産（事業）の価値を「それが将来にわたって生み出すCFの割引現在価値」として計算するものです（詳細については，**Q-42**参照）。このDCF法に類似する現在価値計算は，会計における固定資産の減損損失の計算でも使われており，特に「のれん」の減損の際などは，DCF法による事業価値の算定とほぼ同じ計算プロセスになります。その他，退職給付引当金や資産除去債務などの負債の計算にあたっても，同様にDCF法的な考え方が使われています。

　このように，財務会計の知識はファイナンスに活かせる部分もありますが，ファイナンスの理解に財務会計に関する細かな知識は不要です。財務会計は，

そもそも内部の意思決定に資する情報を収集することを目的とはしていないためです。ただし，実際には，ファイナンスに関する意思決定は，常に財務会計側への影響を気にしながら行われます。これは，意思決定の結果が財務諸表として外部に公表される上場企業では，常に数字の見栄えも気にしておく必要があるからです。

② 会計上の利益の位置付け

　財務会計について注意が必要なのは，「会計上の見積り」という（経営者の）裁量の余地があるという点です。

　棚卸資産の評価などが典型ですが，強気に見積もれば相対的に利益は大きくなり，逆に弱気に見積もれば利益は小さくなります。そのため，会計上の見積り如何によって，利益はある程度（≒監査上許容される範囲で）操作できます。

　ファイナンスにおける意思決定では，主に利益ではなくCFを用いますが，これはこのような理由からです。すなわち，会計上の利益というのはある意味で歪められた指標なので，より操作しづらく，かつ企業価値にも直結しやすいCFのほうを用いるということです。

　とはいえ，ファイナンスにおいて会計上の利益を無視していいかというとそんなことはありません。というのも，CFは通常直接算定するのではなく，会計上の利益に一定の調整計算を加えて算定するためです。また，上記①のとおり，会計上の利益を気にしながら意思決定を行う企業も多いものと考えられます。

| コラム | 会計基準による財務諸表や財務指標の見え方の違い |

　財務会計の関係でもう1つ注意が必要なのは，採用する会計基準によって，財務諸表の見え方が異なるという点です。そのため，財務会計上の数値を基礎としている指標を見る際にも，採用する会計基準に注意を払う必要があります。

　一例を挙げると，IFRS（国際財務報告基準）を採用している企業の場合，一般に日本基準を採用している企業に比べて，リース負債（及び対応する使用権資産）の残高が大きくなります。したがって，仮に実態は同じであっても，ROICなどの資本収益性を示す指標は相対的に低くなり，負債比率などのレバレッジを示す指標は高くなります（**図表1-1参照**）。

第Ⅰ章　コーポレート・ファイナンスの視点で見る財務諸表　5

図表1-1■会計基準による財務指標の見え方の差

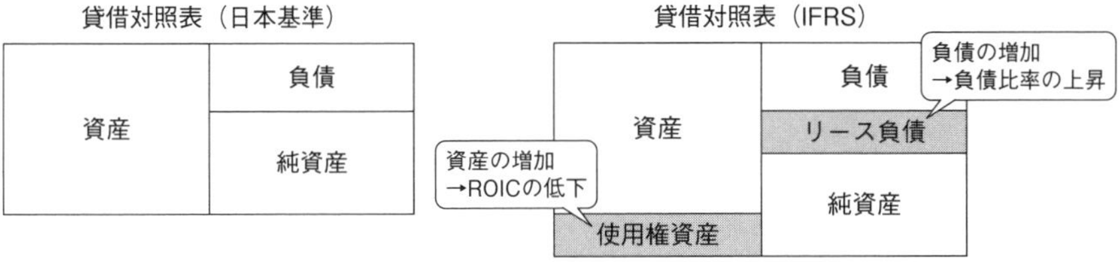

貸借対照表（日本基準）

資産	負債
	純資産

貸借対照表（IFRS）

資産	負債
	リース負債
使用権資産	純資産

資産の増加
→ROICの低下

負債の増加
→負債比率の上昇

(4) 管理会計とファイナンス

① 管理会計とは

　管理会計（management accounting）とは，経営管理のために必要な情報を取り扱う会計です。管理会計の目的は，経営者の意思決定に必要な情報を提供することにあり，例えば，予算策定や予実分析（予算と実績との比較分析）なども，基本的に管理会計のデータに基づいて行われます。

② 財務会計との関係

　上記(3)の財務会計とは異なり，管理会計は法的に強制されるものではなく，結果も外部には公表されません。そのため，企業が自由に仕組みを構築することができます。財務会計のような細かなルールもないので，一般に企業内で管理しやすい形に設計されています。といっても，管理会計は財務会計と全くの別物というわけではなく，財務会計と一体になっている部分もあります（いわゆる「制管一致」）。

　例えば，財務会計上の数値として，売上や各種損益のデータがありますが，管理会計上は一般にこれを事業単位別・製品群別に分解して分析しています。これに加えて，（管理会計上のみ）本社費を配賦して各事業単位の本来の収益性を分析しておけば，経営上の意思決定に活かすことができます。例えば，事業ポートフォリオの組替え（**Q-27**参照）の際，詳細な部門損益などの情報を提供するのは，財務会計ではなく管理会計の役割だということです。

③ ファイナンスとの親和性

　実際のところ，ファイナンスと親和性が高いのは，財務会計よりも管理会計

です。すなわち，ファイナンスは「将来」の話であり，企業の意思決定に関係しますが，管理会計はその基礎となる「過去」の情報を提供するという関係にあります。言い換えると，管理会計による分析結果は，経営者による意思決定を左右するものなので，企業価値とも関連性が強いということです。例えば，設備投資などの投資意思決定に際して，プロジェクトのNPV（正味現在価値）やIRR（内部収益率）の算定は，一般に管理会計のデータに基づいて行われます。

(5) 財務会計・管理会計・ファイナンスの関係まとめ

最後に，財務会計・管理会計・ファイナンスの関係を整理すると，企業は，管理会計の「過去」のデータをもとに「将来」を予測しつつ，ファイナンスの知識を使って意思決定を行いますが，その意思決定の結果は財務会計の枠組みで外部に公表されます。

ただし，財務会計・管理会計・ファイナンスは，必ずしも明確に線引きできるものでもありません。例えば，M&Aの意思決定を例にとると，財務デュー・デリジェンスでは財務会計（や管理会計）のデータを調査し，買収対象企業の事業計画の分析は管理会計のデータを基礎として行い，それをもとにファイナンスの手法を用いて価値算定（バリュエーション）を行いますが，買収後の「のれん」は財務会計のルールに従って計算します。そう考えると，「これは財務会計，これは管理会計，これはファイナンス」というように，変に区別する必要はないのかもしれません。

Q-2 貸借対照表①：資産や負債のわかりやすい切分け方

ファイナンスにおける貸借対照表の位置付けを教えてください。また，ファイナンスでは，貸借対照表上の資産と負債をどのように区分しますか？

A

貸借対照表は，期末日時点の企業の財政状態を表すものですが，「企業が資金提供者から資金を調達し，それを事業に投資する」という資金の流れを表していると見ることもできます。また，ファイナンスでは，資産を事業資産と事業外資産に，負債を事業負債と有利子負債に，それぞれ切り分けるのが，わかりやすい区分方法と思われます。

解説

(1) 貸借対照表と資金の流れ

まずは，貸借対照表（Keyword 1 参照）の位置付けを確認します。

Keyword 1 貸借対照表

貸借対照表（balance sheet）とは，企業が作成する財務諸表の1つで，期末日時点の企業の財政状態を表すものです。貸借対照表には企業が保有するすべての資産と負債（その差額としての純資産）が記載されているので，その意味では企業の全活動が貸借対照表に集約されていると言っても過言ではありません。

貸借対照表は，企業の資金の流れを表していると言われることがありますが，これは「貸借対照表の右側から資金が入ってきて，それが左側で事業などに投資されている」という意味合いです。

すなわち，貸借対照表の右側は，企業の資金調達を示しており，大まかにいうと，返済の必要がある負債（銀行借入れ等）と返済の必要がない自己資本（株式発行等）に分けられます。これらはいずれも資金提供者の持分と整理できま

すが、株主の持分である自己資本には、事業から生み出された利益の蓄積も含まれます。

一方、貸借対照表の左側にある資産は、企業が調達した資金を投資した結果を示しており、総資産は「どれだけの投資をしているか」という企業の規模を表す指標と見ることができます。そして、投資は成果としてキャッシュ・フロー（CF）を生み出すので、それを資金提供者である株主や債権者に還元するという流れになります（**図表 2-1** 参照）。

図表 2-1 ■コーポレート・ファイナンスの視点と貸借対照表

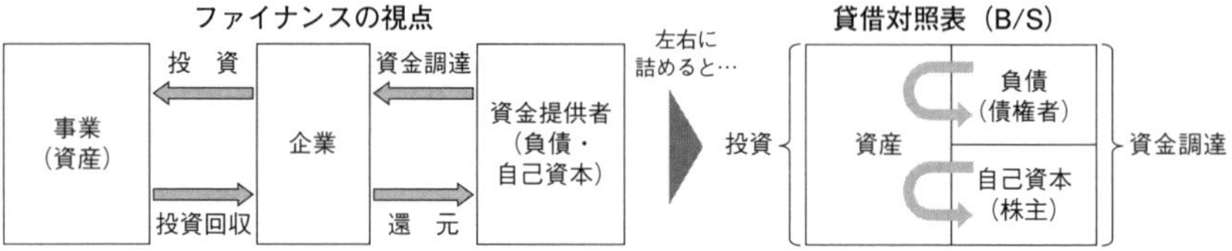

(2) 資産や負債の切分け方

貸借対照表の一般的な見た目は**図表 2-2**のとおりです。シンプルには、左側の資産と右側の負債・純資産により構成され、このうち資産や負債はさらに流動・固定に分類されます。

図表 2-2 ■一般的な貸借対照表の構成要素

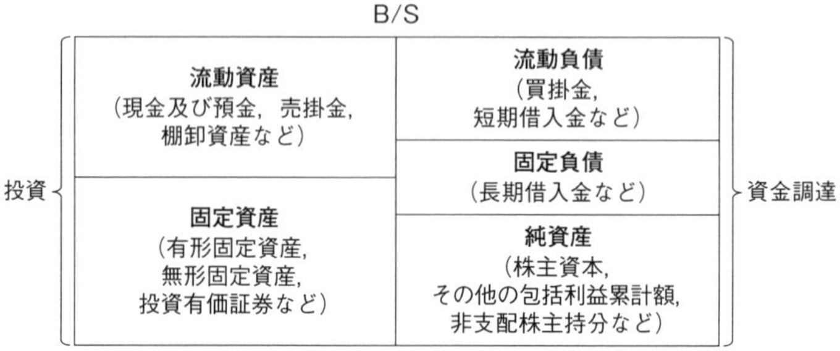

一方で、ファイナンスの観点では、これとは別の切り口で資産や負債を分類したほうがわかりやすいと思われ、以下では、1つの見方をご紹介します。なお、ここからは、「純資産＝自己資本」と仮定します（純資産と自己資本の違いについては、後述の**Q-3**参照）。

① 有利子負債の切分け

まず,貸借対照表の右側に着目すると,自己資本と並ぶ資金提供者の持分として,有利子負債(借入金など)があります。有利子負債は,当然ながら負債の一部ですが,ある意味で特別な取扱いになるので,これを区分します。

② 事業資産・負債と事業外資産・負債の切分け

次に,資産と有利子負債以外の負債について,「事業に直接関係するかどうか」という基準により,事業資産・事業負債(Keyword 2 参照)と事業外資産・事業外負債(Keyword 3 参照)に区分します(**図表 2 - 3** 参照)。

図表 2 - 3 ■貸借対照表の切分け方①

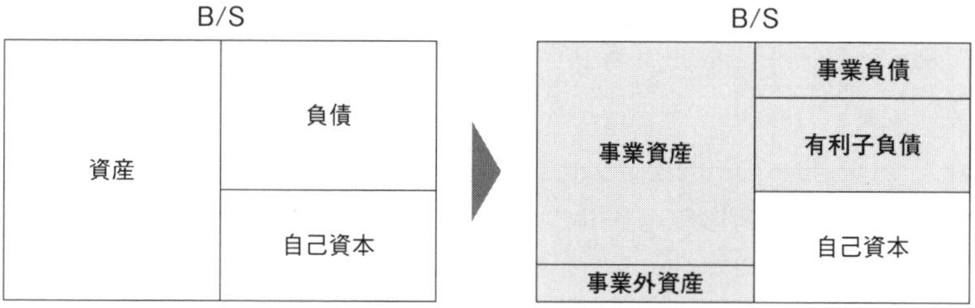

(注) 事業外負債については割愛します。

Keyword 2　事業資産・事業負債

　事業資産・事業負債とは,それぞれ事業に直接関係する資産・負債をいい,概念的にはフリー・キャッシュ・フロー(FCF)創出の源泉となるものです。事業資産としては,運転資本を構成する売掛金や棚卸資産のほか,製造設備などの固定資産があり,また,事業負債としては,運転資本を構成する買掛金などが典型です。

Keyword 3　事業外資産・事業外負債

　事業外資産・事業外負債とは,それぞれ事業に直接関係しない資産・負債をいいます。事業外資産の例としては,純粋な余剰資金のほか,事業に関係しない有価証券や遊休不動産などがあり,(換金)価値はあるものの,FCFの創出には貢献しません。なお,事業外負債という区分は概念的なものに過ぎません。

③ 運転資本と固定資産の切分け

続いて，上記②の事業資産と事業負債を，運転資本（Keyword 4 参照）と固定資産（Keyword 5 参照）に再区分します。

Keyword 4　運転資本

運転資本（working capital）とは，企業の事業活動に投下されている短期資金をいいます。企業が売上収入を得るまでには，それに先立って，原材料の仕入代金や製品の製造費用など，種々の支払いが必要となります。つまり，企業の事業活動には一定の短期投資が必要といえ，それが運転資本の意味合いです。

運転資本に正式な定義はありませんが，一般的には以下の算式により計算します。

> 運転資本＝（売掛金＋棚卸資産）－買掛金

（注）　本書では，売上債権のことを単に「売掛金」，仕入債務のことを単に「買掛金」と呼びます。

ただし，運転資本の範囲は企業によって異なり，前受金（マイナスの売掛金）や前渡金（マイナスの買掛金），また，未収入金や未払金等も性質に応じて，運転資本の範囲に含めることがあります。

Keyword 5　固定資産

固定資産（fixed assets）とは，企業が長期にわたり保有する資産であり，有形固定資産が主ですが，無形固定資産も含まれます。ファイナンスでいう「投資」のうち，設備投資は主に有形固定資産に該当し，IT投資は主に無形固定資産に該当します。

具体的には，事業資産を「売掛金・棚卸資産」と「固定資産」という2つのグループに分け，また，事業負債を「買掛金」のみと仮定すると（超単純化しています），上記の定義から，事業資産のうち「売掛金・棚卸資産」と事業負債である「買掛金」を相殺したものが，運転資本になるということです（**図表2-4**参照）。

図表2-4 ■貸借対照表の切分け方②

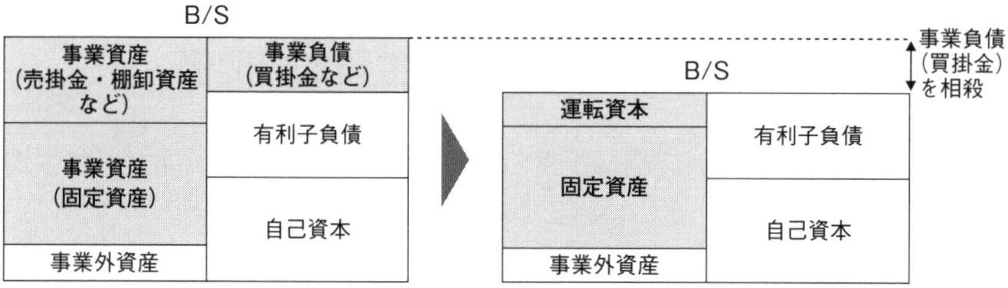

ちなみに，貸借対照表の右側との対応関係でいうと，多くの場合，運転資本は短期借入金の形で調達され，固定資産は長期借入金や自己資本の形で調達されます。

以上のような貸借対照表の切分け方は，財務会計の視点とは異なりますが，ROICによる資本収益性の評価（**Q-39**参照）やDCF法による企業価値（事業価値）の算定の際に必要な視点になります。DCF法を例にとると，CFの創出に貢献する事業資産・負債は，DCF法で算定する事業価値に含まれる一方，事業外資産（・負債）は，それには含まれず，別途時価などで評価されるということです。

Q-3 貸借対照表②：純資産・自己資本・株主資本の関係

貸借対照表の構成要素のうち「純資産」・「自己資本」・「株主資本」という3つの用語の関係を教えてください。

A

概念として狭い順に、「株主資本→自己資本→純資産」となりますが、以下で、貸借対照表における純資産の内訳を確認しつつ、純資産・自己資本・株主資本の関係を整理します。

解説

(1) 自己資本の位置付け

Q-2のとおり、貸借対照表の右側は資金の調達の仕方によって、負債と自己資本に大別されます。自己資本は、シンプルにいうと株主の持分ですが、この「自己資本」に類似する用語として、「純資産」や「株主資本」もあります。これら3つの用語は、一般に混同して使われがちですが、会計上は一応区別されます。

(2) 純資産とその内訳

純資産・自己資本・株主資本のうち、一番大きな括りは「純資産」であり、これは文字どおり資産と負債の差額を意味します（「純」資産なので）。連結貸借対照表を前提として、純資産の部の内訳を見ると、以下のとおりです。

純資産の部
Ⅰ．**株主資本**
1　資本金
2　資本剰余金
3　利益剰余金
4　自己株式
Ⅱ．その他の包括利益累計額

1　その他有価証券評価差額金
　　2　繰延ヘッジ損益
　　3　為替換算調整勘定
　　4　退職給付に係る調整累計額
Ⅲ．**株式引受権**
Ⅳ．**新株予約権**
Ⅴ．**非支配株主持分**

(注)　Ⅰ．株主資本の内訳には，上記以外に新株式申込証拠金と自己株式申込証拠金があり，
　　　Ⅱ．その他の包括利益累計額の内訳には，上記以外に土地再評価差額金があります。

(3)　株主資本とは

　上記(2)のとおり，「株主資本」の位置付けは，「純資産」の構成要素ということで明らかです。純資産は，資産と負債の差額なので，時価評価差額的なもの（Ⅱ．その他の包括利益累計額）も含みますが，株主資本はそれを含まない概念という整理です。

(4)　自己資本とは

　「純資産」や「株主資本」とは異なり，ファイナンスでいう「自己資本」という括りは，純粋な会計用語ではなく，上記(2)にも表れていません。一方，東京証券取引所（以下，本書において「東証」）の決算短信・四半期決算短信作成要領等においては，ROE（自己資本当期純利益率）の分母としての自己資本を以下のように定義しています。

自己資本＝純資産合計－株式引受権－新株予約権－非支配株主持分

(注)　上記(2)の「純資産の部」の内訳でいうと，これは「Ⅰ．株主資本＋Ⅱ．その他の包括利益累計額」に一致します。

　上記の定義から，自己資本には非支配株主持分（連結子会社のマイナー出資者の持分）は含まれません。一方，自己資本には，その他有価証券評価差額金（保有する有価証券に係る含み損益）や為替換算調整勘定（在外子会社に係る為替の含み損益）が含まれます。つまり，自己資本は必ずしも「株主資本」のように安定した数値ではなく，株式相場や外国為替相場などの外的要因により

変動するものという点に注意が必要です。

なお、自己資本という用語に明確な定義はなく、純資産や株主資本と同じ意味で使われることもあるので、その定義はよく確認する必要があります。

> **コラム　よくわからない簿価純資産の位置付け**
>
> ROEやPBR（株価純資産倍率）などの指標を計算する際には、それぞれ自己資本や純資産などの数値を使います。注意が必要なのは、これらの数値はあくまでも会計上の簿価（帳簿価額）に過ぎないということです。
>
> PBRを例にとると、会計上の純資産は、時価と区別する文脈では「簿価純資産」と呼ばれます。簿価純資産は、貸借対照表上の資産と負債の差額ですが、資産には時価ベースの金融資産や取得原価ベースの有形固定資産などが混在しています。そのため、「簿価」純資産とはいうものの、実際のところは意味合いがよくわからない数字になっています（**図表3-1**参照）。
>
> 図表3-1■簿価純資産の意味合い 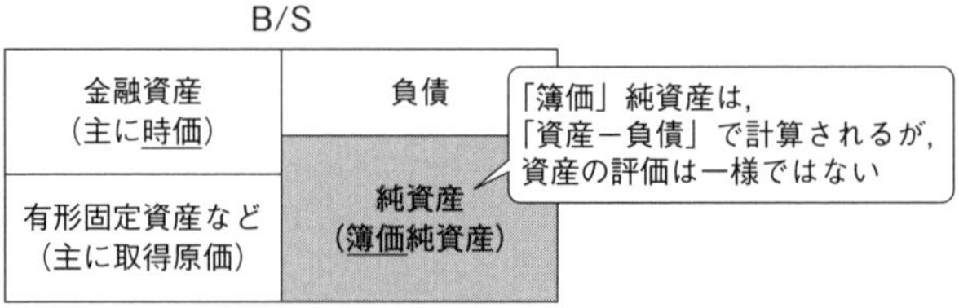
>
> | B/S | |
> |---|---|
> | 金融資産（主に時価） | 負債 |
> | 有形固定資産など（主に取得原価） | 純資産（簿価純資産） |
>
> 「簿価」純資産は、「資産－負債」で計算されるが、資産の評価は一様ではない
>
> なお、「簿価」純資産に対応するのは株式「時価」総額であり、これらを比較するのがPBRという指標ですが、簿価純資産の性格を考えると、この比較にどれだけの意味があるのかはよく考えたほうがよいかもしれません（**Q-46**参照）。

(5) 自己資本の役割

以下では、「自己資本」という用語をメインで使いますが、ファイナンスの観点で考えると、自己資本には主に2つの役割があります。そして、これらはいずれも貸借対照表の左側にあるキャッシュとセットで考えるとわかりやすいものです（**図表3-2**参照）。

図表3-2 ■自己資本の役割

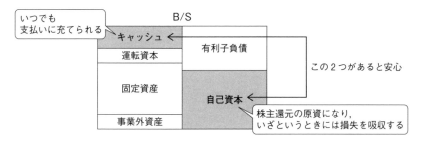

1つの役割は、株主還元の原資です。例えば、配当や自社株買いを行う際には、会社法上の分配可能額の枠内で行う必要がありますが、この分配可能額は自己資本（のうち剰余金）を基礎として計算されます。

もう1つの役割は、財務健全性の確保です。例えば、金融危機や自然災害などが原因で業績が急激に悪化した場合でも、リスク・バッファーとして十分な自己資本とキャッシュがあれば、事業を継続することができます。自己資本比率（Keyword 6 参照）などは、この役割を重視した指標といえます。

Keyword 6　自己資本比率

自己資本比率（equity ratio）は、負債を含む総資本（＝総資産）に占める自己資本の割合をいいます（算式は以下のとおり）。

$$自己資本比率 = \frac{自己資本}{総資産}$$

自己資本比率は、高ければ高いほど、財務の安全性が高いと判断されます。
ちなみに、東証が公表している「決算短信集計結果」によると、2022年度（2022年4月期～2023年3月期）のプライム・スタンダード・グロース上場企業（金融業を除く）の自己資本比率の平均値は33.54％です（過去5年の平均値は32.38％）。

自己資本の水準については、この財務健全性の観点から、自己資本比率等の目標値を置き、一定の格付け（例えば、シングルAなど）を維持できる水準を確保することが多いと考えられます（**Q-18**参照）。逆にいうと、「できるだけ自己資本を厚くしよう」という発想は基本的にありません。これは、自己資本が厚すぎると、レバレッジが効きづらく、資本効率を損なうためです。

Q-4 貸借対照表③：
バランス・シートの最適化とは

日本企業の資本収益性が低いことの1つの要因として，「バランス・シートの最適化」に関する問題が挙げられることがありますが，その意味合いについて教えてください。

A

バランス・シート（貸借対照表）の最適化は，多くの場合，資産の圧縮による資本収益性の向上を意味しますが，同時に財務健全性の確保という視点も含まれています。言い換えると，単に貸借対照表の左側で資産を圧縮するだけではなく，右側で（有利子）負債と自己資本のバランスも考えるということです。

解説

(1) バランス・シートから見た収益性

Q-2のとおり，貸借対照表では，ファイナンスでいう「投資」が左側，「調達」が右側に表れますが，調達にはコスト（資本コスト）がかかる一方，投資からはリターンが得られます。そのため，「投資からは資本コストを上回るリターンを回収すべき」というのが基本的な考え方になりますが，これはよく貸借対照表の観点で説明されます。

例えば，東証が，低PBRの上場企業に対して，改善策の開示及び実行を要請した「資本コストや株価を意識した経営の実現に向けた対応について」(2023年3月公表）という資料には，その趣旨の説明として，以下の記載があります。

> 本対応を実施していただく趣旨は，持続的な成長と中長期的な企業価値向上を実現するため，単に損益計算書上の売上や利益水準を意識するだけでなく，<u>バランスシートをベースとする資本コストや資本収益性を意識した経営</u>を実践していただくことです。

（下線は著者が追加）

東証の上記資料では、資本コストとしてWACC（加重平均資本コスト）や株主資本コストが挙げられており、それぞれに対応する資本収益性の指標としてROIC（投下資本利益率）やROEも挙げられています。この点は損益計算書よりも貸借対照表の視点で見たほうがわかりやすく、WACCとROICを対比する形で、簡単に図にまとめると**図表4-1**のとおりです（WACCとROICの対応関係については、**Q-19**で後述します）。

図表4-1■資本収益性指標（ROIC）と資本コスト（WACC）の対応関係

端的には、右側から計算される資本コストを意識しつつ、左側からはそれを上回る資本収益性を持つプロジェクトに投資するというのが基本的な考え方であり、これが東証のいう「バランスシートをベースとする資本コストや資本収益性を意識した経営」の意味合いと考えられます。

(2) バランス・シートの最適化とは

ROICのような資本収益性を示す指標は、シンプルにいうと、以下のように「ストックで見た投下資本に対して、フローで見たリターンがどれだけあるか」を示しています。

$$資本収益性を示す指標 = \frac{リターン（フロー）}{投下資本（ストック）}$$

したがって、フローで見たリターンの水準を所与とすれば、ストックで見た投下資本を圧縮することで、資本収益性は向上します。そして、このようなストックの情報は、一定の無形資産を除いてバランス・シート上にあるわけなので、それを最適化することで、資本収益性を高めるというのが、バランス・

シートの最適化の1つの視点です。つまり，「最適化」などのカッコいい表現を使っていますが，大した話ではありません。

一方で，日本企業においては，ROICなどを経営目標に掲げる企業であっても，バランス・シートの最適化という視点が欠けているという指摘もあります。典型的なのは，バランス・シートに積み上がった余剰資金や自己資本について，今後の活用方針が十分に説明されていないケースです。また，事業拡大に伴い，バランス・シートは肥大化していく傾向にあるため，運転資本（特に売掛金や棚卸資産）などの事業資産を圧縮するだけではなく，不要な資産等を処分して資産効率を高めるという意識も重要になります。具体的には，貸借対照表上の資産のうち，「収益の獲得に貢献していないもの」，もう少しいうと，「資本コストを上回るリターンを生み出していないもの」については，売却等の対応を検討する必要があります。

なお，バランス・シートの最適化は，単に資産の圧縮による資本効率の追求を意味するわけではなく，事業リスクを見極めたうえで，同時に財務の健全性を確保するという視点も含まれています。言い換えると，単に貸借対照表の左側で資産を圧縮するだけではなく，右側で（有利子）負債と自己資本のバランスも考えるということです。

(3) 資産の圧縮

以下では，バランス・シートの最適化という観点から，圧縮対象として検討すべき資産の例を見ていきます（余剰資金と政策保有株式については，それぞれ後述の**Q-5**と**Q-6**で詳細に解説します）。実際には，このような検討は，個々の資産単位で行われることもあれば，事業ポートフォリオの組替えという視点で，事業単位で行われることもあります。

① 余剰資金の圧縮

貸借対照表の左側（資産）は「投資」を示していますが，そこには投資「前」の資金（現金及び預金）も含まれています。概念的には，資金は，事業に必要な手許資金（事業資産）とそれを超えて保有している余剰資金（事業外資産）の2つに分かれます。このうち，バランス・シートの最適化という文脈で問題になるのは，余剰資金のほうです（ただし，実際には必要な手許資金の残高自体が不明確なので，両者の区分は曖昧です）。詳細については，**Q-5**をご参照

ください。

② 政策保有株式の縮減

貸借対照表の資産の構成要素としては，「有価証券」もあり，これには他社の株式や社債が含まれます。このうち，よく問題になるのは政策保有株式です。詳細については，**Q-6**をご参照ください。

③ 関連会社株式の売却

政策保有株式と同様，関連会社株式（Keyword 7参照）についても，バランス・シートの最適化という文脈で検討の対象になります。

> **Keyword 7** 関連会社株式
>
> 関連会社株式とは，文字どおり「関連会社」の株式をいいます。
> また，関連会社とは，子会社以外で，財務及び営業または事業の方針の決定に対して重要な影響を与えることができる会社等をいい，他の会社の議決権の20％以上を所有すると，基本的に関連会社に該当します。関連会社は子会社ではないので，自社はマジョリティを保有しておらず，他社が（自社にとっての関連会社の）親会社になっている場合もあります。

関連会社については，収益性は高いものの成長性に乏しい場合や，成長性は高いものの自社との事業関連性が薄い（シナジー効果が小さい）場合などは，「いい売却先があれば，売却してもよい」という判断が行われるケースがあります。特に，財務体質の改善や成長投資など，他に資金を振り向ける先があれば，関連会社株式の売却により，まとまった資金を確保できるのは魅力的です。

関連会社というのはある意味で中途半端な状況なので，「子会社化して自社グループに取り込むか，逆に売却して資金化するか」という選択を迫られるケースは少なからずあると考えられます。

④ 遊休不動産などの処分

貸借対照表の資産の構成要素のうち，有形固定資産に関しては，バランス・シートの最適化という観点で，遊休不動産や余剰設備等の売却が議論になることがあります。

| コラム | バランス・シートの最適化と固定資産の減損処理 |

　バランス・シートの最適化の検討にあたっては，固定資産の減損処理が議論の対象になっているケースもあります。
　固定資産の「減損」とは，資産の収益性の低下により投資額の回収が見込めなくなった状態を指し，「減損処理」とは，そのような場合に，一定の条件の下で回収可能性を反映させるように帳簿価額を減額する会計処理をいいます。
　この減損処理が行われると，固定資産の帳簿価額は切り下げられ，貸借対照表上の資産は圧縮されます。そうすると，将来的にROICなどの資本収益性を示す指標も改善する可能性があります。しかしながら，これは，単純に会計上のテクニックの問題であり，キャッシュ・フローを含めた実態面には何ら影響しない話です（税務上，減損損失は基本的に損金算入されないので，法人税等の額にも影響しません）。そのため，純粋にファイナンスの観点で見ると，減損処理に特に意味はないものと考えられます。

⑤　賃貸不動産の売却

　遊休不動産とは別に，近年では，本業と関連性が薄い賃貸不動産などの売却が検討されることも増えています。この点，自発的な検討だけではなく，資本効率の改善という文脈で，アクティビストを含む投資家から賃貸不動産の圧縮を要求されるケースもあります。ロジックとしては，賃貸不動産の期待利回りが資本コストを下回っている場合，企業価値を毀損していることになるため，売却して資金化し，別の用途（設備投資や株主還元）に回すべきということです。また，不動産事業の規模がより大きい場合，コングロマリット・ディスカウント（**Q-48**参照）の原因にもなりえます。

| コラム | 事業外資産の売却収入の使途 |

　上記のとおり，事業外資産の売却はバランス・シートの最適化の一手段ですが，それにより得た資金（及びその他の余剰資金）の使途としては，「資産・負債・自己資本のうち，どれに影響を与えるか」という視点で整理できます。
　まず，資産に影響を与える形としては，その資金を事業投資に回すケースが考えられます。投資のための資金需要があり，十分なリターンが見込める場合などには，これがベストな資金使途です。また，負債に影響を与える形としては，その資金を有利子負債の返済に充てるケース，自己資本に影響を与える形としては，配当（の

増額)や自社株買いという形で株主還元に回すケースが考えられます。

いずれにせよ,企業としては,事業外資産の売却を意思決定する際,それにより得た資金の使途も併せて検討しておき,必要に応じて投資家にも説明することが望ましいといえます。

(4) 資本構成の検討

バランス・シートの最適化という視点には,資産の圧縮のみならず,自社の事業リスクに対応する資本構成の検討も含まれます。すなわち,負債は割安な資金調達手段である一方,自己資本は割高な資金調達手段です。ただし,負債のほうにも財務リスクの問題があるので,それに頼りすぎるわけにもいきません。そのため,「負債と自己資本の割合をどのように決定すべきか」という問題があり,これが資本構成の問題です(詳細については,**Q-17**で後述します)。

バランス・シートの最適化という文脈では,一定の負債比率等をターゲットとして定め,それに合わせる形で資本構成の調整を行うケースが多いと考えられます。資産の圧縮とセットで考えるのであれば,余剰資金(や資産売却により得た資金)を有利子負債の削減に充てて負債比率を下げたり,逆に株主還元に充てて負債比率を上げたり,という調整も可能です(**図表4-2**参照)。

図表4-2■バランス・シートの最適化イメージ

Q-5 貸借対照表④：余剰資金保有の考え方

日本企業は余剰資金を過度に保有しているという指摘もありますが，バランス・シートの最適化という観点で，手許資金の保有の位置付けについて教えてください。

A

事業に必要な手許資金の残高は，売上の水準などを基礎として設定するのが1つの考え方ですが，企業は余剰資金保有のベネフィットを重視する傾向にあるため，手許資金は膨らみがちです。一方，投資家は余剰資金保有のコストを重視する傾向にあります。したがって，企業としては，資金保有の目的を明確にするなど，手許資金が「過剰」でないことを示す必要があります。

解説

(1) 必要な手許資金残高

一般に，企業は一定の手許資金を保有していますが，これは収入と支出とのミスマッチを均すために必要なことです（いわゆる「取引的動機による資金保有」）。また，投資の回収後に次の投資や株主還元を行うまでには一定のタイムラグがあるため，必然的に資金保有は必要になります。**Q-9**で後述するとおり，キャピタル・アロケーションの検討においても，現時点で保有している手許資金は，将来の営業CFとともに，アロケーション可能な資金に含まれます。さらに，流動性や財務健全性の確保という観点で，手許資金を保有する場合もあります。

どの程度の資金を保有すべきかについて正解はありませんが，必要な資金残高は，例えば，「売上高の2か月分」など，売上の水準を基礎として設定するのが1つの考え方です。この考え方に沿った指標として，手元流動性比率（Keyword 8参照）があります。

Keyword 8　手元流動性比率

　手元流動性比率は、「手元流動性が売上高の何か月分に相当するか」を示す指標であり、以下の算式で計算されます。

$$手元流動性比率 = \frac{手元流動性}{月平均売上高}$$

ただし、手元流動性＝現金及び預金＋流動資産に含まれる有価証券

　財務健全性の観点からは、手元流動性比率は高いほうが望ましいですが、逆にあまりに高すぎると、過剰な資金保有による資本効率の悪化が懸念されます。

　若干古いデータですが、生命保険協会の企業・投資家向けアンケート（2018年度版）によると、手許資金の適切な水準の決定方法について、58.7％の企業が「売上高や利益、運転資金、キャッシュフロー等に対して一定の比率を目安としている」と回答しています（複数選択可）。ちなみに、次に多いのが、「具体的な基準があるわけではない」の25.2％であり、例えば、「同業他社をベンチマークとしている」などは1.9％に過ぎません。2019年度版以降は、このアンケート項目はなくなっているので、トレンドは追えませんが、現状でもこの考え方は大きくは変わっていないものと思われます。

　なお、必要資金残高については、上記のような売上高等を基礎とする数値に、さらに「M&Aや事業投資のための資金」や「災害リスク対応のための資金」を上乗せして設定することもあります。要は、近々資金配分対象の発生が予想されるので、その分の資金を留保しておくという考え方です。

(2)　企業はなぜ余剰資金を保有するのか（予備的動機）

　一般に、日本企業の手許資金は、上記(1)の必要資金残高よりも大きいと考えられます。日本経済新聞（2024年6月27日）によると、東証プライム上場企業（3月決算）の2024年3月末における手許資金残高は約114兆円となり（1年前に比べて約9％増）、過去最高の水準となっています。余剰資金を保有していると、投資家から株主還元のプレッシャーを受けたり、他社から買収のターゲットとされるリスクが高まったり、様々な問題が起こります。にもかかわらず、企業はなぜ余剰資金を保有するのでしょうか？　この点、日本企業におい

ては，予備的動機による資金保有（Keyword 9参照）が重要な要因と言われています。

Keyword 9　予備的動機による資金保有

　予備的動機（precautionary motive）による資金保有とは，企業が将来の資金調達難に備えて，あらかじめ資金を保有しておくことをいいます。
　資金保有を次の投資のための準備段階と捉えると，企業が自由に資金調達できるのであれば，あえて資金を抱えておく必要はありません。しかしながら，実際には資本制約が存在するうえ（**Q-21**参照），仮に必要な資金を調達できたとしても，それには追加的なコスト（取引費用など）がかかります。そのため，資金を確保しておくことには意味があり，これが予備的動機による資金保有の背景です。

　予備的動機には，①将来のキャッシュ・フロー（CF）不足に対する備え（消極的な予備的動機）と②将来の投資機会に対する備え（積極的な予備的動機）の2つがあるため，それぞれ以下で簡単に確認します。

①　消極的な予備的動機による資金保有

　まず，消極的な予備的動機による資金保有については，リスク・バッファーという位置付けであり，流動性や財務健全性の確保の観点から，一定の資金を保有しておくことをいいます。すなわち，「現金及び預金」はいつでも支払いに充てられるという意味で最も安全な資産であるため，余剰資金は，将来においてリスクが顕在化し，資金調達難が生じた場合のバッファーになるということです。実際に，資金的な余裕は，資金不足により事業が妨げられるリスクを低下させると考えられます。このような観点で，取引先から（取引関係の維持のために）安定的な財務基盤の確保を求められるケースもあります。
　日本企業の場合，株式発行や社債発行といった直接金融には一定のハードルがあるため，金融危機の際など，借入れによる資金調達が難しい場合には，手許資金が大きな価値を持ちます。つまり，万が一に備えるための「保険」としての資金保有ということです。
　なお，キャピタル・アロケーションとの関係でいうと，営業CFは必ずしも安定していない一方，投資や株主還元（特に安定配当）は計画的に実施する必要があり，有利子負債にも返済期限があります。したがって，CFを平準化す

るためにも，一定の余剰資金は必要といえます。

② 積極的な予備的動機による資金保有

次に，積極的な予備的動機による資金保有とは，将来の投資機会の発生に備えて，一定の資金を保有しておくことをいいます。前提として，資本制約が存在する状況で，投資のための資金が不足する場合は，魅力的な投資機会をあきらめざるをえない可能性があります。この点，負債による調達余力（デット・キャパシティ）のある企業は，それがない企業よりも迅速に資金調達できますが，手許資金が十分にあれば，資金を調達する必要すらありません。つまり，積極的な予備的動機は，企業価値の増加につながる投資案件がある場合，資本制約を気にせずに迅速に実行できるという意味で，手許資金に積極的な価値を見出しているということです。

このような目的による資金保有については，研究開発投資のように，成果が不確実なタイプの投資に関して特に重要になります。これは，研究開発投資などは，情報の非対称性の問題が大きく，予想される成果を資金提供者に明確に説明することが難しいためです。

コラム　すべてを自己資金で賄うという方針

日本企業は上記の予備的動機による資金保有を重視していると言われますが，その中でも有名なのが任天堂です。同社の2023年3月期の有価証券報告書によると，連結貸借対照表における総資産約2.9兆円のうち，現金及び預金と有価証券（流動）の合計は約1.9兆円であり，実に総資産の約2/3が手元流動性となっています。

この点，MD&A（経営者による財政状態，経営成績及びキャッシュ・フローの状況の分析）においては，「ゲーム専用機等の販売等の営業活動によるキャッシュ・フローによって自己資金を確保して」おり，「将来の経営環境への対応や業容拡大等のために必要な資金を内部留保してい」る旨の記載があります。また，「運転資金需要のうち主なもの」として，「製造のための材料及び部品の購入費，広告宣伝費や研究開発費のほか，配当金や法人税等の支払い」があり，「この他，会社の成長に必要な設備投資等を含め，全てを自己資金でまかなうことを原則として」いるとしており，このような記載から，上記の積極的な予備的動機による資金保有が読み取れます。

(3) 結果としての余剰資金保有

　多額の余剰資金を保有している企業の中には，特に使途があるわけでもなく，ただ漫然と過剰な資金を保有しているケースもあります。言い換えると，意図的に余剰資金を保有しているのではなく，単なるリテラシー不足でそうなってしまっているということです。「収益性が高く，高いCF創出能力がある一方，株主還元（または投資）が不十分で，資金が積み上がっている」というのはよくあるパターンです。

| コラム | いったいキャッシュはどこにあるのか |

　上記のような「結果としての余剰資金保有」という意味では，収益性の高い子会社（特に海外子会社）があり，親会社がその子会社をコントロールできていないために，グループの資金が子会社に分散してしまっているケースもあります。このような企業は，連結財務諸表上は多額の余剰資金を保有しているように見えますが，実際の資金は親会社（日本）にはありません。つまり，グループの資金を有効活用できていないということであり，この場合，子会社からの資金還流を進めるなど，資金の偏在を解消させる必要があります。すなわち，親会社が株主還元を実施するためには，いったん資金を親会社に集約する必要があり，その前提として（海外）子会社から配当等により資金を回収するということです。

---

(4) デット・キャパシティやコミットメント・ラインとの関係

　上記(2)のとおり，企業が余剰資金を保有するのは，主に資本制約が存在するからです。確かに，日本企業の場合，新たに株式や社債を発行して資金調達を行うことには一定の制約がある一方，銀行借入れについては，銀行との信頼関係があれば，特に投資のための資金調達は難しくないと考えられます。言い換えると，研究開発投資などの無形資産投資を除いて，積極的な予備的動機による資金保有については，銀行借入れで代替できる可能性が高いということです。

　その意味では，資金保有と銀行借入れの余力（例えば，当座貸越）との間には一定の代替関係があると整理できます。そうすると，特に投資のための資金調達に関しては，負債比率を低めに保っておく（デット・キャパシティを確保しておく）ことで，将来の投資機会への備えが可能と考えられます。つまり，

余剰資金の残高については，有利子負債（の追加調達余力）とのバランスも重要といえ，デット・キャパシティは，ある意味で余剰資金と同様に考えることができます。

そして，この点は，コミットメント・ライン（Keyword 10参照）にも当てはまります。

Keyword 10　コミットメント・ライン

コミットメント・ラインとは，銀行等の金融機関が一定期間及び一定金額の融資枠を設定し，その融資枠の範囲内であれば，顧客の請求に基づいて融資を実行することを約する契約をいいます。つまり，コミットメント・ラインの枠内であれば，自由に借入れを行うことができるということです。一方で，コミットメント・ラインを維持するためには，実際の借入れの有無にかかわらず，手数料（コミットメント・フィー）を支払う必要があります。

コミットメント・ラインを設定する目的としては，有事の際の資金調達手段の確保という観点もあるため，積極的な予備的動機のみならず，消極的な予備的動機による資金保有にも代替可能と考えられます。このように考えると，未実行のコミットメント・ラインは，貸借対照表に現れない手許資金と解釈することもできます（**図表5-1**参照）。

図表5-1■コミットメント・ラインによる資金保有の代替

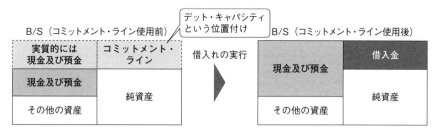

実際に，投資家が企業の資金保有を過剰と判断する場合，必要になったタイミングでの資金調達やコミットメント・ラインの設定により，余剰資金を削減することを提案されるケースもあります。

(5) 過度な余剰資金の保有に係る問題

次に、余剰資金を保有することの問題について考えます。

そもそもの話として、投資家は、資本効率の観点から、企業による余剰資金保有を嫌います。実際に、投資家から「資金残高が総資産の○％、純資産の○％を占めており、過剰である」等の指摘を受けることは珍しくありません。投資家の立場で見ると、企業は調達した資金を投資に振り向けて、資本コストを上回るようなリターンを稼得すべきであり、それができないなら、資本効率の観点から、資金は株主に還元すべき、というのが基本的な考え方だからです（**図表5-2**参照）。

図表5-2 ■余剰資金保有による資本効率の悪化

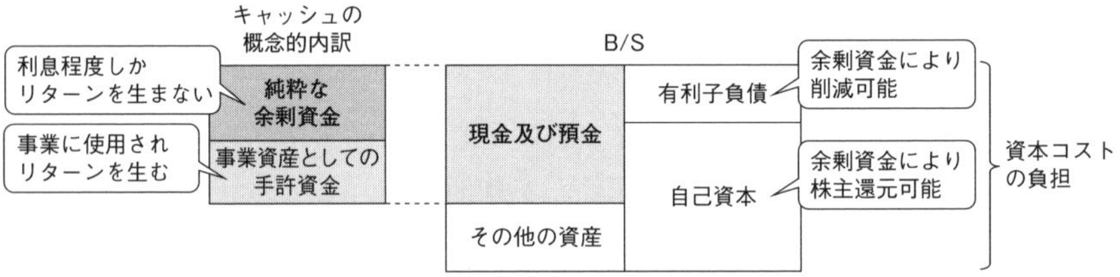

キャッシュの概念的内訳	B/S		
利息程度しかリターンを生まない → 純粋な余剰資金	現金及び預金	有利子負債	余剰資金により削減可能
事業に使用されリターンを生む → 事業資産としての手許資金		自己資本	余剰資金により株主還元可能
	その他の資産		資本コストの負担

言い換えると、余剰資金の運用収益率が資本コストを下回っていることを前提とすれば、純粋な余剰資金の保有は、企業価値を毀損させているという見方もできます。その意味では、資金保有残高の多寡自体が問題なのではなく、成長のための投資として活用されない資金が「過剰」であり、問題だということです。

また、適正な資金保有残高が経営者に規律をもたらし、効率的な経営を可能にするという考え方もあります。逆にいうと、過度に財務的な余裕があると、経営者が過大投資などの形でそれを浪費するリスクがあるということで、このようなエージェンシー・コスト（**Q-28**参照）の観点から、投資家は余剰資金の還元を求める可能性もあります。

コラム　余剰資金の評価がディスカウントされることの意味合い

上記の考え方によると、投資家にとっては企業が過度の余裕資金を持つことは悪といえます。「株式市場において、余剰資金の価値がディスカウントされて評価され

た結果，企業価値（株主価値）も過小評価されている」というのは，アクティビストを含む投資家からよくある指摘と思われます。端的には，「投資に使われる1億円」と「銀行口座で眠り続ける1億円」の価値は異なるということです。その意味では，厚い手元流動性に対するディスカウントが，日本企業の低いPBRの水準にもつながっている可能性もあります。

なお，これは，必ずしもバリュエーション上で余剰資金が特別な評価をされているという意味ではありません。余剰資金がフリー・キャッシュ・フローを生み出さないことによるマイナスの影響をしわ寄せする形で，「余剰資金の価値がディスカウントされている」という言い方をしているものと考えられます。

(6) 余剰資金には意外に価値があるかもしれない

上記(2)のとおり，企業側は余剰資金保有のベネフィットを重視する傾向にある一方，上記(5)のとおり，投資家側は余剰資金保有のコスト（エージェンシー・コストを含む）を重視する傾向にあると考えられます。

この点については，生命保険協会の企業・投資家向けアンケート（2023年度版）に面白いデータがあります。このアンケート調査は，企業と投資家に同内容の質問を行う点が特徴ですが，手許資金の水準について，企業の70.2％が「適正」と認識している一方，そう考えている投資家は23.2％に過ぎず（残りの76.8％の投資家は「余裕のある水準」と認識），両者の認識に大きなギャップがあるという状況が示されています。

結局のところ，これも投資家との信頼関係の問題であり，投資家の理解を得られないまま余剰資金を積み上げると，上記(5)で挙げたような投資家からの低評価につながります。逆にキャピタル・アロケーションの方針に従って投資される予定の資金であれば，それを明確に投資家に説明することで，株式市場で保有資金を正しく（つまり，事業資産の1つとして）評価してもらうことも可能と考えられます。また，資金保有の適正水準は企業や業種により異なり，一定の財務的なゆとり（financial slack）も必要です。投資家側も，リスク・バッファーとして資金保有を無条件で否定するわけではないため，特にCFが不安定な企業や業種であれば，資金保有残高が大きくても，それが肯定される可能性はあります。ただし，実際にはどこまで情報を開示できるかという問題もあるため，このあたりの匙加減は難しいところです。

Q-6 貸借対照表⑤：政策保有株式の縮減

近年では，政策保有株式の縮減が話題になることが多いですが，バランス・シートの最適化という観点で，政策保有株式の保有の位置付けについて教えてください。

A

政策保有株式は，典型的には取引銀行や取引先などの株式をいいます。政策保有株式（株式の持合い）には，リターンの問題やガバナンスに与える影響の問題があるため，バランス・シートの最適化という観点から，段階的に縮減を進めている企業が多いものと考えられます。

解説

(1) 政策保有株式とは

Q-4のとおり，バランス・シートの最適化という文脈では，政策保有株式（Keyword 11参照）がよく問題になります。

Keyword 11　政策保有株式

政策保有株式とは，保有目的が純投資目的以外の株式（のうち，子会社株式及び関連会社株式に該当しないもの）をいい，取引銀行や取引先の株式が典型です。要は，出資先との事業上の関係維持など，政策目的で保有している株式ということです。相互に政策保有株式を保有している場合には，「持合株式」とも呼ばれます。

(2) CGコードにおける政策保有株式の位置付け

この政策保有株式については，コーポレートガバナンス・コード（Keyword 12参照）においても言及があり，これが政策保有株式が問題視される一因となっています。

Keyword 12　コーポレートガバナンス・コード

　コーポレートガバナンス・コード（CGコード：corporate governance code）とは，文字どおりコーポレート・ガバナンスに係る規範であり，実効的なコーポレート・ガバナンスの実現に資する主要な原則を取りまとめたものです。法的拘束力はありませんが，上場企業は，コーポレート・ガバナンスの各原則を順守するか，あるいは順守しない理由を説明する必要があります（いわゆる「コンプライ・オア・エクスプレイン（comply or explain）」）。

　具体的には，CGコードの原則1-4において，以下の記述があります。

> 　上場会社が政策保有株式として上場株式を保有する場合には，政策保有株式の縮減に関する方針・考え方など，政策保有に関する方針を開示すべきである。また，毎年，取締役会で，個別の政策保有株式について，保有目的が適切か，<u>保有に伴う便益やリスクが資本コストに見合っているか</u>等を具体的に精査し，保有の適否を検証するとともに，そうした検証の内容について開示すべきである。
> 　上場会社は，政策保有株式に係る議決権の行使について，適切な対応を確保するための具体的な基準を策定・開示し，その基準に沿った対応を行うべきである。

（下線は著者が追加）

(3) リターンの問題

　CGコードでは，政策保有株式の保有自体を否定しているわけではありません。ただ，政策保有株式に投下された資金は，当然ながら投資等の他の用途に充てることはできません。一方で，政策保有株式への投資は，通常の投資とは異なり，配当というリターンしか生まないため，株主の利益に反する懸念があり，そのリターンが資本コストに見合っているかを検証すべきこととしています（**図表6-1**参照）。

図表6−1 ■政策保有株式からのリターンは資本コストに見合っているか

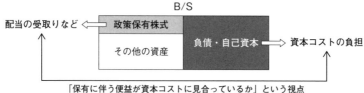

　この点，日本取引所グループのウェブサイトで公表されている統計資料によると，2024年3月における東証プライム市場上場企業の株式の単純平均（配当）利回りは2％程度であり，これに株価上昇を加味するとしても，多くの場合，政策保有株式への投資は資本コストを下回るリターンしか生まないと考えられます。

　一方で，戦略的提携や取引先等との事業上の関係維持という明確な目的があれば，政策保有株式を事業資産の1つと見ることもできるため，単純に配当だけをリターンと捉えるのは，必ずしも正しくありません。

　したがって，まずはその株式の戦略的な位置付けを明確にし，保有により見込まれるリターンを総合的に評価する必要があります。そのうえで，取締役会等で定期的に保有の合理性を検証し，保有の合理性が認められれば保有を継続する一方，資本コストに見合わないと判断されれば売却により資金化する（投資や株主還元に回す）ことになります。

　実際に，政策保有株式について，「継続的に売却による資金化を進めることで，それを投資や株主還元の原資として用いる」というのは近年よくある流れになっています。例えば，3年などの一定の年限を切り，それまでに政策保有株式をゼロにすることを目指すという方針を掲げている企業もあります。

(4) ガバナンスに与える影響の問題

　株式の持合いについては，単にリターンの問題だけではなく，安定株主の存在がガバナンスに与える影響も考慮する必要があります。これは，政策保有株主は，いわゆる安定株主として，投資先企業と対立するような対話や議決権行使を行うことは少ないためです。その意味では，政策保有株式については，保有している場合だけでなく，（株式持合いにより）保有されている場合にも問題を指摘されることになります。上記のとおり，リターンの問題だけであれば，

保有の合理性が認められる場合もありますが，このガバナンスの面の問題を重視して，持合いの解消（や縮減）を進めるケースもあるものと考えられます。なお，上記(2)のCGコードにも言及がありますが，政策保有株式について，一定の議案（役員の選解任や株主還元など）に関する議決権行使基準を定めて開示している企業もあります。

(5) 機関投資家の厳しい目

機関投資家は，資本効率やガバナンスという観点から，政策保有株式に厳しい目を向けていることが多く，企業に対して，「政策保有株式を○億円保有しており，これが総資産の○％，純資産の○％にあたる」など，過剰な保有を指摘することもあります。

この点，例えば，米国の議決権行使助言会社大手のISS（Institutional Shareholder Services）では，政策保有株式の保有額が「連結純資産の20％以上」の場合，原則として経営トップである取締役選任への反対を推奨しています。同大手のグラス・ルイス（Glass Lewis）では，基準が「連結純資産の10％以上」ですが，一定の例外条項も設けており，この基準に抵触する場合であっても，以下の場合には，反対助言を控えることとしています（2025年以降に開催される株主総会より適用される厳格化後の例外条項です）。

- 政策保有株式の保有比率を，今後5年以内に対連結純資産の20％以下にするための明確な縮減目標値と期日を含む縮減計画を開示している場合
- 政策保有株式の保有比率が対連結純資産の10％以上20％未満のときには，過去5事業年度の平均ROEが8％以上，または直近事業年度で8％以上の場合

Q-7 損益計算書：ファイナンスでよく使われる利益指標

ファイナンスにおける損益計算書の位置付けを教えてください。また，ファイナンスにおいては，EBITDAやNOPATなど，必ずしも損益計算書に表示されていない利益指標もよく使われますが，各利益指標にはどのような特徴があるのでしょうか？

A

損益計算書は，会計上の利益（当期純損益）の算定過程を示しています。ファイナンスにおいては，会計上の利益よりもキャッシュ・フロー（CF）のほうが重視されますが，会計上の利益にも一定の重要性があります。特に営業利益は重要な段階損益であり，ファイナンスにおいても，営業利益を基礎とする利益指標を多く用います。具体的には，①EBITDA（利息・税金・減価償却費等控除前利益），②EBIT（利息・税金控除前利益），③NOPAT（税引後営業利益）などであり，それぞれの内容は以下で解説します。

解説

(1) 損益計算書とは

まずは，損益計算書（Keyword 13参照）の位置付けを確認します。

Keyword 13 損益計算書

損益計算書（income statement）とは，貸借対照表と同様，企業が作成する財務諸表の1つで，一定期間における経営成績を表すものです。損益計算書のトップラインは売上高，ボトムラインは当期純損益なので，端的には，会計上の利益（当期純損益）の算定過程を示しています。

ファイナンスにおいては，損益計算書が示す利益よりもCFのほうが重要ですが，会計上の利益を無視していいかというと，そんなことはありません。

そもそも，CFは会計上の利益を基礎として計算されるものです。また，投

資家が重視するROEも分子は会計上の利益であり，一般に経営者は利益の水準や安定性を気にします。さらに，銀行などの債権者も利益の水準は重視しており，資金調達にあたって，会計数値を基礎とした財務制限条項が付されることもあります。このような状況では，投資の意思決定を行う際にも，会計上の利益は完全には無視できないことになります。

(2) 損益計算書の構成要素

以下では，損益計算書の構成要素のうち重要なものを確認します。

① 最終損益

損益計算書において最も重要なのは，当然ながら最終損益（当期純損益）です。これは，最終損益が企業のすべての活動及び外部環境の変化による影響を反映するものだからです。また，当期純損益は，基本的に株主に帰属する損益であるという点も重要であり，ROEなど，最終損益を基礎とする財務指標も多くあります。

② 段階損益

一方で，損益計算書では，最終損益以外にも，売上総利益に始まる段階損益があります。各段階損益の内容は**図表7-1**のとおりですが，段階損益のうちで特に重要なのは，本業の収益力を示す「営業利益」と考えられます。

図表7-1■各段階損益の内容

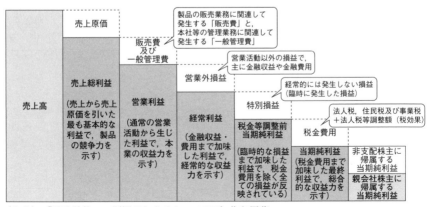

（出典）『財務数値への影響がわかるケース100』佐和周著

企業によっては，営業利益よりも売上総利益（いわゆる「粗利」）が重視されていますが，売上総利益（率）は営業利益（率）に比べると，収益性の指標として使いづらい面があります。これは一般に，研究開発費や広告宣伝費などで販管費率の高い事業においては，売上総利益率が高くなる傾向があり，逆に販管費率の低い事業においては，売上総利益率が低くなる傾向があるためです。言い換えると，売上総利益率よりも営業利益率のほうが（販管費率の差が吸収されるので）企業間比較に適しており，分析の意味があるといえます。

なお，IFRS採用企業を中心に，営業利益に類似する独自の利益指標（事業利益やコア営業利益など）を設定している企業もあります。これらの利益指標に明確な定義はないため，それぞれの中身をよく確認する必要があります。

コラム　持分法による投資損益の取扱い

利益指標の計算に際して，よく取扱いが問題になるのが持分法による投資損益です。

持分法による投資損益は，主に関連会社（**Q-4**参照）への投資の成果を表すものであり，具体的には，持分法適用関連会社の利益のうち持分相当額です。日本基準の場合，持分法による投資損益は営業外損益に反映されます。逆にいうと，連結数値としての営業利益には含まれないということで，この取扱いは連結子会社の（営業）利益の取扱いとは異なります。

問題になるのは，50：50のジョイント・ベンチャー（JV）で事業を行う場合など，形式的には関連会社であっても，実質的には子会社と変わらない位置付けのケースです。この場合，JVの利益について，会計上は営業外収益として取り込むのが正しいとしても，ファイナンスの観点からは営業利益と同様に取り扱い，財務指標に反映する（例えば，ROICの分子としてカウントする）という考え方もあります。

ただし，持分法による投資損益は，あくまでも会計上で認識される損益に過ぎず，CFは伴いません。持分法による投資利益に対応するキャッシュ・インフローは，関連会社からの配当であるため，定期的な配当受取りがないケースでは，利益とCFの差に注意が必要になります。

③　1株当たり当期純利益（EPS）

損益計算書の本表に開示されるものではないですが，注記で開示される指標として重要なのが1株当たり当期純利益（Keyword 14参照）です。

Keyword 14　1株当たり当期純利益（EPS）

1株当たり当期純利益（EPS：earnings per share）は，当期純利益を期中平均株式数で除して算定される指標です（算式は以下のとおり）。

$$1株当たり当期純利益 = \frac{当期純利益}{期中平均株式数}$$

$$= \frac{当期純利益}{期中平均発行済株式総数 - 期中平均自己株式数}$$

EPSは，株主に帰属する損益という意味で株価とも対応しており，重視している企業も多い指標です。また，売上高の成長と同様，EPSの成長も重要であるという考えの下，EPSを時系列で追いかけて，EPS成長率（Keyword 15参照）という指標を計算することもあります。

Keyword 15　EPS成長率

EPS成長率とは，文字どおり，1株当たり当期純利益（EPS）の成長率であり，以下の算式で計算します。

$$EPS成長率 = \frac{当期EPS - 前期EPS}{前期EPS}$$

（注）　EPS成長率は，複数年度の年平均成長率（CAGR）として計算することもあります。

EPS成長率を見るうえで重要なのは，「EPSの成長が事業の成長によりもたらされているものかどうか」という判断です。逆にいうと，自社株買いなどによる（人為的な）EPSの伸びとは区別する必要があるということです。

(3)　会計上の費用の位置付け

会計上の利益は，単純には「収益－費用」で計算されますが，ファイナンスの観点で会計上の費用を見る際に，注意すべきポイントが2つあります。

①　「費用」に含まれる「投資」

1つ目は，会計上の「費用」には，ファイナンスでいう「投資」の一部が含

まれるという点です。すなわち、ファイナンスでいう「投資」は、必ずしも資産計上されるとは限らず、費用処理されるものも多く含まれます。例えば、研究開発投資は基本的に費用処理され（研究開発費）、ブランド構築のための投資や人的資本投資についても同様です（それぞれ広告宣伝費や人件費など）。

「投資」が会計上「費用」処理されるということは、それが利益を圧迫することを意味するため、短期的な利益を必要としている状況では、経営者は研究開発投資などを躊躇するケースもありえます。

② 固定費の重要性と損益分岐点売上高

2つ目は、ファイナンスの観点では、費用のうち固定費が特に重視されるという点です。上記(2)のとおり、営業利益の計算過程において、損益計算書（財務会計）上は費用を売上原価と販管費に区分しますが、管理会計上は費用を変動費と固定費に区分します（いわゆる「固変分解」）。売上高に連動しない固定費（人件費や減価償却費など）の水準が重要なのは、事業リスクへの影響が大きいからであり、この点に関連する指標として、損益分岐点売上高（Keyword 16参照）があります。

Keyword 16　損益分岐点売上高

損益分岐点売上高（break-even sales）とは、（営業）利益がゼロになる売上高の水準をいいます。

一般に、固定費の水準が高い企業では、損益分岐点売上高は相対的に大きくなります。これは、売上が低迷しても固定費の水準は下がらないからです。このような企業は、売上が下振れすると赤字になりやすく（いわゆる「営業レバレッジ」。**Q-11**参照）、不況耐性は低くなるため、事業リスクが高いと判断されます。

このあたりの実態は必ずしも損益計算書からは見えないため、損益分岐点分析においては、別途限界利益（Keyword 17参照）という利益指標を用います。

Keyword 17　限界利益

限界利益 (marginal profit) とは，以下の算式のとおり，売上高から変動費を差し引いたもので，固定費の回収原資と位置付けられます。

限界利益＝売上高－変動費

つまり，「まずは売上高から変動費を差し引いて限界利益を計算し，その限界利益で固定費を回収したうえで，さらにどれだけの利益を稼得できるかを考える」という流れです。詳細は割愛しますが，損益分岐点売上高は，このような考え方に基づき，以下の算式で算定されます。

$$損益分岐点売上高 = \frac{固定費}{限界利益率}$$

$$ただし，限界利益率 = \frac{限界利益}{売上高}$$

なお，このように，費用の固変分解や損益分岐点分析により，自社の費用構造や売上高との連動性を明らかにしておけば，事業計画を策定したり，CF予測を行ったりする際にも有用な情報になります。

(4) ファイナンスで使う利益指標（EBITDA・EBIT・NOPAT）

上記(2)のとおり，営業利益は重要な段階損益であるため，ファイナンスにおいても，営業利益を基礎とした利益指標は多くあります（例えば，以下の指標）。

① EBITDA（利息・税金・減価償却費等控除前利益）
② EBIT（利息・税金控除前利益）
③ NOPAT（税引後営業利益）

ただし，これらの指標自体が損益計算書に表示されているわけではなく，営業利益を基礎として簡単な調整計算を行う必要があるため，以下では，この点を確認します。

① EBITDAとは

まず,企業の最も基礎的な収益力を表す指標と言われるのがEBITDA（Keyword 18参照）です。

Keyword 18　EBITDA

EBITDA（earnings before interest, tax, depreciation and amortisation）とは,利息・税金・減価償却費等控除前利益を意味します。EBITDAに正式な定義（計算式）はありませんが,営業利益に減価償却費等を足し戻す形でシンプルに計算することが多いと考えられます（図表7-2参照）。

図表7-2■EBITDAの算定イメージ

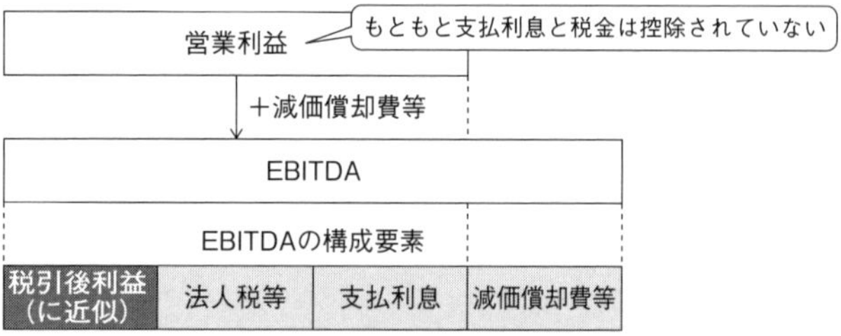

| 営業利益 | もともと支払利息と税金は控除されていない |

＋減価償却費等

| EBITDA |
| EBITDAの構成要素 |
| 税引後利益（に近似） | 法人税等 | 支払利息 | 減価償却費等 |

ただし,さらに事業に関係する営業外収益（受取利息及び配当金など）を加算することもあり,算式で見ると以下のとおりです。

> EBITDA＝営業利益＋減価償却費等（＋一定の営業外収益）

EBITDAは,支払利息控除前であるため資本構成の影響を受けず,税金控除前であるため税率の影響を受けず,減価償却費等控除前であるため減価償却方法の影響も受けません。したがって,企業の最も基礎的な収益力を表す指標といえ,企業間比較にも適しています。だからこそ,EBITDAは,Debt/EBITDA倍率で債務返済能力を見たり,EV/EBITDA倍率で企業価値を評価するなど,様々な使い方をされるわけです。

なお,EBITDAはCFに近いと言われることがありますが,これは必ずしも正しくありません。確かに,減価償却費等は足し戻されていますが,逆に税金支出や資本的支出（設備投資）などは差し引かれていないためです。

コラム　設備投資による償却負担とEBITDA

EBITDAの計算式のうち減価償却費に着目すると、一般に積極的に設備投資を行うほど、償却負担による一時的な（営業）利益の悪化が生じやすくなります。一方で、EBITDAの計算の際には、減価償却費を足し戻すため、EBITDAで評価するということは、（同じ利益水準であれば）設備投資に消極的で相対的に減価償却費が小さい企業よりも、積極的に設備投資を行っている企業を高く評価することになります。その意味で、企業が中長期的な視点で事業拡大のための成長投資を積極的に行っている場合、EBITDAは有効な評価指標になります。

なお、設備投資や償却資産の重要性が高い企業や業界においては、EBITDAに加えて、EBITDAマージン（Keyword 19参照）という指標を計算することもあります。

Keyword 19　EBITDAマージン

EBITDAマージン（EBITDA margin）は、以下の算式のようにEBITDAを売上高で除して計算されるもので、売上高営業利益率と同じような意味合いがあります。

$$\text{EBITDAマージン} = \frac{\text{EBITDA}}{\text{売上高}}$$

② **EBITとは**

次に、多義的に使われるEBIT（Keyword 20参照）という用語について確認します。

Keyword 20　EBIT

EBIT（earnings before interest and tax）とは、利息・税金控除前利益を意味します。つまり、EBITDAから減価償却費等を控除したものなので、営業利益に近似します（**図表7-3**参照）。

図表7-3 ■EBITの算定イメージ

ただし，EBITDAの場合と同様，一定の営業外損益をEBITに反映することもあります（例えば，支払利息控除前の経常利益をもってEBITと扱うなど）。また，特別損益まで加味することもあるため（算式は以下のとおり），EBITという用語の定義はよく確認する必要があります。

EBIT＝営業利益（±一定の営業外・特別損益）

---

③ NOPATとは

最後に，フリー・キャッシュ・フロー（FCF）の構成要素となるNOPAT（Keyword 21参照）について確認します。

Keyword 21　NOPAT

NOPAT（net operating profit after tax）とは，税引後営業利益を意味し，単純な算式で見ると以下のとおりです。

NOPAT＝営業利益×（1－実効税率）

(注)　「EBIT＝営業利益」を前提とすれば，「NOPAT＝EBIT×（1－実効税率）」となります。

NOPATの計算で難しいのは，「税引後」という概念です。すなわち，損益計算書では，税金費用は税引前利益（に近似する課税所得）に対応するものとして計算されているので，NOPATの算出のためには，営業利益に対応する（みなし）税金費用を別途計算する必要があります。

この点，上記のようにシンプルに営業利益に実効税率を乗じて税金費用を計算するケースもありますが，会計上の利益と税務上の課税所得は，本来異なる

ものです。したがって，税務上の課税所得を基礎とする税金費用だけは，別途抜き出して計算するというのがあるべき姿であり，繰越欠損金がある場合や税金計算が複雑な場合（例えば，研究開発税制による税額控除がある場合）は，以下のように別途計算した法人税等を営業利益から差し引くケースもあります。

NOPAT＝営業利益－（みなし）税金

（注）　営業利益またはEBITから法人税等を控除したものを「みなし税引後営業利益」（NOPLAT：net operating profit less adjusted taxes）と呼ぶこともありますが，NOPATとNOPLATは同義に用いられることもあります。

Q-8で後述するFCFの計算の際は，このNOPATを基礎とします。つまり，企業にとって重要なのは，あくまでも「税引後」数値であるNOPATということで，節税はFCF，ひいては企業価値を増加させるものと考えておく必要があります。

Q-8 キャッシュ・フロー計算書:フリー・キャッシュ・フローとの関係

ファイナンスにおけるキャッシュ・フロー計算書の位置付けを教えてください。また,フリー・キャッシュ・フロー(FCF)という指標の目標値を設定している企業もありますが,キャッシュ・フロー計算書を見ればFCFが把握できますか?

A

キャッシュ・フロー計算書は,企業の活動区分(営業活動・投資活動・財務活動)ごとのキャッシュ・フロー(CF)の内訳を示しています。キャッシュ・フロー計算書における「営業CF+投資CF」をもって,FCFとみなす方法はあるものの,実務上,FCFはキャッシュ・フロー計算書の枠外で計算することが多いと考えられます。

解説

(1) キャッシュ・フロー計算書とは

まずは,キャッシュ・フロー計算書(Keyword 22参照)の位置付けを確認します。

Keyword 22 キャッシュ・フロー計算書

キャッシュ・フロー計算書(cash flow statement)は,貸借対照表や損益計算書と同様,企業が作成する財務諸表の1つです。キャッシュ・フロー計算書は,資金の観点から企業の活動を見るための財務諸表ですが,CFの増減の大きさを捉えようとするものではなく,あくまでも活動区分(営業活動・投資活動・財務活動)ごとのCFの内訳を見るためのものといえます(それぞれの活動区分の内容は**図表8-1**のとおり)。

図表 8-1 ■キャッシュ・フローの活動区分ごとの内訳

区分	ざっくりとした内容		例	
営業活動によるCF（「営業CF」）	本業がどれだけのCFを生み出しているか	＋	製品の販売（売掛金の回収）	⎫ 投資回収
		－	原材料の購入（買掛金の支払い）	⎭
投資活動によるCF（「投資CF」）	営業CFをもとにどれだけ投資を行っているか	＋	設備売却	⎫ 事業投資
		－	設備投資	⎭
財務活動によるCF（「財務CF」）	営業CFと投資CFをバランスさせるためにどの程度資金調達（または返済）しているか	＋	借入れまたは株式発行	⎫ 資金調達
		－	借入金返済または自社株買い	⎭ （株主）還元

　キャッシュ・フロー計算書における活動区分ごとのCFについては，損益計算書の段階損益とは異なり，（営業CFを除いて）必ずしもプラスのほうがよいというわけではありません。例えば，積極的な設備投資をしたり，有利子負債を圧縮したりすれば，それぞれ投資CFや財務CFはマイナスになりますが，それは一般的に悪いことではありません。

　活動区分ごとのCFのうち，本業が生み出す営業CFの水準は極めて重要です。前掲の**図表8-1**からもわかるとおり，営業CFは投資に係る支出を控除する前の水準なので，成長投資の原資であり，また，借入金の返済や自社株買い（株主還元）も控除されていないので，資本還元の原資にもなります。つまり，営業CFは，「本業で得たCFをどのように配分するか」というキャピタル・アロケーション（後述の**Q-9**参照）の基礎となる数値だということです。

(2)　CFの重要性（利益との比較）

　上記(1)のとおり，キャッシュ・フロー計算書という財務諸表は存在するものの，会計上の指標としては，CFよりも利益のほうがメインになります。一方で，ファイナンスの観点では，利益よりもCFのほうが重視されており，この点については，いくつかの観点から説明できます。

　まず，突き詰めると，企業活動の根本は，入ってくるお金と出ていくお金の差を最大化するということであり，本質的に重要なのはCFのほうです。一方，会計上の利益については，会計上のテクニックとして，CFを人為的に配分したものに過ぎません。イメージとしては，事業年度ごとに切ると不安定なCFを（利益調整も含めて）均したものが会計上の利益です。例えば，減価償却については，資金はずっと昔（設備等の取得時）に支出しているにもかかわらず，人為的に減価償却の方法を決めて，その支出を規則的に費用化しているだけで

す。

　また，CFのほうが経営者の恣意性が介入しづらいという特徴があります。すなわち，会計上の利益については，減価償却の方法を変更するなど，会計方針を変更すれば，実態が変わっていなくても金額が変動するのに対して，CFはそのような操作が難しいということです。

　さらに，企業の存続という観点からもCFは重要です。会計上の利益が出ていなくても，資金さえ回れば企業は存続可能ですが，逆に，利益が出ていても，資金が回らなければ企業の存続は難しいといえます。

(3) FCFとは

　コーポレート・ファイナンスでは，CFが重要ですが，そのなかでも特に重要な概念がフリー・キャッシュ・フロー（Keyword 23参照）です。実際に，経営指標としてフリー・キャッシュ・フローを使い，「フリー・キャッシュ・フロー（または営業CF）年平均〇億円以上」などの目標を掲げている企業もあります。

Keyword 23　フリー・キャッシュ・フロー（FCF）

　フリー・キャッシュ・フロー（FCF：free cash flow）とは，企業の事業活動により生じたCFのうち，資金提供者である株主と債権者に分配可能な部分をいいます。言い換えると，売上による収入から，税金を含む（ほとんど）すべての支出を差し引いた後に企業に残るキャッシュの純増加額ということです。この場合の支出には設備投資（厳密には，既存事業に係る更新投資）も含みますが，債権者に支払うべき金利は含みません。

　FCFの使途として，債権者への支払い（借入金の元本返済や利息）は必須のものですが，その支払い後に残ったCFは，株主が自由に使えるCFということになります。株主の立場でFCFを見ると，経営者との兼ね合いはあるものの，配当や自社株買いの形で還元してもらうこともできれば，内部留保の形で企業（経営者）に託して将来の成長投資の原資とすることもできます。

　FCFは，DCF法による企業価値（事業価値）算定時に割引対象となるものであり，企業価値向上のためには，その水準を引き上げる必要があります。また，投資意思決定の局面で用いるのも主にFCFです。一方で，FCFを直接の

管理対象とするのは必ずしも容易ではないため（下記(4)・(5)参照），実際には，損益を管理する際，同時にFCFへの影響も考えておく必要があります。この点，FCFについては，利益との関係を見るためのコンバージョン・レート（Keyword 24参照）のような指標もあります。

Keyword 24　コンバージョン・レート

コンバージョン・レート（conversion rate）に明確な定義があるわけではありませんが，一般に利益に対するCFの比率（＝CF÷利益）を指します。言い換えると，「利益のうちどれだけがCFとして残ったか」を示す指標であり，「利益からCFへの転換率」という意味合いです。コンバージョン・レートは，例えば，FCFをEBITDA（や当期純利益）で除して計算することがあります。

(4) キャッシュ・フロー計算書でFCFは見つかるか

FCFの重要性は上記(3)のとおりですが，問題は「キャッシュ・フロー計算書でFCFは見つかるのか」という点です。前提として，キャッシュ・フロー計算書上のCFは過去の実績値であり，ファイナンスで扱うFCFは将来の予測値という大きな違いがありますが，この違いを無視したとしても，基本的にキャッシュ・フロー計算書からはFCFは計算できません。

1つの考え方として，キャッシュ・フロー計算書における「営業CF＋投資CF」をもって，FCFとみなす方法があり，FCFの目標値を掲げる企業には，「FCF＝営業CF－定常的な投資CF（M&A等を除く）」と定義している企業もあります。上記(1)のとおり，大雑把にいえば，これは資金提供者（株主や債権者）への分配（財務CF）に使用できるCFだからです。

しかしながら，このようにキャッシュ・フロー計算書を用いて計算されたFCFは，ファイナンスで用いるFCFと以下の違いがあります。

①支払利息の取扱い	キャッシュ・フロー計算書上，支払利息は（財務CFの区分ではなく）営業CFの区分に記載するという選択肢があります。この場合，営業CFから支払利息が差し引かれるため，FCFの概念には合致しません。

②税金費用の取扱い	キャッシュ・フロー計算書上，営業CFの区分に記載されている「法人税等の支払額」は，実際の納税額ですが，FCFで差し引くべきは，主に営業利益に対して課される「みなし税金」です。
③証券投資の取扱い	キャッシュ・フロー計算書上，事業投資ではない証券投資（及び売却による投資回収）が投資CFに含まれていますが，FCFの計算上で差し引くべきは，設備投資などの事業投資（既存事業に係る更新投資）です。

このように，キャッシュ・フロー計算書からFCFを計算することは難しく，下記(5)のとおり，実務上の計算方法もキャッシュ・フロー計算書のロジックとは若干異なるものとなっています。

(5) FCFの計算方法

FCFの計算方法にコンセンサスはありませんが，実務的には以下の算式による場合が多いと考えられます。

FCF＝NOPAT＋減価償却費－資本的支出－運転資本の増加額

図表 8-2 ■NOPATからFCFへの調整

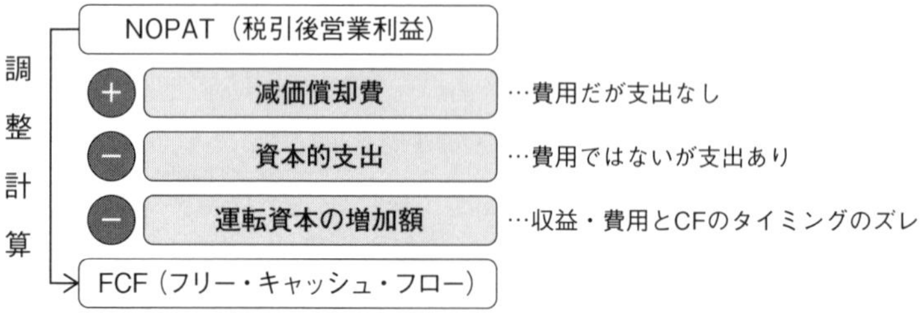

調整計算：
- NOPAT（税引後営業利益）
- ＋ 減価償却費　…費用だが支出なし
- － 資本的支出　…費用ではないが支出あり
- － 運転資本の増加額　…収益・費用とCFのタイミングのズレ
- → FCF（フリー・キャッシュ・フロー）

① NOPATとFCFの関係

Q-7のとおり，NOPATは税引後営業利益（net operating profit after tax）なので，FCFの計算は基本的に営業利益がベースです。ただし，FCFはNOPATそのものではなく，大きくいうと，以下の2つの調整が必要になります。

> (i) 減価償却費等を足し戻し、逆に資本的支出（設備投資額）を差し引く
> (ii) 運転資本が増加していれば減算し、減少していれば加算する

　上記(i)と(ii)はいずれも、一種の投資と見ることもできます。すなわち、上記(i)は、純額ベースの固定資産投資であり、これは理解しやすいところです。一方、上記(ii)は、いわゆる「増加運転資本」ですが、棚卸資産の購入をイメージすれば、これも短期投資と整理できます。つまり、FCFの計算にあたっては、長短の投資額を差し引いているということで、上記の算式は以下のように解釈できます。

> FCF＝NOPAT－（資本的支出－減価償却費）－運転資本の増加額
> 　　＝NOPAT－固定資産投資（純額）－短期投資（純額）

コラム　事業安定期におけるCFと利益の関係

　CFと利益の関係という位置付けで、FCFとNOPATの関係を整理すると、上式のとおり、両者の差異は長短の投資額と見ることができます。そうすると、事業が拡大している時期には、それら投資額も大きくなるはずで、FCFはNOPATを下回る可能性が高くなります。
　一方で、事業が安定期に入ると、設備投資も落ち着き、更新投資が中心になります。仮に各年の減価償却費を目安に設備投資を行うとすれば、「資本的支出－減価償却費」はゼロになり、また、それほど売上も伸びず、運転資本も増加しないとすれば、「運転資本の増加額」もゼロになります。そうすると、FCFはNOPATに一致します。
　定常状態では、「CF＝会計上の利益」のような仮定を置くことがありますが、これはこのような考え方によるものです。

　以下、上記(i)と(ii)のそれぞれの内容を簡単に確認します。

② **資本的支出（－）と減価償却費（＋）**
　上記①(i)のとおり、NOPATからFCFを計算する場合、資本的支出（Keyword 25参照）をマイナスし、減価償却費をプラスします。

Keyword 25　資本的支出（capex）

資本的支出（capital expenditure）とは，端的には設備投資（固定資産の取得）であり，capexと略されることもあります。一方，資本的支出に対応する費用が減価償却費であり，これは固定資産の経年劣化や使用による減価を，会計上費用として認識したものです。

ポイントは，「資本的支出は支出時点ではいったん資産に計上され，減価償却費として時間をかけて費用化される」という会計上の取扱いです。これが資金の動きとは異なる（資本的支出は支出時に費用にならない一方，減価償却費は費用計上時に支出を伴わない）ため，上記のような調整が必要になるということです。

③　増加運転資本（－）

運転資本とは，企業の事業活動に投下されている短期資金であり，シンプルには「（売掛金＋棚卸資産）－買掛金」で計算されます（**Q-2**参照）。上記①(ⅱ)のとおり，この運転資本の増減がFCFの計算の際に調整項目となるのは，損益計算書における費用・収益の認識タイミングが，事業への資金の投下・回収タイミングと異なるためです。

例えば，売上（掛売上）の計上は会計上の利益に反映され，それに伴って計上される売掛金により運転資本は増加します。一方，それがCFに反映されるのは，売掛金の回収時点であり，この段階では運転資本は減少します。つまり，運転資本の増加（売掛金の増加）を利益からマイナスするのは，それがCFを伴っていないからであり，逆に運転資本の減少（売掛金の減少）を利益にプラスするのは，CFだけが発生しているからといえます。

コラム　最もシンプルな運転資本の増加パターン

FCFの算定にあたり，「運転資本の増加を会計上の利益からマイナスする」という点がわかりづらければ，別の例として，在庫を現金購入した場合を考えてみてください。「在庫の増加＝キャッシュの減少」というのは，コーポレート部門の方なら，事業部門に何度も伝えている内容だと思います。

このとき，損益は動かないものの，在庫の購入代金分のキャッシュ・アウトフロー

があります。一方で，運転資本を見ると，購入した棚卸資産の分だけ増加しているはずです。したがって，損益（ゼロ）からその増加部分をマイナスすれば，ちょうどキャッシュ・アウトフローに一致するという原理です。これが思いつく限りで最もシンプルな例なので，もしこれでも納得がいかない場合は，もうFCFの計算式として覚えてしまってください。

第II章 キャピタル・アロケーション

　第II章では，キャピタル・アロケーションについて考えます。まず，本書の全体像の中での位置付けは**図表II-1**のとおりです。

図表II-1■本書の全体像（第II章の位置付け）

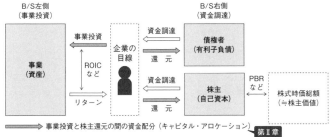

　キャピタル・アロケーションは，「調達した資金や投資の成果として得た資金をどう使うか」，もう少しいうと，「さらなる投資に回すのか，株主等への還元を行うのか」というテーマです。

　他の章との関係でいうと，第III章で見る資金調達や（投資の成果として得る）営業CFについて，第IV章の投資や第V章の株主還元といった使途への配分を考えるということです。ただし，配分の原資には保有している資金も含まれます。

　キャピタル・アロケーションのイメージは，**図表II-2**のとおりです。

図表II-2■キャピタル・アロケーションのイメージ

Q-9 キャピタル・アロケーションの基本的な考え方

キャピタル・アロケーションという用語の意味を教えてください。

A

キャピタル・アロケーションは、シンプルにいうと「調達した資金や投資の成果として得た資金をどう使うか」というテーマです。キャピタル・アロケーションを考えるということは、企業の資金の流れの全体像を把握し、それをコントロールすることを意味します。

解説

(1) キャピタル・アロケーションとは

企業にとって重要なポリシーとして、キャピタル・アロケーション（Keyword 26参照）に係る方針があります。

Keyword 26 キャピタル・アロケーション

キャピタル・アロケーション（capital allocation）とは、企業における資金の配分を意味します。すなわち、企業においては、資金調達や投資の成果として得るキャッシュ・インフローを原資として、投資や株主還元といったキャッシュ・アウトフローへの配分を検討する必要があり、端的には、これがキャピタル・アロケーションの問題です。

ちなみに、「キャピタル」のアロケーションというと、貸借対照表の右側で「資本」を割り当てるイメージがあります。しかしながら、実際のキャピタル・アロケーションの議論は、主に「資金」の配分に関する議論です。つまり、貸借対照表の左側の話であり、その意味では、「キャッシュ・アロケーション」と呼んだほうがわかりやすいかもしれません。

キャピタル・アロケーションの究極の目的は、中長期的な企業価値の向上にあります。その達成のために、「財務の健全性を維持しつつ、キャッシュ・イ

ンフローをコントロールしながら、キャッシュ・アウトフローとしての成長投資と株主還元のバランスをとっていく」というのが、キャピタル・アロケーションの基本的な考え方になります。

(2) キャピタル・アロケーションの考え方

キャピタル・アロケーションにおける「配分の原資」と「配分の対象」を大まかに整理すると、以下のとおりです。

配分の原資（キャッシュ・インフローなど）
① 手許資金
② 営業活動によるキャッシュ・フロー（営業CF）
③ 事業外資産等の売却収入（不採算事業の売却収入を含む）
④ 資金調達

配分の対象（キャッシュ・アウトフローなど）
⑤ 投資（運転資本の増額を含む）
⑥ 株主還元
⑦ 有利子負債の削減
⑧ 手許資金の積増し（内部留保）

上記のうち、キャッシュ・インフロー側のメインは営業CFである一方、キャッシュ・アウトフロー側のメインは投資と株主還元です（**図表9-1**参照）。

図表9-1■キャピタル・アロケーションのイメージ

理論的には、営業CFを原資として必要な投資を賄い、余剰があれば株主還元などを行う（逆に不足があれば資金調達を行う）という整理になりますが、

実際には，株主還元に伴うキャッシュ・アウトフローもある程度固定的に発生するため（例えば，安定配当など），必ずしも「投資→株主還元」という優先順位で資金を配分することはできません。また，目標とするD/Eレシオ達成のために有利子負債の削減目標があれば，その返済を最優先にすることもあります。

つまり，キャピタル・アロケーションは何らかの理論に基づいて機械的に決められるものではなく，企業としてのポリシーが求められるものです。さらに重要なのは，それをしっかりと投資家に説明することです。実際，キャピタル・アロケーションの方針を公表している企業は多く，例えば，「手許資金〇億円に加えて，今後〇年間で営業CFで〇億円が見込まれ，さらに財務CFで〇億円を追加調達する予定なので，合計〇億円の配分の原資があり，このうち投資に〇億円，株主還元に〇億円を配分する」などがよくある方針のイメージです。

(3) アロケーションの原資に係る検討

キャピタル・アロケーションの流れを考えると，まずはアロケーション可能な資金の額を算定する必要があります。

前掲の**図表9-1**のとおり，①手許資金を除くと，メインになるのは②営業CFですが，これはいわば自然に流入が期待できるCFです。ただし，現状の営業CFではなく，今後の事業ポートフォリオの見直しやコストの削減なども反映した将来の一定期間（計画期間中）の営業CFを見積もることになります。営業CFは，その定義から投資CFの控除前の数値なので（**Q-8**参照），投資や株主還元に配分可能ですが，財務健全性等の観点から一部を手許に留保する場合には（**図表9-1**の⑧），残額を配分することになります。

また，キャッシュ・インフローは営業CFだけとは限らず，例えば，バランス・シートの最適化の過程で，株式や不動産などの売却が予定されているのであれば，その売却収入も加味する必要があります（**図表9-1**の③）。

ただし，成長投資や追加株主還元のための資金需要があれば，キャッシュ・インフロー以上のアロケーションも可能です。すなわち，まずは手許資金（特に余剰資金）を使い，それでも資金が不足する状況であれば，借入れ等による資金調達を検討することになります（**図表9-1**の④）。その意味では，負債の調達余力も併せて検討する必要があり，ここで資本構成の問題（**Q-17**参照）

も関係してきます。

このように将来の一定期間に生み出されるCFを予測し，もともと保有している手許資金や資金調達余力と合わせると，アロケーション可能な資金の額（配分の原資）が大まかに決まります。

(4) 資金のアロケーションに係る検討

次の問題は，上記(3)のアロケーション可能な資金の額をどのように配分するかです。この点，前掲の図表9-1における資金の配分にあたって最も重要なのは，⑤投資と⑥株主還元のバランスです。ただし，資金の使途としては，⑦有利子負債の削減もあります。

① 投資と株主還元の優先順位

順番に見ていくと，まずは株主還元よりも投資を優先するというのが基本的な考え方です。通常の設備投資や研究開発投資のみならず，中長期的な企業の成長のためにはM&Aを含む成長投資は必要不可欠です。また近年では人的資本に対する投資やESG対応の投資なども検討の対象になります。全体として投資にどれだけの資金を配分するか，また，それぞれの投資にどれだけの資金を配分するかは，完全に企業のポリシーの問題です。

一方で，投資とは独立して株主還元（特に配当）の水準を決定するという考え方もあります。すなわち，現実には，安定配当として株主還元に回す資金の額がポリシーとして決まっており，「投資に資金配分した残りを株主還元に配分する」という優先順位の付け方ができない場合もあるということです。

なお，一般論としては，投資と株主還元の間の資金配分については，事業の成長ステージとして，成長段階にある企業は成長投資に比重を置くべきであり，逆に成熟段階にある企業は株主還元を中心に考えるべきといえます。つまり，あくまでも中長期の成長を重視して，資金のアロケーションを検討すべきということです。

② ショートターミズムの影響

投資と株主還元との間の選択は，ショートターミズム（Keyword 27参照）の影響を受けやすいと言われます。

Keyword 27　ショートターミズム

　ショートターミズム（short-termism）とは，短期的なリターン（利益やCF）を重視した行動を意味し，資本市場（投資家）の短期志向が企業（経営者）の行動に影響を与えるというイメージです。

　ショートターミズムの例として，投資家から短期的なリターン（株主還元）の要求を受けたことで，CF確保のために，長期的な視点で行うべき成長投資を控えるような行動が該当します。また，大型の研究開発投資について，短期的な利益の確保のために先送りにするような行動も同様です。

　根本的な問題として，投資からそのリターンの実現までにはそもそもタイムラグがあります（特に研究開発投資や成長事業への投資などの場合）。そのため，長期的な視点で経営基盤強化のための投資を行いたい企業と，短期的な視点で資金効率や株主還元を重視する投資家との間には，時間軸のズレが生じやすいといえます。

　「伊藤レポート」においては，ショートターミズムが日本企業の持続的成長の阻害要因として挙げられています。また，「伊藤レポート2.0」においても，ショートターミズムの問題は強調されており，無形資産投資の多くは費用として処理されるため，これらの費用が投資家から「将来に向けた投資」として適切に評価されなければ，中長期的な企業価値向上につながる投資が抑制されるという懸念が示されています。

③　資本構成の検討（有利子負債の削減）

　資金のアロケーションの検討にあたっては，資本構成への影響も考慮する必要があります。すなわち，株主還元は自己資本を原資として行われるため，負債比率を上昇させます。

　これに対して，有利子負債の削減（借入金の返済や社債の償還など）に資金を配分して，負債比率を引き下げることも可能です。有利子負債の削減については，財務体質の改善や格付けの維持を目的として行われますが，経済的な効果でいえば，（自社の信用リスクを反映した）負債の利回りで資金を運用している効果があります。

(5) 投資家への説明が求められる理由

① 対話の必要性

　ここまで見てきたとおり、キャピタル・アロケーションは、企業の資本政策や資本効率にも関わる重要な意思決定であり、投資家との対話においても議論の対象になるものです。

　企業の立場では、キャピタル・アロケーションの考え方を投資家に伝え、投資家の理解を得ることは重要です。特に重要なのは、その一環として、成長投資に係る方針を明確化することです。これが不明確な場合、株主還元の要求が強まる可能性が高く、投資家からは「配当水準を引き上げるべきではないか」、「M&Aよりも自社株買いを優先すべきではないか」等々の要求が想定されます。

　そもそも投資家は、資本効率の観点から過度な内部留保を嫌いますが、成長投資のために資金が必要であれば、内部留保は正当化されるはずです。実際に、「営業CFの大半を設備投資に配分することで成長を促進し、企業価値を向上させる」という方針を示している企業もあります（単純にレトリックの問題ですが、これを「株主価値向上によるキャピタル・ゲインで株主に還元する」という表現で説明するケースも見られます）。

　上記(4)②のとおり、ショートターミズムは持続的成長の阻害要因となりますが、投資家との対話不足がこの問題を助長している面も否めません。この問題を解消するためには、企業は「どのような考えで投資を行い、そこからどのくらいの時期にどのくらいの成果が得られる見込みなのか」等についても、情報開示が可能な範囲で投資家に丁寧に説明する必要があると考えられます。

　なお、投資家の立場で考えると、企業のキャピタル・アロケーションの方針が不明確な場合、自らが経営者に預ける（預けている）資本がどのように使われるのかわからないため、その分だけ企業に対する評価（特に保有するキャッシュの評価）をディスカウントする可能性があります。

② CGコードにおけるキャピタル・アロケーションの位置付け

　キャピタル・アロケーションに関する投資家との対話の必要性については、以下のとおり、コーポレートガバナンス・コードにも言及があります（原則5－2）。

> 　経営戦略や経営計画の策定・公表に当たっては，自社の資本コストを的確に把握した上で，収益計画や資本政策の基本的な方針を示すとともに，収益力・資本効率等に関する目標を提示し，その実現のために，事業ポートフォリオの見直しや，<u>設備投資・研究開発投資・人的資本への投資等を含む経営資源の配分等に関し具体的に何を実行するのかについて，株主に分かりやすい言葉・論理で明確に説明を行うべきである。</u>

（下線は著者が追加）

(6) キャピタル・アロケーション方針の例

　キャピタル・アロケーションに係る方針は，前掲の**図表9－1**のような形で図示して説明することが多いと考えられます。図示や説明の仕方は企業によってまちまちですが，例えば，以下の**図表9－2**（NECの例）などは全体像が見えやすいのではないでしょうか。

図表9－2■利益のサイクルとキャピタル・アロケーション（NEC）

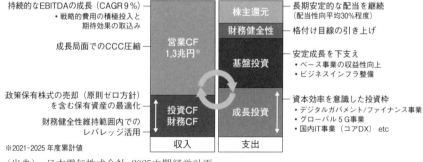

（出典）　日本電気株式会社　2025中期経営計画

第Ⅲ章
資金調達と資本コスト

　第Ⅲ章では，企業の資金調達について確認します。まず，本書の全体像の中での位置付けは**図表Ⅲ-1**のとおりです。

図表Ⅲ-1■本書の全体像（第Ⅲ章の位置付け）

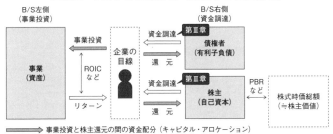

　企業が継続的に投資を行っていくためには，資金調達が必要になります。第Ⅱ章のキャピタル・アロケーションの視点では，調達した資金は，営業CFとともにアロケーションの原資となります。

　資金調達の方法には大きく分けて，株式発行等のエクイティ・ファイナンスと借入れ等のデット・ファイナンスがあります。

　いずれの場合でも，資金調達にはコストがかかりますが，これを資本コストと呼びます。資本コストには，デットに係る負債コストとエクイティに係る株主資本コストがあり，それらを加重平均したものが加重平均資本コスト（WACC）です。

　WACCは資本構成の影響を受けるため，資金調達にあたっては，デットとエクイティの割合（資本構成）についても考える必要があります。また，第Ⅳ章の投資との関係でいうと，このWACCなどの資本コストが，投資の際のハードル・レート設定の基礎となります。

Q-10 資金調達の分類

企業の資金調達について，分類方法を教えてください。

A

企業の資金調達の方法には，大別して負債による資金調達（デット・ファイナンス）と株式による資金調達（エクイティ・ファイナンス）があります。それぞれの内容は以下で解説します。

解説

(1) 負債による資金調達（デット・ファイナンス）

日本では，長く低金利が続いてきたこともあり，新たな資金調達については，エクイティ・ファイナンスよりもデット・ファイナンス（Keyword 28参照）を選択する企業が多い傾向がありました。

> **Keyword 28　デット・ファイナンス**
>
> デット・ファイナンス（debt financing）とは，負債による資金調達をいいます。エクイティ・ファイナンスとは異なり，デット・ファイナンスの場合，一定期間経過後に債権者への返済が必要になります（ただし，返済期限に債務を完済してしまうとは限らず，借り換える場合もあります）。デット・ファイナンスのうち，銀行借入れは多くの日本企業にとって主要な資金調達の手段となっている一方，社債発行は格付けの高い大企業に限定される傾向があります。

デット・ファイナンスの場合，元本の返済に加えて，定期的な利息の支払いも必要になります。この利払いがデット・ファイナンスに伴うコスト（負債コスト）です（**図表10-1**参照）。

図表10-1 ■デット・ファイナンスと負債コスト

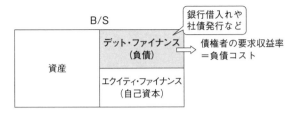

コラム　有利子負債と無利子負債

　ファイナンスにおいて「負債」というと，多くの場合，「有利子負債」を意味します。しかしながら，実際には「無利子負債」もあり，代表的なのは買掛金を含む仕入債務です。

　買掛金の支払サイトが長い企業では，買掛金（無利子負債）の残高が相対的に大きくなります。そうすると，運転資本が小さくなり，それを賄うための短期借入金（有利子負債）も相対的に小さくなります（**図表10-2**参照。事業構造的に収益が前受けになる企業も同様です）。つまり，有利子負債による資金調達を検討する前段階として，無利子負債の残高が大きければ，そもそも資金調達自体が不要になる場合もあるということです。

図表10-2 ■無利子負債による資金調達

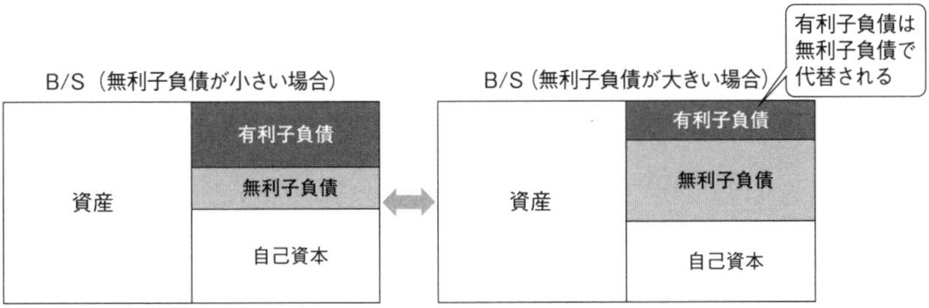

(2) 株式による資金調達（エクイティ・ファイナンス）

　上記(1)のとおり，日本企業の場合，新たな資金調達にあたっては，デット・ファイナンスをメインに据えることが多いと考えられますが，株価や金利の状況によっては，エクイティ・ファイナンス（Keyword 29参照）が検討される

こともあります。

> **Keyword 29** エクイティ・ファイナンス

　エクイティ・ファイナンス（equity financing）とは，自己資本（株式発行など）による資金調達をいいます。デット・ファイナンスとは異なり，エクイティ・ファイナンスの場合，株主への返済は必要ありません。

① エクイティ・ファイナンスが適合するケース

　エクイティ・ファイナンスは，自己資本の安定性から，長期の投資や高リスクの投資を行う際に用いられることが多いと考えられます。例えば，成長投資として位置付けられる大規模な設備投資のほか，研究開発投資，またM&Aについても，エクイティ・ファイナンスにより資金調達する場合があります。同様に，極端なケースですが，資源投資（油田など）のように，巨額の投資であり，かつ回収も長期に及ぶものは，エクイティ・ファイナンスが基本になります。このような観点から，「安定した既存事業に係る投資はデット・ファイナンスを活用する一方，高リスクの新規事業などは（内部留保を含む）エクイティ・ファイナンスを中心にする」という方針の企業もあります。

　もう1つ，エクイティ・ファイナンスは，財務の安定性を確保したり，負債の調達余力を高めたりするために用いられることもあります。例えば，格付維持のためにD/Eレシオ（負債比率）の改善が必要な場合など，デット・ファイナンスが行いづらい場合には，エクイティ・ファイナンスが検討されます。つまり，本来は有利子負債で資金調達したいものの，そうするとD/Eレシオが上昇する（財務面の問題が生じる）ため，エクイティ・ファイナンスを採用する場合もあるということです。

② エクイティ・ファイナンスの難しさ

　日本企業の場合，エクイティ・ファイナンスは必ずしも気軽に実行できる資金調達手段ではありません。これは，自社株買いが好まれるのと全く逆の理由からです。すなわち，新株発行（増資）には希薄化（Keyword 30参照）の問題がつきまといます。

Keyword 30　希薄化

希薄化（dilution）とは，新株発行などにより発行済株式総数が増加することで，1株当たりの価値が低下することをいいます。希薄化は，EPS（1株当たり当期純利益）などの財務指標の低下という形で表れます。

もちろん，企業が調達した資金を効率的に投資すれば，EPSの希薄化は起きず，ROEが下落することもないのですが，既存の株主や投資家にうまくそれを説明できなければ，株価の下落につながる可能性が高いと考えられます。

逆にいうと，エクイティ・ファイナンスを行う場合，企業としては「調達した資金を投資すれば，EPSやROEは上昇する」，さらにいうと，「資本コストを上回るリターンを得られる」というシナリオ（いわゆる「エクイティ・ストーリー」）を示す必要があります。そうでなければ，エクイティ・ファイナンスにより，ある意味で企業価値が毀損されるわけなので，希薄化による株価下落には合理性があります。

また，エクイティ・ファイナンスは，逼迫したものでなければ，株価が割安ではないタイミングで行われます。そのため，企業としては株価を適正水準と考えて増資をしたとしても，投資家から見ると，マネジメントが自社の株価を割高と判断しているように見える可能性があり，それも株価の下押し要因になります。

もちろん，資本増強が必要な状況での増資や，使途（例えば，重点投資分野における成長投資）が明確な増資であれば，このような問題は生じません。

③　株主資本コスト

元本返済を求められるデット・ファイナンスに対して，エクイティ・ファイナンスについては，（資本の払戻しによる）返済は必要ありません。また，支払いが強制される利息とは異なり，配当の支払いは任意です。しかしながら，これは，エクイティ・ファイナンスにコストが発生しないということではありません。**Q-15**で後述するとおり，株主に対しては，配当（インカム・ゲイン）や株価上昇（キャピタル・ゲイン）という形で還元していく必要があり，これがエクイティ・ファイナンスに伴うコスト（株主資本コスト）といえます（**図表10-3**参照）。

図表10-3 ■エクイティ・ファイナンスと株主資本コスト

(3) デット・ファイナンスとエクイティ・ファイナンスの比較

デット・ファイナンスとエクイティ・ファイナンスをシンプルに比較すると，以下のとおりです。

	デット・ファイナンス	エクイティ・ファイナンス
返済義務	あり	なし
資金提供者への還元	金利（支払義務あり）	配当（柔軟に決定可能）または株価上昇
調達コスト（資本コスト）	低	高
議決権	なし	あり
返済順位	優先	劣後
貸借対照表上の取扱い	負債（有利子負債）	自己資本

コラム　内部留保＝エクイティ・ファイナンス

　企業が投資を行うためには資金が必要ですが，手許資金（内部留保）が十分あれば，外部から資金調達を行う必要はありません。そのため，資金調達に関する議論は資金保有の議論（**Q-5**参照）と密接に関係します。

　上記(2)のとおり，長期かつ高リスクの投資については，一般にエクイティ・ファイナンスが適合します。しかしながら，日本企業では株式発行による資金調達が必ずしも容易ではありません。そのため，内部留保した手許資金により，その投資を賄うことがあります。

　このように考えると，企業にとっての内部留保とは，株主に帰属する最終利益について，翌期以降における追加投資資金として預託されたものと解釈することもできます。言い換えると，内部留保は，「利益を全額配当した後，再度株主から同額を調達すること」と実質的に同じということです（だからこそ，内部留保の目的や水

準について，株主から説明を求められるわけです）。その意味では，内部留保も新株発行と同じエクイティ・ファイナンスの一形態であり，割高な株主資本コストがかかっているという点は意識しておく必要があります（**図表10-4**参照）。

図表10-4 ■内部留保による資金調達

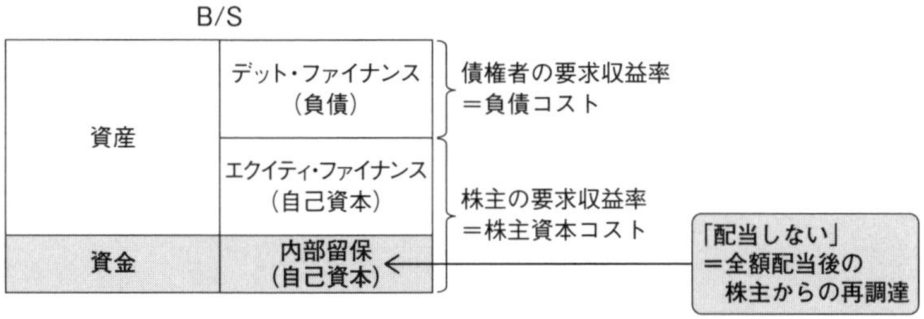

B/S		
資産	デット・ファイナンス（負債）	債権者の要求収益率＝負債コスト
	エクイティ・ファイナンス（自己資本）	株主の要求収益率＝株主資本コスト
資金	内部留保（自己資本） ←	「配当しない」＝全額配当後の株主からの再調達

Q-11 事業リスク・財務リスクと営業レバレッジ・財務レバレッジ

ファイナンスにおける企業のリスクの分類方法を教えてください。また，ファイナンスでは，「レバレッジ」という用語をよく耳にしますが，これはどういう意味ですか？

A

企業にとってのリスクは，事業リスクと財務リスクに分けて考えることができます。また，レバレッジは，端的には「成果の振れ幅の拡大」を意味する用語です。レバレッジについても，営業レバレッジと財務レバレッジに分けて考えることができますが，これらはそれぞれ事業リスクと財務リスクの裏返しという位置付けです。

解説

(1) 事業のリスク（事業リスク）

企業は，常に事業サイドと財務サイドの両方に注意を払う必要があり，この点はリスクに関しても同様です。まずは事業リスク（Keyword 31参照）について確認します。

Keyword 31　事業リスク

事業リスク（business risk）とは，文字どおり，企業の事業に係る様々なリスクを指します。一方，財務リスクとの対比でいう事業リスクは，特に企業が投資している事業からのリターン（営業CF）の不安定性（振れ幅）を意味します。

一般に以下のような特徴を有する企業（事業）については，事業リスクが高いと判断されます。

① 事業の成果が景気動向に敏感に反応する
② 業界として参入障壁が低い

③ 業界内での価格決定力が弱い
④ 費用に占める固定費の割合が高い

重要なのは営業CFの安定性なので，①や②は理解しやすいところかと思います。また，③については，実際に，近年の円安による原材料高や物価高によるコスト増を値上げにより転嫁できるかが業績に大きな影響を与えています。④については，固定費の割合が高いということは，（固定費控除後の）利益の変動幅が大きくなるということです（**Q-7**参照）。

(2) 営業レバレッジとは

上記(1)の事業リスクの高さを示す指標のうち，④の固定費の割合については，営業レバレッジ（Keyword 32参照）という用語を使って表現することがあります（例えば，「営業レバレッジが高い」など）。

Keyword 32　営業レバレッジ

営業レバレッジ（operating leverage）とは，費用に占める固定費の割合の高さを示す指標をいい，例えば，以下のように計算されます。

$$\text{営業レバレッジ} = \frac{\text{限界利益}}{\text{営業利益}} = \frac{\text{固定費}+\text{営業利益}}{\text{営業利益}}$$

（注）「限界利益＝売上高－変動費」なので（**Q-7**参照），「限界利益＝固定費＋営業利益」となります。

費用に占める固定費の割合が大きい場合，売上高の変動割合に対する営業利益の変動割合が相対的に大きくなるため，この点を指して，「レバレッジ」と呼んでいます。

営業レバレッジについては，(4)で後述する財務レバレッジに比べるとマイナーですが，固定費も金利も「業績の変動に合わせて水準が変動しない」という性質は共通しているため，業績の変動を増幅させるものとして，セットで理解しておくとよいものと思われます。

(3) 負債のリスク（財務リスク）

一般に日本企業はデット・ファイナンスのリスクに敏感と言われています。

上記(1)の事業リスクに対して，負債による資金調達から生じるリスクを財務リスク（Keyword 33参照）と呼ぶことがあります。

Keyword 33 財務リスク

財務リスク（financial risk）とは，広義には，企業の財務面に関係する様々なリスクを指します。一方，事業リスクとの対比でいう財務リスクは，負債の調達及び金利の支払いに起因するリターンの不安定性（振れ幅）を意味します。要は，有利子負債を利用したときのほうが，利払前利益（営業利益）の変動に対する利払後利益の変動割合が相対的に大きくなるということです。

単純な数値例で財務リスクを確認します。**図表11-1**は，業績の良し悪しにより営業利益が2,000から±50％変動する場合を想定しています（これを上記(1)の事業リスクと考えてください）。左側のケースは負債がない前提で，右側のケースは，負債があり，支払利息（1,000）が発生している前提です。

図表11-1 ■負債のリスク（借入れに伴う利益変動）

負債なし

	業績：悪い	業績：普通	業績：良い
営業利益	1,000	2,000	3,000
支払利息			
利息控除後利益	1,000	2,000	3,000

−50%　+50%

負債あり

	業績：悪い	業績：普通	業績：良い
営業利益	1,000	2,000	3,000
支払利息	▲1,000	▲1,000	▲1,000
利息控除後利益	0	1,000	2,000

−100%　+100%

利息控除後利益の変動割合を見ると，右側のケースでは±100％となっており，負債がない左側のケースよりも，振れ幅が大きくなっています。このような結果が生じるのは，金利が固定的なものであり，営業利益の変動に合わせて変動しないためです（この点は配当とは異なります）。このような金利の固定的な性質が，負債利用の一番のリスクといえます。

その他のリスクとしては，負債の場合，返済期限があるうえ，業績悪化時には借換えが難しくなるという点も挙げられます。一般に，企業は銀行等の金融機関に資金を止められると，事業に必要な支払いができなくなるため，存続は困難になります。

ちなみに，企業が負担する「事業リスク＋財務リスク」が，CAPMで株主資本コストを算定する際のβ値の基礎となります（後述の**Q-15**参照）。

(4) 財務レバレッジとは

上記(3)は「財務リスク」という観点ですが，数値例からもわかるとおり，負債の利用は（利払後の）利益の変動を増幅させる効果があり，この点を財務レバレッジ（Keyword 34参照）という用語で表現することもあります。つまり，財務レバレッジは，財務リスクと表裏一体のものです。

Keyword 34　財務レバレッジ

財務レバレッジ（financial leverage）とは，有利子負債の利用度合いを示す指標をいい，一例としては，以下の算式のように，自己資本比率の逆数として計算されます（その他，負債比率などを用いて表現されることもあります）。

$$財務レバレッジ = \frac{総資産}{自己資本}$$

ちなみに，レバー（lever）は「てこ」，レバレッジ（leverage）は「てこの作用」を意味します。つまり，負債の利用により（株主が）少ない自己資金でより大きな投資成果を得られるというのが，財務レバレッジの意味合いです。

業績が不安定な企業の場合，財務リスクに焦点が当たりがちですが，業績が安定している企業の場合，言い換えると，余裕をもって支払利息を上回る営業利益を計上できる企業の場合，財務レバレッジはプラスに働くと考えられます。

なお，このレバレッジ効果（財務レバレッジ）というのは，基本的には株主の目線です。すなわち，財務レバレッジを引き上げると，上記(3)のとおり，株主にとっての期待収益率（ROEなど）のバラつきが大きくなりますが，同時にその水準（ROEの期待値）も高くなると考えられます（レバレッジ効果がROEに与える影響については，**Q-35**で後述します）。

(5) 財務リスクのモニタリング

上記(4)のとおり，負債の利用にはレバレッジ効果があり，また，**Q-12**で後述するとおり，負債は割安な資金調達手段でもあります。そのため，特に業績が安定していれば，負債の利用によるメリットは大きいと考えられます。

一方で，上記(3)のとおり，負債の利用にはリスクが伴うため，一般的には，企業は何らかの財務健全性を示す指標を用いて，負債の水準を一定の範囲に収めるようモニターしています。負債比率を例にとると，有利子負債で資金調達を行い，大規模な設備投資やM&Aを行う際，いったんは負債比率が上昇します。一方で，投資の成果として利益やキャッシュ・フローが得られれば，それをもとに有利子負債を返済するので，負債比率も低下していきます。この際，事前に負債比率の上昇をどの程度まで許容するかを考えておき，それに沿ってモニタリングを行うということです。

ここでは，財務健全性を示す指標のうち，負債の利用に関係する各種比率について，ストック数値とフロー数値という観点から以下のように分類して確認します。

---

① ストック数値 vs. ストック数値…負債比率
② ストック数値 vs. フロー数値…Debt/EBITDA倍率
③ フロー数値 vs. フロー数値…インタレスト・カバレッジ・レシオ

最初に全体像をまとめておくと，**図表11-2**のとおりです。

図表11-2■財務健全性を示す負債関連の指標

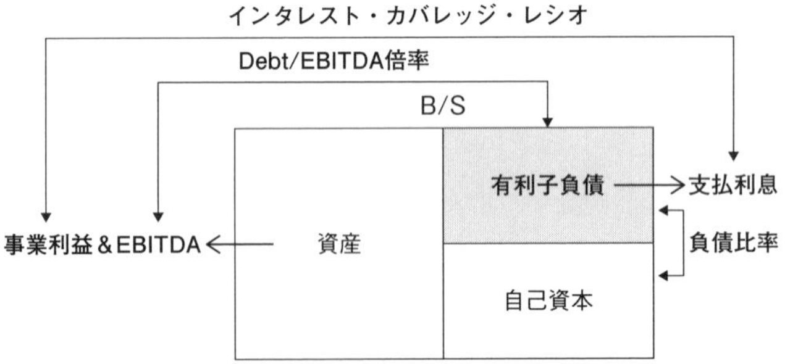

なお，これらの指標を用いて，対外的に「安全性を表す負債比率は○倍以下，債務返済能力を表すDebt/EBITDA倍率は○倍以下」などと目標値を公表している企業もあります。

① 負債比率(ストック vs. ストック)

まず、ストック数値同士の比率として算定される指標としては、負債比率(Keyword 35参照)が最も一般的なものです。

Keyword 35 負債比率(D/Eレシオ)

負債比率(D/Eレシオ:debt to equity ratio)は、「負債が自己資本の何倍か」を見るための指標です。ただし、分子として、負債全体ではなく有利子負債を用いることもあり、算式でまとめると以下のとおりです。

$$負債比率 = \frac{(有利子)負債}{自己資本}$$

負債比率については、低ければ低いほど、財務の健全性が確保されていると評価できます。

また、負債比率の分子としては、純有利子負債(有利子負債から手許資金を差し引いたもの)を用いることもあり、この場合は「純負債比率」や「ネットD/Eレシオ」と呼ばれます(算式は以下のとおり)。

$$純負債比率 = \frac{純有利子負債}{自己資本}$$

有利子負債の残高が大きくても、対応する手許資金の残高も大きいのであれば、実質的には財務健全性に問題はありません。その意味では、純負債比率のほうが実態に即した指標といえます。

負債比率のコントロールについては、資本構成の議論と整理できますが、例えば、格付けについて、一定の目標値(あるいは許容範囲)を設定しておき、その格付けを維持できるよう、負債比率等についても目標値を設定するケースがあります(詳細については、**Q-18**で後述します)。

② Debt/EBITDA倍率(ストック vs. フロー)

負債比率とは異なり、ストック数値とフロー数値の比率として算定される指標もあり、よく使われるのは、Debt/EBITDA倍率(Keyword 36参照)です。

Keyword 36　Debt/EBITDA倍率

　Debt/EBITDA倍率は，「有利子負債がEBITDAの何倍か」を見るための指標であり（算式は以下のとおり），「EBITDA有利子負債倍率」とも呼ばれます。

$$\text{Debt/EBITDA倍率} = \frac{\text{有利子負債}}{\text{EBITDA}}$$

　Debt/EBITDA倍率は，分子が返済対象である有利子負債，分母が（年々の）返済原資であるEBITDAなので，債務の償還年数というイメージであり，債務の返済能力を表す指標と整理されます。

　なお，分子については，以下の算式のとおり，有利子負債に代えて，手許資金を差し引いた純有利子負債を用いることもあります（その場合，「Net Debt/EBITDA倍率」と呼ばれることもあります）。

$$\text{(Net) Debt/EBITDA倍率} = \frac{\text{純有利子負債}}{\text{EBITDA}}$$

　Debt/EBITDA倍率の考え方は，有利子負債は絶対額が重要なのではなく，あくまでも返済原資であるEBITDAとのバランスで重要性を考えるべきものということです。その意味では，ストックである自己資本とのバランスのみを見て，収益による返済能力を見ていない負債比率とは補完関係にあるといえます。

③　インタレスト・カバレッジ・レシオ（フロー vs. フロー）

　財務リスクに関連する指標には，フロー数値同士の比率として算定するものもあり，インタレスト・カバレッジ・レシオ（Keyword 37参照）がこれに該当します。

Keyword 37　インタレスト・カバレッジ・レシオ

　インタレスト・カバレッジ・レシオ（interest coverage ratio）とは，「事業からの利益が支払利息の何倍あるか」を見るための指標であり，明確な定義があるわけではありませんが，算式で見ると以下のとおりです。

$$\text{インタレスト・カバレッジ・レシオ} = \frac{\text{事業利益}}{\text{支払利息}}$$

ただし，事業利益＝営業利益＋受取利息及び配当金

（注） 分子については，営業利益や営業CFを使うケースもあります。

　インタレスト・カバレッジ・レシオは，分母が支払利息で，分子が利払いの原資となる利益であるため，「支払利息をカバーするのに十分な利益があるか」を示しており，その水準が高いほど，利払い余力があることになります。

　インタレスト・カバレッジ・レシオは，利払い余力のみを見ており，ストックである元本の返済能力は見ていません。そのため，低金利の状況では，この指標だけでは十分に負債のリスクを捉えられない可能性があります。

Q-12　資本コスト①：資本コストとは

資本コストというのは，企業の資金調達コストのことだと思いますが，もう少し詳しくその位置付けを教えてください。また，負債のコストと株主資本のコストを比較した場合，どちらが高いですか？

A

企業に資金を提供する株主や債権者は，当然ながらその見返りを要求します。すなわち，債権者は利息を要求し，株主は配当や株価上昇を要求するということですが，企業にとっては，これが資金調達に伴うコスト，つまり，資本コストになります。また，負債コストと株主資本コストを比較した場合，コストとしてより高いのは，株主資本コストのほうです。

解 説

(1) 資本コストとは

① 資本コストの位置付け

日本企業においては，資本コスト（Keyword 38参照）の意識が希薄であると指摘されることも多いため，まずはその位置付けから確認します。

Keyword 38　資本コスト

資本コスト（cost of capital）とは，資金調達に伴うコストをいい，負債コストと株主資本コストにより構成されます。資本コストは，企業が行う事業のリスクなどに応じて，債権者や株主が要求する収益率と位置付けられます。

なお，単に「資本コスト」といった場合，それは「株主資本コスト」を意味することもあれば，（負債コストと株主資本コストの）加重平均資本コスト（WACC）を意味することもあります。

企業が投資している事業（主に貸借対照表の左側）はリターンを生みますが，

一方でリスクもあります。大雑把にいうと、企業の資本コストは、その事業の平均的なリスクによって決まりますが、事業のリスクを評価するのは株主や債権者です。つまり、負債や自己資本（貸借対照表の右側）には、そのリスクに対応する要求収益率が存在するということであり、「株主や債権者から見た要求収益率＝企業から見た資本コスト」という関係になります（**図表12-1** 参照）。

図表12-1 ■事業のリスクと資金提供者の要求収益率

```
                    B/S           事業のリスクが
                                  資金提供者の要
                                  求収益率を決定
              ┌──────┬──────┐
              │      │有利子負債│  債権者の要求収益率
投資している事業│      │      │  ＝負債コスト
によってリスクは異なる│ 資産 ├──────┤
              │      │自己資本│  株主の要求収益率
              │      │      │  ＝株主資本コスト
              └──────┴──────┘
```

② 要求収益率の意味合い

上記①でいう「要求収益率」という用語の意味合いを考えると、「株主等の要求収益率が高い」ということは、「株主等の期待が大きい」のではありません。ある意味ではその逆で、「企業が行う事業のリスクが高い」ということです。つまり、株主等の目線では、高いリスクを前提に投資を行うのだから、それに見合う高いリターンを要求していることになります。

したがって、基本的な考え方として、企業が行う事業のリスクが高ければ資本コストは高くなり、逆に、リスクが低ければ資本コストは低くなります。

(2) 資本コストの把握と株主への説明

資本コストという用語は、専門用語ではあるものの、コーポレートガバナンス・コード（CGコード）でも触れられており、いまやメジャーな用語です。

① CGコードにおける資本コストの位置付け

「資本コスト」については、CGコードの原則5-2（以下に抜粋）において言及がありますが、これは2018年のCGコード改訂時に反映されたものです。

> 経営戦略や経営計画の策定・公表に当たっては，<u>自社の資本コストを的確に把握した上で</u>，収益計画や資本政策の基本的な方針を示すとともに，収益力・資本効率等に関する目標を提示し，その実現のために，事業ポートフォリオの見直しや，設備投資・研究開発投資・人的資本への投資等を含む経営資源の配分等に関し具体的に何を実行するのかについて，株主に分かりやすい言葉・論理で明確に説明を行うべきである。

（下線は著者が追加）

② 自社の資本コストの把握と株主への説明の必要性

　上記①のとおり，CGコードは，経営者に自社の資本コスト（主に株主資本コスト）の把握を求めています。これは，裏を返すと，自社の事業リスクや財務リスクをしっかりと把握し，株主等が自社に要求する収益率の水準を理解すべきということです。

　さらにいうと，その資本コストをもとに，投資意思決定の際のハードル・レートを適切に設定し，その資本コストを上回る収益力や資本効率等を達成する必要があります。実際，CGコードは，経営者に，自社の資本コストを把握するだけではなく，それに沿う形で収益計画や資本政策の基本的な方針を示し，収益力や資本効率等に関する目標を設定することを求めています。そして，中長期的な企業価値の向上を実現するために，各種投資や事業ポートフォリオの見直し等，どのような施策を実行するのかも含めて，株主に明確に説明（対話）を行うべきとしています。

コラム　資本コスト＝「期待」と「失望」の分水嶺

　資本コストについては，様々な説明がありますが，「伊藤レポート」の以下の説明は，資本コストの本質を明確に示していると思われます。

> 「期待」を裏切られれば，株主は失望や不満を株主総会等で表明し（中略），あるいは資本市場で現金化（中略）する。つまり，企業は株主の「期待」と「失望」と背中合わせなのである。そうしたリスクに見合う最低限の「期待」と「失望」の分水嶺が「資本コスト」なのである。

　シンプルにいうと，資本コストは資金提供者の「期待」を示すという意味での要

求収益率であり，企業としては，「失望」を招かないよう，超えなければならないハードルという位置付けになります。

なお，近年は資本コストに関する開示も充実してきており，統合報告書（**Q-50**参照）のみならず，有価証券報告書の記述情報においても，資本コストを意識した目標設定や当期の実績などを示している企業があります。

(3) 負債コストと株主資本コストの比較

資本コストは，負債コストと株主資本コストにより構成されますが，ここで考えておきたいのは，「負債コストと株主資本コストはどちらが高いか」という論点です。

先に結論を書くと，コストとしてより高いのは，株主資本コストのほうです。端的には，株主のほうがより高いリスクを負担しているので，ハイリスク・ハイリターンの原則に従って，より高い収益率を要求するということです。

というのも，**Q-10**のとおり，債権者は，契約によりあらかじめ定められたスケジュールで利息の支払いや元本の返済を受けることができ，また，企業が倒産した際も株主に優先して弁済を受けることができます（ローリスク・ローリターン）。一方で，株主は，投資の成果として配当を受け取り，株価上昇のメリットを享受しますが，これは基本的に業績に連動するものです。つまり，利息とは異なり，リターンに何の保証もありません。また，企業が倒産した際も，株主への弁済は債権者に劣後するため，債権者よりも負担しているリスクは大きいといえます（ハイリスク・ハイリターン）。

コラム　無借金経営が意味すること

上記のとおり，株主資本コストのほうが負債コストよりも割高だとすると，いわゆる「無借金経営」というのは，高い資本コストを覚悟して行うべきものといえます。端的には，資本コストの面で割安な有利子負債を一切使わず，割高な自己資本のみで資金調達していることになるからです（**図表12-2**参照）。無借金経営に対して，投資家が「資本コストに対する意識が欠如している」と評価するのは，このような背景があります。

図表12-2 ■無借金経営の意味合い

この点,内閣府の「令和4年度　年次経済財政報告」によると,2021年度において,実質無借金企業（借入金以上の現預金を保有する企業）は,製造業で58％,非製造業で61％です。「実質無借金」と「無借金」の意味は異なりますが,それでも高い割合になっています。

なお,無借金経営は無条件に否定されるものではなく,高い資本コストを上回るリターンを得られる高リスクの投資があれば,無借金経営も正当化可能と考えられます。

(4) 見えづらい資本コスト

上記(1)のとおり,「資本コストは企業の資金調達に伴うコストであり,資金提供者からの要求収益率である」という整理自体は簡単なのですが,実際には資本コスト（特に株主資本コスト）には定量化が難しい要素も含まれます。

この点,債権者と株主を分けて考えた場合,債権者が要求する収益率（負債コスト）は,実際の支払いがあればもちろん,それがなくても比較的定量化しやすいと考えられます。一方,株主が要求する収益率（株主資本コスト）は,必ずしも実際の支払いとして観察できるコストではありません。計算としても,単なる配当利回り（Keyword 39参照）ではなく,株価上昇による影響も加味する必要があるため,簡単に推定することもできません。

Keyword 39　配当利回り

配当利回り (dividend yield) とは,「配当が株価の何％か」を示す指標であり,以下の算式で計算されます。

$$配当利回り = \frac{1株当たり配当金（年間）}{株価}$$

例えば,株価が1,000円,年間の配当金が20円であれば,配当利回りは2%(＝20円÷1,000円)ということです。

さらに,株主資本コストは,単に財務の要素だけではなく,非財務の要素も含めて,より総合的な観点で決定されるものです。もう少しいうと,株主資本コストには,リスクや不確実性のみならず,経営者の姿勢や投資家とのコミュニケーション等が総合的に反映されると言われています。例えば,「良質なIRが資本コストの引下げに貢献する」等の議論があるとおり,資本コストという概念は極めてふわっとしたものです。そのため,上記(2)のような株主(投資家)との対話も,厳密には資本コストの水準を所与とするものではありません。言い換えると,その対話を適切に行うことで,結果として資本コストの低下(ひいては企業価値の増加)も見込めるということです(**Q-49**参照)。

Q-13 資本コスト②：
資本コスト・要求収益率・割引率の関係

資本コストは債権者や株主の要求収益率ということでしたが，一方で，NPV（正味現在価値）などを算定する際の割引率としても使われると思います。資本コスト・要求収益率・割引率という3つの用語の関係を教えてください。

A

資本コスト・要求収益率・割引率は，単なる表現の相違に過ぎず，その実質はすべて同じものです。

解説

(1) 要求収益率＝資本コスト

関係を整理すると，まず，要求収益率と資本コストについては，立場の相違による表現の相違です。すなわち，視点を債権者や株主に置けば「要求収益率」ですが，視点を企業に置けば「資本コスト」になります。

なお，このような観点から，資本コストは，「ハードル・レート」と呼ばれることもあります。これは，資本コストは資金提供者が要求する利回りなので，経営者から見ると，投資の際に（最低限）超えなければならない利回り水準になるからです（**図表13-1**参照。ハードル・レートの詳細については，**Q-23**で後述します）。

図表13-1 ■資金提供者の要求収益率→企業の資本コスト（→ハードル・レート）

(2) 要求収益率＝割引率

　もう1つ，要求収益率と割引率については，時間の流れの中での位置付けの相違による表現の相違です。すなわち，現在から将来を見るときに使うのが（要求）収益率，逆の視点で使うのが割引率ということになります。

　前提として，現金の価値は，現在時点と将来時点との間で異なります。その現金を預金などで運用する状況をイメージすると，現在から将来に進むに従い，利子（リターン）が上乗せされます。つまり，現在価値を所与とすれば，リターンの分だけ，その将来価値は大きくなります。逆に将来価値を所与とすれば，リターンの分だけ，その現在価値は小さくなるということです（**図表13-2**参照）。

図表13-2 ■現在価値と将来価値（要求収益率と割引率）

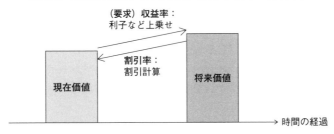

　要求収益率は，株主や債権者の目線で，投資時の価値に加えて，将来におい

てどの程度の収益の上乗せを要求するのかを示す率です。つまり，要求収益率は，現在価値から将来価値を計算する際に用いられます。一方で，割引率（Keyword 40参照）は，それを時間的に逆に見たものであり，将来価値から現在価値を（割引）計算する際に用いられるものだということです。

Keyword 40　割引率

　割引率（discount rate）とは，将来価値を現在価値に引き直す際に用いる率をいいます。概念的には，割引率には時間の対価とリスクの対価が含まれており，前者がリスクフリー・レート（国債の利回りなど），後者がリスク・プレミアムです。しっくりこないかもしれませんが，現在価値計算にリスクを織り込むということは，「早く発生するキャッシュ・フロー（CF）のほうが，確実性が高く価値が高い」と考えていることになります。

　投資意思決定の際，投資からそのリターンの実現までには一定の時間を要し，また投資回収にはリスクも伴うため，現在価値計算（割引率）という概念は重要といえます。割引率が正の値であれば，現在価値は将来価値よりも小さくなりますが，市場金利の上昇や投資リスクの上昇により割引率が上昇した場合，（将来価値に比べて）現在価値はより小さくなります。

(3)　資本コスト＝要求収益率＝割引率

　上記(1)・(2)から，「資本コスト＝要求収益率＝割引率」という関係が成立することがわかります。つまり，資本コストは，資金提供者の要求収益率であり，これを将来から現在の方向に見れば割引率になります。だからこそ，NPV（正味現在価値）の計算などで将来CFを現在価値に割り引く際，「資本コストを割引率として用いる」というような表現が使われるわけです（**Q-21**参照）。

コラム　資本コストと企業価値の関係

　企業価値を将来CFの割引現在価値として算定する場合，資本コストはその割引率という位置付けになります（DCF法のイメージ）。

　そのため，割引率である資本コストの低下は企業価値を増加させ，逆に資本コストの上昇は企業価値を減少させます。したがって，企業価値向上の観点からは，企業が自社の資本コストについて理解を深め，資本構成を調整したり，投資家との対

話を行ったりすることで,資本コストの低下につなげていくことが重要になります。
　なお,別の角度から説明すると,企業にとってのハードルである資本コスト(WACCなど)が下がれば,相対的に低い投資利回り(ROICなど)でも,企業価値の増加に貢献するという言い方もできます。

Q-14 負債コストと負債の節税効果

資本コストのうち,負債コストについて教えてください。また,負債には節税効果があると言われますが,それはどういう意味ですか?

A

銀行借入れや社債発行など,負債による資金調達(デット・ファイナンス)については,元本の返済に加えて,定期的な利息の支払いが必要になります。端的にはこれが負債コストです。また,負債の節税効果とは,支払利息が損金算入され,その分だけ法人税をセーブできるという効果をいいます。

解説

(1) 負債コストとは

企業にとっての資本コストのうち,デット・ファイナンスに係るものが負債コスト(Keyword 41参照)です。

Keyword 41 負債コスト

負債コスト(cost of debt)は,資本コストのうち,債権者が要求する収益率をいいます。シンプルにいうと,「銀行等がどのくらいの金利で貸してくれるか」または「社債を発行するとどれくらいの金利になるか」という発想です。

負債コストも資本コストの1つなので,時間の対価とリスクの対価が含まれますが,前者がリスクフリー・レート(国債の利回りなど),後者がリスク・プレミアム(クレジット・スプレッド)であり,算式で見ると以下のとおりです。

負債コスト=リスクフリー・レート+クレジット・スプレッド

(注) 社債でいうと,「社債利回り=国債利回り+クレジット・スプレッド」ということです。

負債コストは株主資本コストに比べて推定が容易であり,例えば,有利子負債の平均利率を基礎として計算する方法があります。具体的には,企業の投資

期間に対応するものとして，中長期の負債調達に対応する金利を計算します。

ただし，負債コストは，あくまでも「現時点で新たに有利子負債を調達したときの金利」であり，「現時点の有利子負債に適用されている金利」ではありません。したがって，有利子負債の調達時期に注意が必要であり，調達後に市場金利や企業の信用リスクが変化しているケースでは，平均利率はそのままでは使えないということです。

なお，自社の格付け情報があれば，そこから社債の利回りを推定し，負債コストとして用いることもできます。銀行との個別交渉で決まる借入金利より，社債利回りを推定するほうが，負債コストの計算としては望ましいかもしれません。

(2) 負債の節税効果とは

負債コストの算定にあたっては，負債の節税効果（Keyword 42参照）も加味する必要があります。

Keyword 42　負債の節税効果

負債の節税効果とは，支払利息が損金算入され，その分だけ法人税をセーブできるという効果をいいます。

負債の節税効果は，支払利息について，損金算入されない支払配当金との対比で見るとわかりやすいので，以下，簡単な数値例で確認します。

図表14-1のとおり，営業利益が1,000という前提で，「債権者に200の利息を支払う場合」と「株主に200の配当を支払う場合」を比較します（税率を30％と仮定）。

図表14-1 ■負債の節税効果（支払利息と支払配当金の比較）

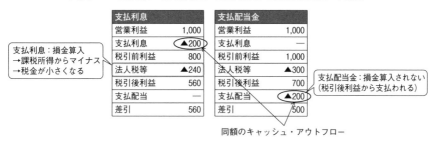

結論として，差し引きで会社に残るキャッシュは，支払利息の場合が560（**図表14-1左**），支払配当金の場合が500（**図表14-1右**）となります。つまり，利息の支払いのほうが60だけ多くキャッシュが残るということです。この60の差は，支払利息が損金算入されることにより生じたもので，「支払利息200×税率30％」で計算できます。端的にはこれが負債の節税効果ということです。

逆にいうと，支払利息のグロス額は200ですが，実質的には税引後の140（＝200－60）が企業にとっての負担となります。つまり，一般化すると，節税効果も加味した負債コストは，以下の算式で表せます。

負債コスト＝金利×（1－実効税率）

（注） 上式の「金利」はグロスの負債コストという意味合いです。

コラム　節税効果は割引率に反映

　負債の節税効果については，上記のとおり，負債コストの計算に反映します。そして，**Q-16**で後述するとおり，負債コストは加重平均資本コスト（WACC）の構成要素となるので，WACCにも負債の節税効果が反映されていることになります。そのため，DCF法で企業価値（事業価値）を算定する際，WACCで割り引く対象，つまり，フリー・キャッシュ・フローの見積りにあたっては，節税効果を別途考慮する必要はありません。

(3) なぜ負債コストが重視されるのか

　Q-12のとおり，負債コストは株主資本コストよりも割安ですが，実際には経営者は（ある意味で株主資本コストよりも）負債コストに対して敏感です。

　1つの理由としては，利息の場合，利益が出なくても支払わなくてはならない点があります。このような利息の固定的なキャッシュ・フローとしての性質は，まさに負債のリスクを示しています（**Q-11**参照）。現状では，金利水準が上昇傾向にあるため，負債のリスクも相対的に大きくなっています。

　もう1つの理由として，支払利息については，損益計算書に反映され，最終利益にも影響する点が挙げられます。つまり，単純に利益の計算過程で差し引かれるので，経営者が意識しやすいということです。

Q-15　株主資本コストとCAPM

資本コストのうち、株主資本コストについて教えてください。株主資本コストは単純な配当利回りなどとは異なるものと言われますが、その水準はどのように算定するのでしょうか？

A

株式発行など、自己資本による資金調達（エクイティ・ファイナンス）についても、負債コストと同様、一定の資本コスト（株主資本コスト）がかかります。株主資本コストは、株主が要求する収益率ですが、配当利回りのような単純な指標では表せず、また、実際に観察できるものでもないため、CAPMなどのモデルを使って推計するのが一般的です。

解説

(1) 株主資本コストとは

企業にとっての資本コストのうち、エクイティ・ファイナンスに係るものが株主資本コスト（Keyword 43参照）です。

> **Keyword 43　株主資本コスト**
>
> 株主資本コスト（cost of equity）とは、資本コストのうち、株主が要求する収益率をいいます。株主資本コストは、企業のリスクに応じて株式市場で決定されるものであり、実際に観察できるものではありません。また、負債コストとは異なり、配当利回りのような単純な指標で表せるものでもないため、何らかの形で推計する必要があります。

(2) CAPMによる株主資本コストの推計

実務では、株主資本コストの推計にあたって、資本資産評価モデル（CAPM：

Capital Asset Pricing Model）というモデルが使われることが多いと考えられます。CAPMは株主資本コストを推計する際の1つの考え方に過ぎませんが，一方でCAPMの考え方自体は日本企業の間に浸透しています。

CAPMによると，株主資本コストは以下のように計算されます。

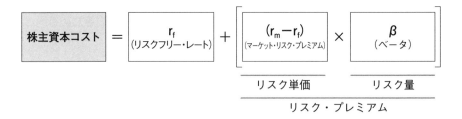

CAPMの算式は，リスク単価であるマーケット・リスク・プレミアム（$r_m - r_f$）にリスク量であるβを乗じることで，リスクに対して要求されるリターン（リスク・プレミアム）を計算していると解釈できます。そして，これをリスクフリー・レート（r_f）に上乗せしたものが，株主資本コストだということです。

以下では，CAPMにおける株主資本コストの算式の構成要素として，「①リスクフリー・レート→②マーケット・リスク・プレミアム→③β」の順に，それぞれの内容を簡単に確認します。なお，最初にお伝えしておくと，いずれの要素も，具体的にどのような数値を使うべきかという点に明確な答えはありません。

① **リスクフリー・レートとは**

まず，1つ目の要素はリスクフリー・レート（Keyword 44参照）です。

Keyword 44　リスクフリー・レート

リスクフリー・レート（r_f：risk-free interest rate）とは，無リスク資産の期待収益率をいいます。言い換えると，全くリスクを取らなくても得られるリターンのことです。

日本においては，リスクフリー・レートとして，国債の利回り，もう少しいうと，国債10年物の利回りが最もよく使われていると考えられます（2024年3月末時点で，国債10年物の利回りは0.75％です）。ただ，理論的には10年より長い期間の国債利回りを用いるべきという考え方もあり，他の年限の国債利回りでも，一定の流動性

があり，信頼性が高いものであれば使用可能です。実際に，海外の機関投資家などは，リスクフリー・レートとして，上記国債利回りより高い数値を使っている場合があります。

CAPMは株式投資に係るリターンの話ですが，算式の意味合いとしては，「わざわざリスクを取って株式投資をしているのだから，少なくとも国債の利回りくらいのリターンは期待していいだろう」というイメージです。

② **マーケット・リスク・プレミアムとは**
次に，2つ目の要素はマーケット・リスク・プレミアム（Keyword 45参照）です。

Keyword 45　マーケット・リスク・プレミアム

マーケット・リスク・プレミアム（$r_m - r_f$：market risk premium）とは，「マーケット・ポートフォリオ」の収益率がリスクフリー・レートを上回る部分をいいます。

ここで，マーケット・ポートフォリオとは，株式市場で取引されているすべての株式を含むポートフォリオをいい，日本でいえば，TOPIX（東証株価指数）を保有するイメージです。TOPIXに連動するETFに投資した場合，国債よりもリスクが高いため，要求収益率はリスクフリー・レートより高くなります。要は，その差額（超過収益率）がマーケット・リスク・プレミアムだということです。つまり，マーケット・リスク・プレミアムの意味合いは，投資家が株式投資（株式市場全体への投資）に係るリスクに見合う分だけ，利回りの上乗せを要求するということです。

マーケット・リスク・プレミアムは，長期間のデータをもとに推計すべきと言われますが，具体的な推計方法についてのコンセンサスはありません。したがって，その水準にはバラつきがありますが，大雑把にいうと，5〜10％の間には収まっているものと思われます。

なお，マーケット・リスク・プレミアムについては，Ibbotson（イボットソン・アソシエイツ・ジャパン）などの情報ベンダーが提供しています。

株主資本コストの算定において重要なのは，株式市場全体のリスク・プレミアムではなく，個別株式のリスク・プレミアムです（個別企業の株主資本コストを考えているわけなので）。この点，CAPMでは，ダイレクトに個別株式のリスク・プレミアムを求めるのではなく，まずは株式市場全体のマーケット・リスク・プレミアムを計算し，それに個別株式のリスク量（下記③のβ値）を

乗じる形で計算するという流れになります。つまり，マーケット・リスク・プレミアムの位置付けは，「リスク量を乗じる対象」という意味で，リスク単価と整理できます。

③ ベータ（β）とは

最後に，3つ目の要素はベータ（β）（Keyword 46参照）です。

Keyword 46　ベータ（β）

ベータ（β）とは，個別株式のマーケット・ポートフォリオ（TOPIXなど）に対する連動性を示す指標です。

β値は1が基準値であり，「$\beta=1$」であれば，その個別株式の株価はTOPIXと同じように動くという意味合いになります。そして，β値が1を上回るということは，個別株式の株価のブレがTOPIXのブレよりも大きいということで，逆にβ値が1を下回るということは，ブレが小さいということを意味します。

簡単な数字を使って例示すると，以下のとおりです。

> $\beta=1.5$…市場全体が10％動くと，個別株式の株価は同じ方向に15％動く
> $\beta=1.0$…市場全体が10％動くと，個別株式の株価は同じ方向に10％動く
> $\beta=0.5$…市場全体が10％動くと，個別株式の株価は同じ方向に5％動く

いずれの場合でも，β値の意味合いを考えるうえでは，その個別株式自体の値動きの激しさではなく，あくまでも株式市場全体との連動性という観点で見ることが重要です（詳細は割愛しますが，β値は，「個別株式のリターンとマーケット・ポートフォリオのリターンの共分散」を「マーケット・ポートフォリオのリターンの分散」で除して計算されるからです）。そのため，一般に景気動向に左右されにくい業種（食品や鉄道など）に属する企業のβ値は低くなり，景気動向に左右されやすい業種（ITや金融など）に属する企業のβ値は高くなります。

β値についても，Ibbotsonなどの情報ベンダーが提供しています。

β値は，個別株式の株価のTOPIXに対する感応度といえ，β値の位置付けは（マーケット・リスク・プレミアムというリスク単価に対する）リスク量と整理できます。したがって，マーケット・リスク・プレミアムにβ値を乗じることで，個別株式に係るリスク・プレミアムが計算できるということです。

CAPMの計算式において，企業ごとの株主資本コストの差を生み出すのは

β値です。言い換えると,CAPMの視点では,各企業の違いはβ値の違いでしか表現されません。そのため,CAPMで自社の株主資本コストを推計するのであれば,自社のβ値を把握しておくことが最も重要になります。

(3) 株主資本コストの計算例

株主資本コスト計算の数値例として,ここではハイリスクの企業H社（β＝1.5。例えば,IT関連の企業),ミドルリスクのM社（β＝1.0),ローリスクの企業L社（β＝0.5。例えば,食品関連の企業）の3社を考えてみます（それぞれのβの値の意味合いは,上記(2)③参照）。

今,仮にリスクフリー・レート（r_f）が1.0％,マーケット・リスク・プレミアム（$r_m － r_f$）が7.0％とすると,各社の株主資本コストは,以下のように計算できます（**図表15-1**参照）。

- H社の株主資本コスト ＝ r_f(1.0％) ＋ $β$(1.5) × ($r_m － r_f$)(7.0％) ＝ 11.5％
- M社の株主資本コスト ＝ r_f(1.0％) ＋ $β$(1.0) × ($r_m － r_f$)(7.0％) ＝ 8.0％
- L社の株主資本コスト ＝ r_f(1.0％) ＋ $β$(0.5) × ($r_m － r_f$)(7.0％) ＝ 4.5％

図表15-1 ■CAPMによる株主資本コスト算定のイメージ

株主は,投資のリスクに見合うリターンを要求しますが,CAPMの考え方によると,H社が（β値で見て）最もリスクが高いので,株主の要求するリターンも最も高くなります。これは,企業にとっての株主資本コストが高いということです。対照的に,L社のようにβ値が低ければ,株主資本コストは低くなります。

なお，CAPMには計算式があるので，それに基づいて計算する株主資本コストは，何となく正しそうに見えます。しかしながら，実際には，算式自体が正しいのかどうかも，算式の中の計算要素が正しいのかどうかもはっきりしません。そのため，CAPMの計算を行ったとしても，「これで正しい資本コストが計算できた」とは考えず，「CAPMはあくまでも1つの考え方に過ぎない」と捉えておくほうがよいかもしれません。

(4) 投資家との対話の必要性

株主資本コストには正解といえる計算方法がないため，妥当な株主資本コスト水準については議論が分かれます。というのも，株主資本コストの水準については，定量的な情報のみならず，定性的な情報も（将来の不確実性に関する投資家の認識を通じて）資本コストの水準に影響を与えるとされているからです。

そもそも，株主資本コストは（定義として）株主が要求する収益率であり，また，実際に投資家が要求する水準を基礎として株価は形成されます。そう考えると，株主資本コストについては，「理論的に何が正しいか」を追究するよりも，「投資家が資本コストをどう考えているか」を確認するほうが重要と考えられます。すなわち，自らが妥当と考える株主資本コストの水準を開示したうえで，それについて機関投資家（Keyword 47参照）と対話を行うべきということです。

Keyword 47　機関投資家

機関投資家（institutional investor）とは，顧客などから預かった資金を運用する法人投資家の総称であり，一般に年金基金・保険会社・信託銀行・投資顧問会社などがこれに該当します。機関投資家は，大きくアセット・オーナーとアセット・マネジャーに分類されます。年金基金などのアセット・オーナーは，自ら資金を運用することもありますが，日本では多くの場合，投資顧問会社などのアセット・マネジャーに運用を委託する形になります。企業が対話を行う機関投資家は，通常はアセット・マネジャーと考えられます。

なお，生命保険協会の企業・投資家向けアンケート（2023年度版）によると，資本コスト（株主の要求収益率）を算出していない企業の割合は28％に上りま

す。ただし，前年度の34％に比べると，その割合は低下しているため，企業の資本コストに対する意識の向上も窺える状況です。

(5) 日本企業の株主資本コストはだいたいどれくらいか

　企業にとっての資本コストは資金調達コストなので，それは投資判断にも影響します。すなわち，株主資本コストには，ROEで見たハードル・レートという意味合いもあります（後述の**Q-19**参照）。また，上記(4)のとおり，投資家との対話にあたっては，資本コストの水準も議論の対象になるため，自社の株主資本コストの水準は知っておきたいところです。

　株主資本コストには正解といえる計算方法がないものの，上記(3)のようにCAPMの算式に数字を当てはめれば，大まかに自社の株主資本コストを推計することは可能です。

　また，日本企業の株主資本コストとしては，「伊藤レポート」でも挙げられた８％が１つの目安になります。また，上記の企業・投資家向けアンケートでは，詳細な資本コスト（株主の要求収益率）の数値を算出している企業において，最も多い水準は６％台，次いで７％台，５％台という結果が出ています。もちろん業界にもよりますし，金利上昇の影響も加味する必要はありますが，当面は「株主資本コスト＝８％前後」と考えておけば，大きくは外れないと思われます。

Q-16 加重平均資本コスト（WACC）

資本コストのうち，加重平均資本コスト（WACC）について，負債コストや株主資本コストとの関係を教えてください。また，WACCの水準を考えるうえでは，企業のどのような特徴に着目すればよいですか？

A

加重平均資本コスト（WACC）は，企業全体の資本コストであり，負債コストと株主資本コストを（負債・自己資本それぞれの時価で）加重平均したものです。WACCの決定要因としては，企業の抱える事業リスクが最も重要です。

解 説

(1) 加重平均資本コスト（WACC）とは

負債コストと株主資本コストに関する知識を前提に，ここでは，加重平均資本コスト（Keyword 48参照）の位置付けを確認します。

Keyword 48 加重平均資本コスト（WACC）

加重平均資本コスト（WACC：weighted average cost of capital）とは，負債コストと株主資本コストの加重平均であり，いわば企業全体（全社）の資本コストです（**図表16-1**参照）。

図表16-1 ■加重平均資本コスト（WACC）とは

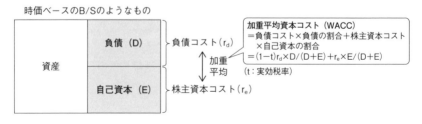

加重平均のウェイトは、負債・自己資本それぞれの時価になります。すなわち、株主の要求収益率（株主資本コスト）は、通常の利回りと同様、時価をベースに決定されているはずであり、この点は債権者も同様なので、加重平均も時価をベースに行うということです。一般的に、負債の時価は簿価と大差ないため、簿価で代用することができますが、自己資本の時価（株式時価総額）は簿価と大きな差があるので注意が必要です。

(2) なぜWACCは重要なのか

上記(1)のとおり、WACCの意味合いは、株主が要求する収益率（株主資本コスト）と債権者が要求する収益率（負債コスト）の加重平均です。これを企業の立場で見ると、事業からその要求水準を上回るリターンを生み出す必要があります。だからこそ、WACCは、IRR（内部収益率）で投資意思決定を行う際のハードル・レートの基礎となり（後述の**Q-23**参照）、同様にNPV（正味現在価値）を算定する際の割引率の基礎ともなるわけです（後述の**Q-21**参照）。

さらにいえば、企業価値（事業価値）の算定にあたってDCF法を用いる場合、一般に将来のフリー・キャッシュ・フロー（FCF）はWACCで現在価値に割り引きます（詳細については、**Q-42**で後述します）。WACCを割引率として用いる理由は、割引対象であるキャッシュ・フロー（CF）が債権者に帰属する部分と株主に帰属する部分に区分されていないからです。仮に両者が区分されていれば、前者を負債コスト、後者を株主資本コストで割り引くことができます。しかしながら、FCFとして両者が一体になっているので、負債コストと株主資本コストの加重平均（つまり、WACC）を計算し、それでCF全体を割り引くわけです（**図表16-2** 参照）。

図表16-2 ■FCFの割引率はWACC

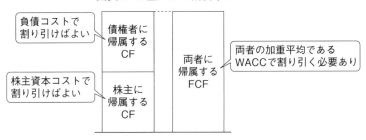

したがって，企業価値の向上を考えるうえでも，WACCの水準は常に意識しておく必要があります。

(3) WACCの決定要因（貸借対照表の左側）

資本コストとは，資金調達に伴うコストであり，企業のリスクに応じて，株主や債権者が要求する収益率です。問題は，「何が企業のリスクを決めるか」ということですが，これは，主に貸借対照表の左側（資産サイド）になります。

この点，WACCの計算プロセスだけを見ていると，あたかも貸借対照表の右側（負債・自己資本サイド）だけで資本コストが決まっているように誤解しがちです。しかしながら，そもそもの資本コストの決定要因を考えると，企業が行っている各事業（投資している資産）のリスクに応じて，債権者や投資家の要求収益率が決まっているはずです。WACCは，単にそれらの要求収益率を企業全体で均して見たものに過ぎません（**図表16-3**参照）。

図表16-3 ■WACCと貸借対照表の左側（事業のリスク）との関係

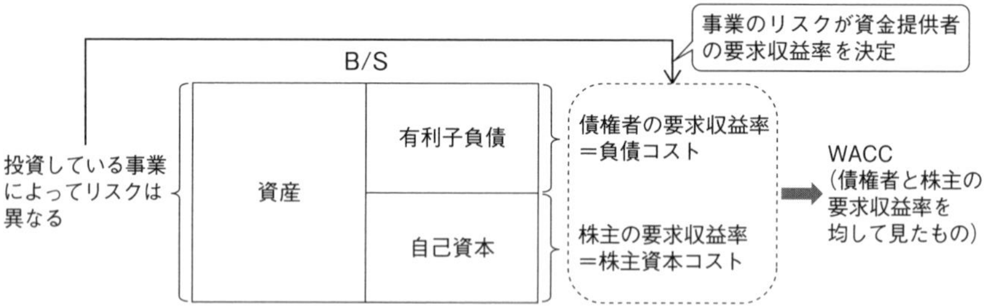

```
                    B/S              事業のリスクが資金提供者
                                     の要求収益率を決定
              ┌─────────┬─────────┐
              │         │ 有利子負債 │  債権者の要求収益率       WACC
投資している事業│         │         │  =負債コスト            （債権者と株主の
によってリスクは│  資産   ├─────────┤                        要求収益率を
異なる        │         │ 自己資本  │  株主の要求収益率         均して見たもの）
              │         │         │  =株主資本コスト
              └─────────┴─────────┘
```

つまり，突き詰めると，「事業がどの程度安定的にCFを生み出すか」という観点が重要だということです（**Q-11**参照）。実際には，WACCは財務リスク（資本構成）の影響も受けるため，必ずしも正確ではありませんが，「資本コストは主に貸借対照表の左側で決まる」と考えておいても，それほど大きくは間違っていないと思われます。

(4) WACCの具体的な算定方法

自社の資本コストとしてWACCを算定する際，決まった方法があるわけではありませんが，以下のような考え方により，WACCを計算しているケースが多いと考えられます。

負債コスト	・現状の金利水準と実効税率をもとに算出する ・金利の上昇や税率の変更が見込まれる場合には，その影響も加味する
株主資本コスト	・CAPMにより算出する ・ただし，機関投資家にヒアリングした要求収益率なども加味する
資本構成 （財務レバレッジ）	・自社の中長期的な目標値を使用する ・ただし，自社の実際の資本構成や業種の平均値などを使用することもある

Q-17 資本構成①：代表的な理論

資本構成に関する理論のうち，代表的なものを教えてください。

A

資本構成に関しては，MM理論をはじめとして，トレードオフ理論やペッキング・オーダー理論などのいくつかの理論があります。もちろん，実務上はその理論どおりに資本構成を決定するわけではないですが，以下では，基礎知識という位置付けで，代表的な理論の概要をご紹介します。

解説

(1) 資本構成とは

資本構成（Keyword 49参照）をどう考えるかというのは非常に難しい問題です。

Keyword 49　資本構成

資本構成（capital structure）とは，貸借対照表の右側，すなわち負債（特に有利子負債）と自己資本のバランスをいい，負債比率や自己資本比率などで表現されます。

デット・ファイナンスは割安な資金調達手段ですが，財務リスクの問題があります。一方，エクイティ・ファイナンスは財務の安定化には寄与しますが，割高な資金調達手段です。そのため，「負債と自己資本の割合をどのように決定すべきか」を考える必要があり，端的にはこれが資本構成の問題ということです。

生命保険協会の企業・投資家向けアンケート（2023年度版）によると，中長期的な財務戦略において，投資家は「株主還元」よりも「資本構成の最適化」を重視しているという結果が出ています。資本構成の検討はそれくらい重要なものですが，企業では，その重要性が過小評価されている可能性があります。

ここでは，「資本構成が企業価値にどのようなインパクトを与えるか」，さら

にいうと、「負債を増減させることで、企業価値を増減させられるか」というテーマについて、いくつかの理論をもとに考えます。

(2) MM理論

「資本構成が企業価値に影響を与えるか」という疑問に対する回答として、MM（Modigliani-Miller）理論という有名な理論があります。以下では、MM理論の2つの命題を簡単に確認します。

① 第1命題

MM第1命題は、「税金や取引費用がない完全な資本市場を前提とすると、企業価値は資本構成とは無関係に決まる」というものです。したがって、負債を増減させても企業価値は増減しません。

MM第1命題の基本的な考え方として、投資家の視点では、負債のない企業でも負債のある企業でも、同じ将来キャッシュ・フロー（CF）であれば同じ企業価値であり、仮に両者にズレが生じても、完全資本市場では裁定が働くという点があります（詳細は割愛します）。つまり、重要なのは事業が生み出す将来のCF自体であり、債権者と株主の間での配分は企業価値に影響しません。この点はよくパイを例にして説明されますが、企業価値をパイの大きさに例えると、それを債権者と株主の間でどのように配分したとしても（＝負債と資本の割合がどのように変わったとしても）、パイ（＝企業価値）の大きさ自体は変わらないということです。

② 第2命題

MM第2命題は、「完全な資本市場を前提とすると、株主資本コストは、負債比率の上昇に従って上昇する」というものです。

MM第2命題は、ある意味でMM第1命題を資本コストの観点から見たものであり、ポイントは、コスト面で割安な負債を増やしても、株主資本コストの上昇によりその効果が相殺されるため、結果として企業全体の資本コストであるWACC（加重平均資本コスト）は変わらないという点です。すなわち、負債の増加により、債権者に優先的に（かつ固定額として）配分されるCFが増えるため、株主のCFに追加的なリスクが発生し、そのリスクを反映する形で株主資本コストが上昇することになります。

MM第1命題との関係でいうと、負債の有無にかかわらず、同じ将来CFなら同じ企業価値になるとすれば、(DCF法的に考えて)負債のない企業の割引率(株主資本コスト)と負債のある企業の割引率(WACC)は一致するはずです。これは、割安な負債を増やしても、株主資本コストの上昇によりその効果が相殺されていることを意味します。

> **コラム　MM理論から得られる示唆**
>
> MM理論は完全な資本市場を前提としているので、必ずしもそのまま現実世界に適用できるものではありません。しかしながら、第1命題・第2命題とも、重要な示唆を与えてくれます。
> 　第1命題についていうと、企業価値にとって本質的に重要なのは、資本構成(貸借対照表の右側)よりも、資産(貸借対照表の左側)及びそれが生み出すCFのほうだという示唆があります。つまり、企業としては、財務面よりも、成長投資などの事業面の検討を重視すべきということです。
> 　第2命題についていうと、「割安な負債調達によるWACCの低下は、すべてではないにしても、株主資本コストの上昇により打ち消される」という点は、現実世界の資本構成を考えるうえでも押さえておくべきポイントと考えられます。

(3) トレードオフ理論

MM理論は、資本構成を考えるうえでの理論的な出発点ではあるものの、あくまでも完全な資本市場という特殊な前提条件の下でのみ成り立つものです。一方で、現実はそれとは異なるということで、税金の存在を考慮に入れたのがトレードオフ理論(Keyword 50参照)です。

> **Keyword 50　トレードオフ理論**
>
> トレードオフ理論(trade-off theory)とは、シンプルにいうと、負債にはメリット・デメリットがあるため、企業はそれらのバランスをとる形で、自社にとって最適な形になるように負債のボリュームを調整するという理論です。具体的には、メリットが節税効果、デメリットが倒産コストということになります。

以下では、節税効果と倒産コスト、それぞれの内容を簡単に確認します。

① 負債の節税効果

まず、メリットとしての負債の節税効果とは、税務上、負債に係る支払利息は損金算入されるため、それに税率を乗じた分だけ税負担を軽減できるという効果をいいます（数値例を含む詳細については、**Q-11**参照）。

MM理論では、利益（CF）を株主と債権者との間で配分することを考えましたが、法人税を検討に加えると、利益の一部は課税主体（政府）に分配されることになります。イメージとしては、債権者への配分を増やすと、支払利息の損金算入（節税効果）によって政府への配分が減り、結果、株主や債権者への配分が増えるというイメージです。

これを前提とすると、負債を増やすことで、節税効果（及びその現在価値）が高まり、企業価値の向上につながります。あくまでも理論的には、企業は負債比率を上げれば上げるほど、企業価値を増加させられるということです（実際には、節税効果を重視して負債比率を引き上げることはあまりないと思われますが）。

② 倒産コスト

負債の節税効果だけを考慮するのであれば、企業価値を最大化する資本構成は「負債100％」ということになりますが、負債による資金調達のデメリット、すなわち、倒産コスト（Keyword 51参照）も考慮する必要があります。

Keyword 51　倒産コスト

倒産コスト（bankruptcy cost）とは、実際に倒産したら発生するコスト（狭義の倒産コスト）のほか、倒産しそうになったら発生するコスト（財務上の困難に伴うコスト）も含む概念です。狭義の倒産コストは、法的手続きに関連する費用のほか、倒産企業に係る意思決定上の制約等も含まれます。また、財務上の困難に伴うコストは、倒産間際の企業における間接的なコスト（顧客からの取引の打切りなど）を指します。

負債を増やすことで、倒産や財務上の困難が生じるリスクが高くなり、その分だけ企業価値が減少する可能性があるというのが、ここでの倒産コストの位置付けです。

③ トレードオフ理論の考え方

トレードオフ理論は，企業がこのようなメリット・デメリットを総合的に勘案して，企業価値を最大化する負債比率を採用するという考え方です。つまり，負債比率を上げれば節税効果を享受できるものの，負債比率が高くなりすぎると倒産コスト（リスク）も大きくなるので，資本構成は，両者のバランスをとる形で決定されます。

言い換えると，最適な資本構成は，負債の節税効果と倒産コストとの**トレードオフ**によって決まるということで，この点を（無理矢理）算式の形にすると以下のとおりです。

> 企業価値＝「負債がない場合の企業価値」＋「節税効果の現在価値」－「倒産コストの現在価値」

トレードオフ理論の考え方はわかりやすいのですが，（節税効果は定量化できたとしても）倒産コストの定量化は難しく，実際にはトレードオフ理論のみで最適な資本構成を決定することはできません。また，理論のすべてが現実と整合しているわけでもありません。

一方で，トレードオフ理論から得られる示唆もあります。すなわち，日本企業の場合，一般に倒産コストのほうを重視する面がありますが，特に事業が安定している場合には，節税効果も考慮して，より積極的に負債による資金調達を行うことも選択肢になります。

(4) ペッキング・オーダー理論

トレードオフ理論と並んで有名な理論として，ペッキング・オーダー理論（Keyword 52参照）があります。

Keyword 52　ペッキング・オーダー理論

ペッキング・オーダー理論（pecking order theory）は，経営者と投資家との間の情報の非対称性を前提に，企業がどのような順番で資金調達を行うかを考えるものです。言い換えると，資本構成自体に焦点を当てるのではなく，現在の資本構成はあくまでも過去の資金調達の結果に過ぎないという考え方です。そして，資金調達の順番という意味では，企業はまず自己資金を活用し，外部資金が必要な場合は

負債により調達し，それでも不足する場合に初めて株式を発行するという流れになります。

ペッキング・オーダー理論も，必ずしもすべてが現実と整合するものではないですが，例えば，収益性が高い企業の負債比率が低い傾向（後述の**Q-18**参照）などは，この理論により説明が可能と考えられます。つまり，そのような企業では，負債などで外部資金を調達せずとも，自己資金で投資が賄えるということです。

(5) 財務柔軟性に関する理論

もう1つ，資本構成を考えるうえで知っておくとよいのが，財務柔軟性に関する理論（Keyword 53参照）です。

Keyword 53　財務柔軟性に関する理論

財務柔軟性に関する理論は，文字どおり，企業において「財務柔軟性」が重視されているという議論ですが，ここでいう財務柔軟性（financial flexibility）とは，端的には，「いざというとき」に備えて負債の調達余力を残しておくことを意味します。また，「いざというとき」とは，例えば，財務上のリスクの顕在化時や予期せぬ事業投資の機会を指します。すなわち，平時は調達余力を残す形で目標負債比率を低めに抑えておき，予期せぬ資金需要が発生した際には，その余力を活用する形で負債による資金調達を行うということです。

財務柔軟性に関する理論では，負債比率を2つの部分（層）に分けて考えます。すなわち，1つは平時の目標負債比率に相当する部分であり，これは長期的な視点に基づいて決定されます。そして，もう1つは一時的な資金需要に対応する部分で，これがオプションとしての財務柔軟性に該当し，負債比率のうちこの部分は，投資実行や投資回収のタイミングに応じて一時的に上下します（**図表17-1**参照）。

図表17-1 ■財務柔軟性（負債による調達余力）

　負債比率の低い企業が，「魅力的な投資機会があれば，負債活用も検討する」という方針を示していることがありますが，これがまさに財務柔軟性という発想です。なお，この考え方は，格付けへの影響を考慮しながら資本構成を調整する実務と整合しているものと考えられます（後述の**Q-18**参照）。

Q-18 資本構成②：実務上の検討事項

資本構成を検討する際，どのような要素を考慮すればよいか教えてください。

A

資本構成に関する考え方は企業によって異なり，各企業が様々な要素を勘案しながら，自社のあるべき資本構成を検討しています。例えば，一般に事業リスクや収益性などは資本構成に影響すると言われます。また，実務上は，資本構成を考える際に，格付けへの影響を検討することが非常に多いと考えられます。

解 説

(1) 実務における検討

Q-17のとおり，資本構成に関しては様々な理論があるものの，最適資本構成（Keyword 54参照）や実際の企業の資本構成を説明できる唯一の理論が存在するわけではありません。一方で，財務柔軟性に関する理論でいう負債の調達余力や，トレードオフ理論でいう倒産コスト（倒産リスク）など，実際に企業が強く意識していると思われる要素もあります。

Keyword 54　最適資本構成

最適資本構成（optimal capital structure）とは，文字どおり，負債と自己資本との最適な組み合わせをいいます。また，ここでいう「最適」とは，企業価値を最大化する資本構成を意味します。

実務上，資本構成（負債比率）を検討する際は，理論的なフレームワークを参考にしながらも，必ずしもそれに従うわけではありません。例えば，維持すべき格付けから逆算した負債比率等に関する目標値があるとしても，実際には

すべてのキャッシュ・フロー（CF）が予測したタイミングや金額で発生するわけではなく，負債比率は必ずしも思いどおりにはコントロールできません。つまり，予測CFのブレによる資金過不足（特に不足）への対応が必要なので，資本構成の調整は試行錯誤により行わざるをえない面があります。また，あまりに負債比率の目標値に固執すると，必要な成長投資等が制限されるという弊害も生じかねません。そのため，投資家の反応も想定しながら，「増資は難しそうだ」とか，「もう少し有利子負債を増やしても問題なさそうだ」とか，その都度判断しているのが実情ではないでしょうか。

(2) 考慮すべき諸要素

ここでは，企業が資本構成を考える際，実際にどのような点に気を配っているかを考えます。なお，資本構成は，目標負債比率の設定という文脈で考えることが多いため，以下でも負債比率の設定という観点で書いていきます。

まず，資本構成を検討する際に考慮されている主な要素は以下のとおりです。

---
① 事業リスク（利益の安定性）
➡事業リスクが高ければ，負債比率は低めに設定する傾向
② 収益性
➡収益性が高ければ，負債比率は低めに設定する傾向
③ 資産の構成
➡換金価値の低い資産が多ければ，負債比率は低めに設定する傾向

（注）①を例にとると，事業リスクが高い場合，負債比率は低めに設定せざるをえませんが，逆に事業リスクが低い場合，「負債比率を高めに設定することが可能」という意味合いになります。

ちなみに，同業種であれば上記の要素も類似する面があるため，同業他社の負債比率をベンチマークする（自社の負債の調達余力を判断する際の参考にする）こともあります。

① 事業リスク

事業リスクの高い企業（事業）については，負債比率を低めに設定することが多いと考えられます。これは，事業リスクが大きい業種（例えば，IT関連）では，そこに大きな財務リスクを追加するわけにはいかないからです。一方，

あくまでも一般論ですが，事業リスクが高いということは，事業からの平均的なリターンも大きいはずです（バラつきは大きいとしても）。株主資本コストは割高ですが，事業から高いリターンが見込めるのであれば，エクイティ・ファイナンスは正当化されます。したがって，自己資本を厚めにしておくことに障害はありません。

逆に，事業リスクの低い企業（事業）については，負債比率を高めに設定することが可能です。そうしておけば，財務レバレッジを効かせることができ，節税効果も見込めます。

② 収益性

上記①とは全く別の視点になりますが，収益性が高い企業は，（自然と）負債比率が低くなる傾向があります。これは，そのような企業では相対的に内部留保も容易であり，自己資金を活用して投資を実行できるからです（**Q-17**のペッキング・オーダー理論参照）。すなわち，外部資金の調達には一定のハードルがあるため，調達しなくて済むのであれば，それに越したことはないということです。本来は，収益性の高い企業ほど，財務レバレッジや節税効果を活かせばよいのですが，必ずしもそういう対応はとられていないことになります。

一方で，収益性の低い企業は，上記とは逆の理由で負債比率が高くなる傾向があります。すなわち，相対的に内部留保が難しいうえ，増資にもハードルがあるため，銀行借入れなどを維持する必要があるということです。

③ 資産の構成

換金価値の低い資産（無形資産など）の構成割合の高い企業は，デット・ファイナンスが難しい面があり，負債比率が低くなる傾向があります。逆に，換金価値の高い資産（不動産など）の構成割合の高い企業は，それを担保にしてデット・ファイナンスを行うことが可能であり，負債比率を高めに設定することが可能です。

(3) 格付けへの影響（調達余力）の検討

実務上，資金調達や資本構成を考える際に，格付け（Keyword 55参照）への影響を検討することは非常に多いと考えられます。

Keyword 55　格付け

　格付け（rating）とは，格付機関による評価であり，債券やその発行体などの債務支払能力を示す指標をいいます。格付機関としては，米国系のムーディーズやS&P，欧米系のフィッチ・レーティングスのほか，国内では格付投資情報センター（R&I）や日本格付研究所（JCR）などがあります。S&Pを例にとると，長期格付けはAAA（トリプルA）が最高位で，BBB（トリプルB）までが「投資適格」，それより下は「投機的」とされます。

　格付けは，事業面と財務面の両方を考慮する形で決定されますが，財務面で資本構成が関係する指標の例として，負債比率（「D/Eレシオ」），Debt/EBITDA倍率，インタレスト・カバレッジ・レシオなどがあります（いずれも詳細については，**Q-11**参照）。

　この格付けについて，一定の目標値（あるいは許容範囲）を設定しておき（例えば，BBBから少し余裕を見たA（シングルA）程度の格付け），その格付けを維持できる範囲でデット・ファイナンスを実施するという考え方があります。つまり，「目標とする格付けを前提すると，D/Eレシオで○倍までは許容できるので，有利子負債はあと○億円程度増やす余地がある」というような発想です。

　このような資本構成の考え方は，一定の格付けを維持することで財務面の安全性を確保すると同時に，その範囲で割安な負債を有効活用するというものといえます。実際に，キャピタル・アロケーションの方針を示す際にも，「D/Eレシオ○倍程度をターゲットとして，レバレッジを活用しつつ，成長投資や株主還元の強化を図る」等々の表現はよく見られます。

コラム　格付けは高ければ高いほどよいわけではない

　格付けについては，目標値を含む一定のレンジに収めるという運用が基本になります。逆にいうと，高ければ高いほどよいというものではありません。言い方を変えると，格付けの低下は必ずしも企業価値の減少を意味しないということです。

　例えば，収益性が高い一方，負債比率が低い企業では，割安な負債をより積極的に活用することが考えられます。この場合，仮に格付けは低下したとしても，企業価値は増加する可能性が高いと考えられます。逆に高格付け（特にシングルAより上）の維持に固執すると，そのメリットは限られる一方で，資金調達手段の選択肢が狭まって必要な成長投資を実行できず，結果として企業価値を毀損してしまう懸念もあります。

(4) 自己資本水準の検討

　「資本構成」という目線とは少し異なりますが，バランス・シートに係るリスク（予想される損失額）に対して，リスク・キャパシティという位置付けで自己資本の水準を考えるアプローチもあります（**Q-3**参照）。つまり，結果として資本構成が決まるというイメージです。

　この場合，保険によるカバーなども加味したリスクの最大値を見積もる必要があります。リスクとしては，債権に係る貸倒リスクや在庫に係るリスクのほか，固定資産の減損リスクもあります。固定資産の減損損失は，金額的に大きいうえ，業績悪化時に計上されることが多い損失です。つまり，業績悪化による自己資本の毀損に加えて，さらに減損損失が計上される形になりやすいので，自己資本の水準を考えるうえでは特に重要なリスクといえます。また，海外事業があれば為替リスクも考える必要がありますし，各地に工場がある企業などでは災害リスクも検討しておかなければなりません。

　実際には，このようなリスクの見積りは容易ではありませんが，このような様々な損失の発生可能性を前提に，生じうる最大の損失額をカバーできる自己資本を維持するというのがこのアプローチの考え方です。

(5) 資本構成の調整方法

　最後に，目標とする資本構成と実際の資本構成にズレがある場合の調整について考えます。

　資本構成については，新規の資金調達の際，負債と自己資本のどちらで調達するかを考えることで，徐々に調整していくことができます。一方で，資本構成を一時に変更するケースもあり，この点を以下で確認します。

① 総資本を維持する場合

　まず，総資本（負債と自己資本の合計）を一定に保つことを前提とすると，一時に負債比率を引き上げたい場合，負債による調達を自社株買いと組み合わせることが多いと考えられます。逆に，一時に負債比率を引き下げたい場合，増資により調達した資金を負債の返済に充てる等の対応が考えられます（**図表18-1**参照）。

図表18-1 ■資本構成の調整（総資本を維持する場合）

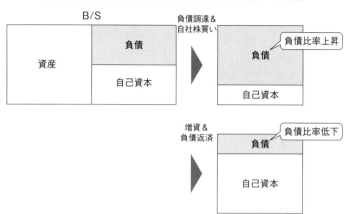

② 総資本を増減させる場合

上記①とは異なり，総資本を増減させる形で資本構成を調整することもできます。総資本の増加については，追加の資金調達ということでシンプルです。一方，総資本の減少についていうと，有利子負債の削減を主眼として負債比率の引下げを行う場合には，資産売却が第一の選択肢といえます。すなわち，政策保有株式や遊休不動産を売却して資金を捻出し，それを借入金等の有利子負債の返済に充てるということです。また，資産の売却収入を株主還元に充てれば，逆に負債比率を引き上げることも可能です（**図表18-2**参照）。

図表18-2 ■資本構成の調整（総資本を減少させる場合）

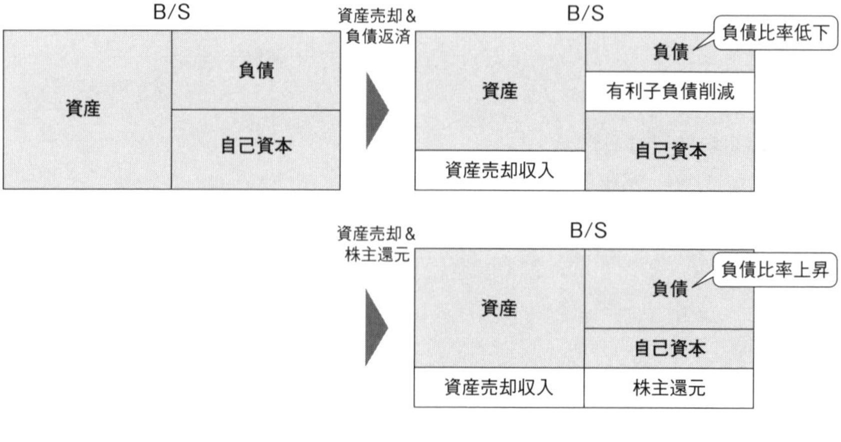

第Ⅲ章　資金調達と資本コスト

Q-19 資本コストと資本収益性を示す指標との対応関係

近年は「資本コストを意識した経営」の重要性が強調されていますが，企業の立場で，どのように資本コストを使えばよいかを教えてください。

A

　資本コストは，自社の資本収益性を評価する際の基準となります。価値創造の目安としては，資本収益性を示す指標が対応する資本コストを上回っていることが重要になるため，資本コストは，投資意思決定の際のハードル・レートの基礎になるとともに，バランス・シートの最適化の過程で保有資産を精査する際の基準にもなります。

解説

(1) 資本コストを意識した経営とは

　資本コストは，資金提供者が企業に求める収益率なので，企業にとっては投資の意思決定を行う際のハードル・レートという位置付けになります。つまり，企業としては，資本コストを上回る（資本）収益性を確保する必要があるということです。

　この点について，東証が2023年3月に公表した「資本コストや株価を意識した経営の実現に向けた対応について」という資料においては，「バランスシートをベースとする資本コストや資本収益性を意識した経営」の実践が重要とされており，資本収益性に関する現状分析の際には，以下のような分析を行うべきことが例示されています。

- ROICをWACCと比較する
- ROEを株主資本コストと比較する

　つまり，資本収益性を示す指標を対応する資本コストと比較することで，価

値創造の目安とするわけですが，前者のROICとWACCの比較は「企業」価値（＝債権者価値＋株主価値）という目線であり，後者のROEと株主資本コストの比較は「株主」価値という目線と整理できます。

(2) WACCとROICとの対応関係

まず，資本コストとしてWACC（加重平均資本コスト）を考えます。これは，負債コストと株主資本コストの加重平均なので，負債と自己資本の両方に係るコストといえます。そうすると，資産全体の利回りと比較するのが妥当で，資本収益性を示す指標でいうと，ROIC（投下資本利益率）に対応しています（**図表19-1参照**）。すなわち，**Q-39**で後述するとおり，ROICは，NOPAT（税引後営業利益）を投下資本（有利子負債＋自己資本）で除したものだからです。

図表19-1 ■資本収益性指標（ROIC）と資本コスト（WACC）の対応関係

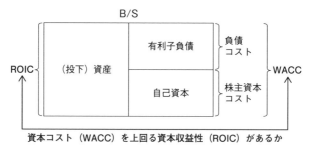

シンプルにいうと，ROICがWACCを上回っていれば，（少なくとも短期的には）債権者や株主の要求するリターンを確保できていることになります。

(3) 株主資本コストとROEとの対応関係

次に，資本コストとして株主資本コストを考えます。これは，自己資本に係るコストなので，資本収益性を示す指標でいうと，ROE（自己資本当期純利益率）に対応しています。すなわち，企業としては，資産全体からの利回りを最大化するという視点が中心になる一方，株主としては，債権者への配分後，つまり，利払後（かつ税引後）の当期純利益の水準に関心があります。そこで，これを自己資本で除して，ROEを計算するわけです（**Q-35参照**）。このように，ROEは自己資本に係る利回りと解釈でき，その意味で株主資本コストに対応

しています。

シンプルにいうと，ROEが株主資本コストを上回っていれば，（少なくとも短期的には）株主の要求するリターンを確保できていることになります。

(4) 厳密には比較できない

上記(2)・(3)の「ROIC vs. WACC」や「ROE vs. 株主資本コスト」という対応関係は，あくまで概念的なものであり，厳密な意味で比較が可能という意味合いではありません。

というのも，ROICやROEといった指標では，分母は帳簿価額であり（有利子負債や自己資本），分子は会計上の利益です。一方で，資本コストにおいて，帳簿価額という概念はありません。投資家（資金提供者）が考える利回りは時価ベースだからです。また，投資家は会計上の利益ではなく，キャッシュ・フローを見ています。

その意味で，資本コストを上回る資本収益性という考え方についても，そこまで厳密に比較可能なものではない点に注意が必要です（詳細については，**Q-36**で後述します）。

(5) 資本コストの使い方

① 投資意思決定との関係

ROICやROEは，企業全体（あるいは事業部門）としての一定期間の投資利回りを示す指標ですが，個別の投資案件に係る意思決定の際に（企業全体としての）ROICやROEを算定するわけではありません。第Ⅳ章で後述するとおり，個別案件の投資意思決定に際しては，IRR（内部収益率）などの投資利回り（あるいは何らかの会計上の利益率）を予測し，それと資本コストを比較する形で投資意思決定を行っているはずです。

つまり，資本コストは，個別案件の投資意思決定の際には，ハードル・レートとしてIRRなどの指標と比較される一方，一定の期間ごとの資本収益性を判断する際には，ROICやROEといった指標と比較されます。資本コストをこのように使うことで，全体として資本コストを上回るリターンを得られているか，ひいては，企業価値の向上につながっているかをモニターすることができます。

② 投資のモニタリングとの関係

　投資の実行後のモニタリングにあたっても，資本コストを使うケースがあります。例えば，**Q-6**のとおり，CGコードでは，政策保有株式について，「保有に伴う便益やリスクが資本コストに見合っているか」を精査すべきこととしています。これは「貸借対照表の右側で生じる資本コストを常に意識しながら，貸借対照表の左側で生じる保有資産（事業）からのリターンを検証すべき」という趣旨です（**図表19-2**参照）。

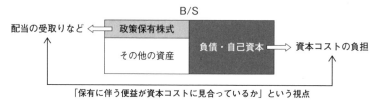

図表19-2 ■政策保有株式からのリターンは資本コストに見合っているか

　この点は政策保有株式に限った話ではなく，在庫保有などの問題においても同様の議論があるため，より一般的に，「資産の保有には資本コストがかかる」という点を認識しておく必要があります。すなわち，事業ポートフォリオの見直しなどの局面で，保有資産（事業）を精査する際には，常に「資本コストを上回る利回りを実現できているかどうか」という視点が求められるということです。

第Ⅳ章
投資とその判断基準

　第Ⅳ章では，投資とその判断基準について確認します。まず，本書の全体像の中での位置付けは**図表Ⅳ-1**のとおりです。

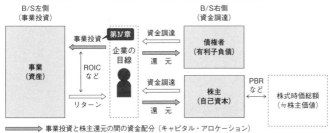

図表Ⅳ-1■本書の全体像（第Ⅳ章の位置付け）

　競争環境の中，企業が競争優位を保つためには，調達した資金を長期的な視点に基づいて投資する必要があります。第Ⅱ章のキャピタル・アロケーションの視点では，投資は，株主還元と並んで主要な資金の配分先になります。

　投資には様々な形態があり，設備投資（有形）のほか，研究開発投資（無形）やM&Aも投資の一形態であり，さらにいうと，人的資本投資やESG関連投資も「投資」の概念に含まれます。

　企業が持続的に成長し，企業価値を高めていくためには，投資から十分なリターンを得なければならず，そのためにNPVやIRRなどの投資判断基準があります。また，リターンに加えて，リスクも考える必要があり，これは第Ⅲ章で見た資本コストの問題です。すなわち，リスクを反映した資本コストが，投資の際のハードル・レートの役割を果たすということです。

　さらに，どういった事業に投資を行うかは，事業ポートフォリオの問題として検討されます。したがって，新規事業への投資が行われることもあれば，既存事業からの撤退が行われることもあります。

Q-20 投資意思決定の手順とポイント

ファイナンスにおける「投資」の位置付けを教えてください。また，投資の意思決定はどのような手順で行われますか？

A

ファイナンスでいう「投資」は，設備投資とは限らず，無形資産への投資など，多種多様なものが含まれます。投資の意思決定の流れとしては，投資枠を前提に，個別の投資案件のキャッシュ・フロー（CF）予測をもとに，一定の投資意思決定の基準（NPV・IRR・回収期間など）に基づいて実行可否を判断します。

解説

(1) ファイナンスにおける「投資」とは

① 「投資」とは

企業は調達した資金を投資し，その成果を得ますが，投資は企業の成長（企業価値の向上）にとって不可欠なものです。ファイナンスでいう「投資」は，主に設備投資と考えておくと理解しやすいと思われます。設備投資は，多くの場合，有形固定資産として貸借対照表に計上され，同じくIT投資なども，有形固定資産（機械装置など）や無形固定資産（ソフトウェアなど）として貸借対照表に反映されます。

しかしながら，ファイナンスでいう「投資」は，必ずしも資産計上されるものに限りません。すなわち，会計上は費用処理されるものであっても，「投資」という概念に含まれるものは多くあり，例えば，無形資産への投資（研究開発投資やブランド構築のための投資）に加えて，コーポレートガバナンス・コード（CGコード）にいう人的資本への投資（Keyword 56参照）もこれに該当します（**図表20-1参照**）。

Keyword 56　人的資本への投資

　人的資本への投資は,「人」の採用（獲得）・育成・維持のための投資であり,育成の例でいうと,従業員のための研修の充実などが該当します。人的資本への投資は,会計上は費用として処理されますが,企業の成長やイノベーション実現のために欠かせない投資と位置付けられています。CGコード上で明記されたことや有価証券報告書における開示が義務化されたこともあり,単なる「費用」ではなく「投資」という位置付けも定着してきました。

図表20-1 ■ファイナンスにおける「投資」の種類

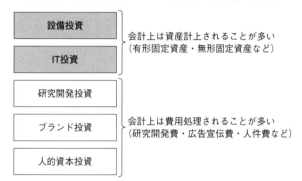

　さらに,投資の対象は個別の資産ではなく,株式や事業全体である場合もあり,M&Aも投資の一形態と整理されます（後述の**Q-26**参照）。その他,近年では,ESG関連投資という区分を設けて投資家に説明しているケースもあります。

② **重点投資対象**

　多くの企業は,キャピタル・アロケーション（**Q-9**参照）の方針として,投資への資金配分を開示し,そこで併せて重点投資分野も示しています。

　この点,生命保険協会の企業・投資家向けアンケート（2023年度版）では,企業側及び投資家側が中長期的な投資戦略において重視している投資項目を調査しており（複数選択可）,これをランキング形式にまとめたものが**図表20-2**です。

図表20-2 ■中長期的な投資の重要項目と重視すべき項目

企業の視点	投資家の視点
① 設備投資（52.7%）	人材投資（76.5%）
② 人材投資（44.9%）	IT投資（DX対応・デジタル化）（61.2%）
③ IT投資（DX対応・デジタル化）（42.6%）	研究開発投資（47.1%）

（出典） 一般社団法人生命保険協会『生命保険会社の資産運用を通じた「株式市場の活性化」と「持続可能な社会の実現」に向けた取組について』（2024年4月公表）をもとに著者作成

IT投資などに関する重要性の認識に大きな差異はありませんが、投資家側のほうが「人材投資」をより重視しているという結果が見て取れます（ただし、人材投資を重視している企業の割合も年々増加しています）。

③ 投資とリターンの関係

どのようなタイプの投資であっても、投資実行時のキャッシュ・アウトフローがあり、そのリターンとしての将来のキャッシュ・インフローがあるという点は共通しています。

一方で、投資のタイプによって回収時期はまちまちで、例えば、設備投資と研究開発投資を比べると、一般に設備投資のほうがCFの回収時期が早く、キャッシュ・インフローとアウトフローの関係も見えやすいと考えられます。

すなわち、研究開発投資については、リターンが生じるまでの期間が長期にわたるうえ、実際にリターンが得られるかどうかの不確実性も高いため、CFの予測が困難な面があります。この点は、人的資本投資やESG対応投資についても、同じことがいえます。統合報告書などで、このようなタイプの投資とリターンの関係を公表している企業はあるものの、一般に設備投資ほどの因果関係を示すことは困難と考えられます。

(2) 投資意思決定の手順

ここでは、最も一般的な投資である設備投資を前提に、NPV（正味現在価値）・IRR（内部収益率）・回収期間などの基準をもとに投資意思決定の手順を考えます（研究開発投資や人的資本投資についても、判断基準は同じですが、投資の成果を捕捉しづらいため、本書では取り扱いません）。

① 投資枠の検討

投資意思決定にあたり，多くの企業には設備投資予算があり，その枠内で投資の優先順位が議論されていると考えられます。つまり，個別の投資判断を行う前段階で，投資枠（資本制約）について考える必要があるということです。

まずはキャピタル・アロケーションの中で，投資に配分可能な資金が決まり，事業ポートフォリオに関する考え方に沿って，各事業部門へそれが配分されます。このあたりは，経営資源の配分を決める全社戦略の問題です。つまり，全体の投資枠が定まった後，各事業部門の投資枠が定まるという流れになります。

基本的な考え方として，投資の枠については，中長期的な営業CF（**Q-8**参照）の水準を見ながら決定します。もちろん，投資にはタイミングの問題があるため，大規模な投資を行う場合には，短期的に営業CFを超える投資を行うケースもありますが，その場合でも，中長期的には営業CFとのバランスに配慮が必要です。

また，特に更新投資の水準については，減価償却費の金額を目安とするという考え方もあります。すなわち，設備などの固定資産は年々減価償却費の分だけ目減りしていくので，それと同額の更新投資を行って初めて，固定資産の残高を維持できるということです。

② 個別の投資判断

以上を前提として，個別の投資意思決定については，以下のようなプロセスで行います。

> ① プロジェクトのCF（年度ごとの投資やリターンの額）の予測を行う
> ② それをもとにNPV・IRR・回収期間などを計算する
> ③ ②を自社の投資基準[注]を比較し，投資実行可否の意思決定を行う

（注）NPV等の投資基準は主に収益性という観点ですが，実際には成長性等の観点でも評価が行われます。

投資意思決定に関しては，どれだけ定量的なものかは別として，一定の投資判断のための基準が存在しているのが通常です。そして，事業部門がそれに従って投資の評価を行ったうえで，実行の可否について審査を受けることが多いと考えられます。

(3) 投資意思決定の基準（NPV・IRR・回収期間など）

① 採算性に係る基準

　生命保険協会の企業・投資家向けアンケート（2022年度版）によると，投資実行時に重視する項目として，企業側は「経営戦略との整合性」と「投資の採算性」を特に重視しており，これは投資家側が（企業に）重視してほしい項目とも一致しています。

　このうち「経営戦略との整合性」は主に事業サイドの問題ですが，「投資の採算性」のほうは財務サイドとも関係が深いテーマです。すなわち，ここでいう「採算性」は「黒字かどうか」という判断ではなく，「資本コストを上回るリターンを得られるかどうか」という判断になるためです。

> **コラム** 会計上の利益率を用いた投資意思決定
>
> 　投資の採算性に関する判断基準には，上記のとおり，NPV・IRR・回収期間などがありますが，会計上の利益率を用いて意思決定している企業もあります。この文脈でいう会計上の利益率とは，「投資案件の年平均予想利益÷投資額」で計算される利益率や（平均）営業利益率などを意味し，これが事業計画ベースで一定の基準を上回れば投資を実行する，という判断基準です。
>
> 　会計上の利益率に基づく投資判断については，意味合いは理解しやすい一方，CFを把握しておらず，貨幣の時間的価値やリスクを反映させる現在価値計算も行っていないという問題点があります。
>
> 　広い意味では，ROICも会計上の利益率に該当しますが，事業のモニタリングにROICなどの指標を使っている企業では，当初の投資案件の選別の際にも，同様にROICを使ってスクリーニングしているケースがあります。ただし，ROICを使う際には，（NPVやIRRと同様に）中長期の時間軸で水準を見る必要があり，単年度の目標値を個別案件に適用して判断することがないよう，注意する必要があります。

　投資の採算性に係る理論的な判断基準はNPVやIRRといえますが，その計算には資本コストに基づく割引率やハードル・レートの設定が必要であり，必ずしも運用は容易ではありません。そのため，より簡易な判断基準として，回収期間や会計上の利益率を用いるケースも多くあります。実際，生命保険協会の企業・投資家向けアンケート（2023年度版）では，投資の意思決定の判断基準として，NPVやIRRよりも，「事業投資資金の回収期間」や「売上・利益の増

加額」等のよりシンプルな指標を重視している企業の割合が高いことが示されています。

② 複数基準の併用

NPV・IRR・回収期間等の投資基準の詳細は後述しますが，実務上は，1つの基準のみを使うのではなく，複数の基準を組み合わせて使っているケースが多いと思われます。例えば，一定規模以上の企業では，NPVやIRRを主たる投資基準として使う一方，回収期間を補助的に使うようなケースが見られます。

(4) 実務的に重要なポイント

以下では，投資意思決定にあたり，実務的に重要と思われるポイントを2つ挙げます。

① CF予測

投資意思決定の際に最も難しく，最も重要なのは，プロジェクトのCFの予測です。実務上は，割引率やハードル・レートの水準が議論になることもありますが，CF予測の精度が低ければ，そもそも正しい投資判断などできません。単純に見通しが甘かったり，あるいは，審査を通すためにCF予測が意図的に歪められたりすると，せっかく合理的な投資基準を設定しても意味がないということです。

CF予測は，ファイナンスの問題ではなく，ビジネスの問題です。一方で，増分CFのみに着目する必要があるなど，ファイナンス独自の論点もあるため，詳細については**Q-25**で後述します。

② 初期投資に係る検討

CF予測にあたっては，将来のキャッシュ・インフローが重視されますが，実際には（主に）現在のキャッシュ・アウトフローである初期投資の金額を抑えることも重要です。初期投資は，その定義から将来の見直しができないものであり，また，（現在時点の支出なので）支出額が割引計算を経ずにプロジェクトのNPVに直接影響するためです。

一般に固定費は変動費よりリスクが高いですが（**Q-11**参照），それは固定的な支出で削減が難しいからです。その意味で，初期投資はその固定費よりもさ

らにリスクが高いものと整理できます。つまり，当然のことではありますが，初期投資を見直すなら投資前しかないということです（投資後には埋没費用になるため）。

　なお，投資判断にあたり，ESGリスクへの対応として，政策的に初期投資の額を調整している企業もあります。例えば，設備投資の判断の際，インターナル・カーボン・プライシング（社内炭素価格）を初期投資に反映するようなケースです。すなわち，CO_2の排出量が多い設備には追加の投資負担を上乗せする一方，排出量が少ない設備からは投資負担を軽減するような考え方であり，この場合，事業部門にとっては，CO_2排出量の少ない設備への更新投資が相対的に容易になります。

Q-21 NPV（正味現在価値）に基づく投資意思決定

NPV（正味現在価値）に基づく投資意思決定の方法について教えてください。また，NPVを使えば，複数のプロジェクトに優先順位を付けられますか？

A

NPVは，投資案件が生み出す将来のキャッシュ・フロー（CF）の現在価値から，初期投資額などを差し引いたものをいいます。NPVに基づく投資意思決定では，投資案件のNPVがプラスなら，その投資案件を実行することになります。資本制約があるケースなど，投資案件の優先順位付けが必要な場合には，収益性インデックスというNPVに類似する指標が便利です。

解説

(1) NPVとは

投資意思決定の方法は企業によってまちまちですが，最も理論的なのはNPV（Keyword 57参照）に基づいて判断する方法といえます。

Keyword 57　NPV（正味現在価値）

NPV（net present value：正味現在価値）とは，プロジェクトが生み出す将来CFの現在価値から，必要投資額（初期投資額など）を差し引いたものをいいます。

> NPV＝プロジェクトが生み出す将来CFの現在価値－初期投資額[注]

（注）投資が初期投資に限られない場合には，将来のキャッシュ・アウトフローの現在価値を差し引きます。

正味現在価値にいう「現在価値」とは，将来CFを現在の価値に置き直したものです。つまり，将来の1円は現在の1円とは価値が異なるため，現在価値計算を通じて，将来CFを現在のベースに引き直しているということです。この現在価値計算を行うことによりはじめて，将来CFを（現在時点の）初期投資額と比較することができます。

また，正味現在価値にいう「正味」とは，将来CFの現在価値から初期投資額を差し引いているという意味合いです。

(2) NPVに基づく投資意思決定の方法

NPVに基づく投資意思決定（いわゆる「NPVルール」）の手順は，以下のとおりです。

1．投資案件のCFを予測する
2．その投資案件のリスクに対応する割引率を決定する
3．投資案件が生み出す将来CFの割引現在価値を計算する
4．3.から初期投資額を差し引いて，NPVを計算する

NPVルールは，概念としては非常にシンプルで，投資案件のNPVがプラスなら，その投資案件を実行し，NPVがマイナスなら，その投資案件は却下することになります（単純化すると，以下のとおりです）。

NPV＞0→投資は実行すべき
NPV＜0→投資は実行すべきではない

（注） NPV＝0の場合，その投資案件は実行してもしなくても企業価値への影響はありません。

(3) NPVの計算イメージ

以下のようなプロジェクトについて，実際にNPVを計算してみましょう。

プロジェクトの概要
- 初期投資額：▲150
- 予想回収額：231（＝1年目110＋2年目121）
- 割引率：10％

（注） 各年度の回収額（CF）は，それぞれ年度末に発生すると仮定する。

この場合，上記(2)の計算手順によると，NPVは以下のように計算されます。

- 1年後回収CFの現在価値 = $\dfrac{110}{1+0.1}$ = 100
- 2年後回収CFの現在価値 = $\dfrac{121}{(1+0.1)^2}$ = 100
- 将来CFの現在価値合計 = 100 + 100 = 200
- NPV = 200 − 150（初期投資額）= 50

（注） この計算は，CFが期末に発生するという仮定に基づいていますが，実際にはCFは期央に発生すると考えたほうが正確です。期央発生を前提とする場合，1年目と2年目の現在価値計算の分母はそれぞれ $(1+0.1)^{0.5}$ と $(1+0.1)^{1.5}$ になり，端的には半年分だけ現在価値が大きくなります。

NPVの計算イメージは，**図表21-1**のとおりです。

図表21-1 ■NPVの計算イメージ

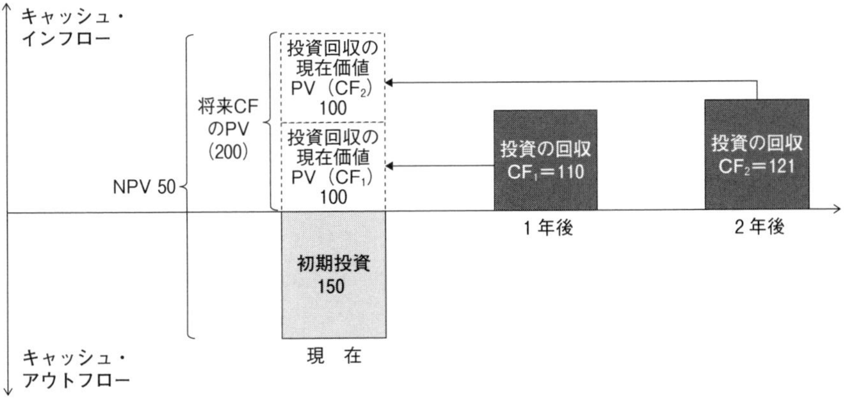

初期投資額150に対して，予想回収額が231なので，収支で見れば81のプラスですが，初期投資額は現在発生するのに対して，投資の回収は1年目110と2年目121であり，ともに将来のことです。そこで，回収額を現在価値に引き直すと，いずれも100になります。したがって，回収額の現在価値は200（=100＋100）であり，NPVは50（=200−150）になるということです。

NPVルールに基づくと，NPV=50＞0なので，この投資案件は実行すべきという結論になります。

| コラム | 現在価値計算の頻出パターン |

　上記のNPVの計算もそうですが、ファイナンスの世界では、よく現在価値の計算を行います。高校の数学（無限等比級数の和など）を思い出して頂ければよいのですが、高校時代を思い出したくない方々もいらっしゃると思うので、3つの頻出パターンをまとめておきます。

　まず、割引率がrのとき、n年後に受け取るC円のCFの現在価値PV_1は、以下の算式で表現できます（上記のNPVの計算もこれに基づいています）。

$$PV_1 = \frac{C}{(1+r)^n}$$

　次に、同じ割引率を前提に、毎年C円のCFを永久に受け取り続ける場合の現在価値PV_2は、以下の算式で表現できます。

$$PV_2 = \frac{C}{1+r} + \frac{C}{(1+r)^2} + \frac{C}{(1+r)^3} + \cdots + \frac{C}{(1+r)^n} + \cdots = \frac{C}{r}$$

　最後に、同じ割引率を前提に、毎年一定率gで成長するCF（1年目はC円）を永久に受け取り続ける場合の現在価値PV_3は、以下の算式で表現できます。

$$PV_3 = \frac{C}{1+r} + \frac{(1+g)C}{(1+r)^2} + \frac{(1+g)^2 C}{(1+r)^3} + \cdots + \frac{(1+g)^{n-1}C}{(1+r)^n} + \cdots = \frac{C}{r-g}$$

　計算過程は複雑なのですが、計算結果は$\frac{C}{r}$や$\frac{C}{r-g}$のようにシンプルになります。いずれもよく登場する計算なので、計算結果だけ覚えておくのもアリだと思います。

(4) NPVの計算要素

　上記(3)の計算イメージからもわかるとおり、NPVの計算にあたっては、将来CFの予測と割引率の設定が必要になります。実際のNPVルールの適用にあたっては、コーポレート部門が事前に割引率を設定しておき、事業部門が将来CFを見積もってNPVを計算する形が多いと思われます。

① 将来CF

NPVの計算要素のうち，CFの予測については，事業計画をもとに行います。詳細については**Q-25**をご参照ください。

② 割引率

NPVの計算要素のうち，割引率については，加重平均資本コスト（WACC。**Q-16**参照）を基礎としながら，投資案件のリスクに応じて決定します。そして，ここでいうリスクは，基本的には将来CFの変動を意味します。したがって，安定したCFが見込める事業はリスクが低いため，相対的に低い割引率が適用される一方，CFの変動が激しい事業（または新規事業）はリスクが高いため，相対的に高い割引率が適用されます。

同じ将来CFの見積りであっても，割引率が低ければ，NPVは相対的に大きくなり，逆に割引率が高ければ，NPVは相対的に小さくなります。したがって，NPVをベースに意思決定をすることを前提とすれば，リスクの高い事業分野では，より大きな将来CFが求められることになります。

(5) 資本制約の問題と収益性インデックス

① 資本制約とは

Q-20のとおり，投資実行部門においては，投資枠を前提に投資判断を行っています。このような資本制約（Keyword 58参照）を前提とすると，仮に投資案件の実行可否をNPVに基づいて判断していたとしても，NPVがプラスのプロジェクトのすべてに投資できるわけではありません。

Keyword 58　資本制約

資本制約とは，投資に際しての資金的な制約であり，資金制約とも呼ばれます。資本制約には，資金調達に係る制約のみならず，キャピタル・アロケーションの観点で，投資に配分可能な資金に係る制約もあります。実際の投資案件の検討にあたっては，資本制約を所与としつつ，その中でNPV等を最大化できるプロジェクトの組み合わせを考えていく必要があります。

② 収益性インデックスとは

資本制約がある場合，投資の優先順位付けが必要になりますが，その際に用いられる指標が収益性インデックス（Keyword 59参照）です。

Keyword 59　収益性インデックス（PI）

収益性インデックス（PI：profitability index）は，NPVに類似する指標ですが，その定義は以下のとおり2種類あります。

(i) 　収益性インデックス ＝ $\dfrac{\text{投資プロジェクトのNPV}}{\text{初期投資額}}$

(ii)　収益性インデックス ＝ $\dfrac{\text{投資プロジェクトのキャッシュ・インフローの現在価値}}{\text{キャッシュ・アウトフローの現在価値}}$

どちらも意味する内容はほぼ同じですが，(i)は初期投資額1単位当たりのNPVを意味し，(ii)は現在価値ベースで見たキャッシュ・アウトフローのインフローの交換比率を意味します。いずれも算式の意味合いは「投資の成果÷投資」ですが，(i)の場合は投資の成果がネット額，(ii)の場合は投資の成果がグロス額だということです。

例えば，初期投資が100，投資の成果が現在価値で120（つまり，NPV＝20）であれば，収益性インデックスは0.2（(i)の場合）または1.2（(ii)の場合）と計算されます。

収益性インデックスに基づく投資意思決定の方法として，上記(i)の場合，NPVルールと同様，「収益性インデックス＞0」であれば投資は実行可能であり，一方，上記(ii)の場合，「収益性インデックス＞1」であれば投資は実行可能です。

また，いずれの定義であっても，収益性インデックスは投資額1単位当たりの成果を示すので，規模の異なるプロジェクトでも横並びで比較できます。したがって，資本制約がある場合のプロジェクトの優先順位付けにあたっては，設備投資予算の枠の上限に達するまで，収益性インデックスが高い順にプロジェクトを実行していくべきということになります。

Q-22　IRR（内部収益率）に基づく投資意思決定

IRR（内部収益率）に基づく投資意思決定の方法について教えてください。また，複数のプロジェクトを比較する際，NPV（正味現在価値）による判断結果とIRRによる判断結果が異なる場合には，どちらを優先すればよいですか？

A

　IRRは，投資案件に係る「将来のキャッシュ・フロー（CF）の現在価値合計」を「初期投資額」と等しくするような割引率をいいます。IRRに基づく投資意思決定では，投資案件のIRRがハードル・レートを上回る場合，その投資案件を実行することになります。また，NPVによる判断結果とIRRによる判断結果が異なる場合，NPVによる判断結果を優先すべきといえます。これは，IRRには，投資規模が考慮されないという大きな問題があるためです。

解説

(1) IRRとは

　投資意思決定に係る指標として，NPVと並んで重要なのがIRR（Keyword 60参照）です。

Keyword 60　IRR（内部収益率）

　IRR（internal rate of return：内部収益率）とは，投資案件に係る「将来CFの現在価値合計」を「投資額（の現在価値）」と等しくするような割引率，つまり，NPVをゼロとするような割引率をいいます。

　IRRは，投資案件に係るリスクとは関係なく，将来CFと投資額の関係により決定され，IRRが高ければ高いほど，投資案件の収益性が高いと判断されます。つまり，IRRは投資案件の収益性を示す指標ということです。

(2) IRRに基づく投資意思決定の方法

IRRに基づく投資意思決定（いわゆる「IRRルール」）の手順は、以下のとおりです。

1．投資案件のCFを予測する
2．その投資案件が内包するリターンであるIRRを計算する
3．IRRを資本コスト（ハードル・レート）と比較する

上記(1)のIRRの定義から，「IRRと資本コストとの比較」は，「NPVと0との比較」と考え方としては同じです。ただし，実際には，IRRと比較するのは，資本コストそのものではなく，それをもとに設定したハードル・レートになります（**Q-23**参照）。

つまり，IRRルールでは，IRRがハードル・レートを上回る場合，投資すべきという判断になり（NPVがプラスになるので），IRRがハードル・レートを下回る場合，投資すべきではないという判断になります（NPVがマイナスになるので）。単純化すると，以下のとおりです。

IRR＞ハードル・レート→投資は実行すべき
IRR＜ハードル・レート→投資は実行すべきではない

（注）IRR＝ハードル・レートの場合，その投資案件は実行してもしなくても企業価値への影響はありません。

上記(1)のとおり，IRRは純粋にプロジェクトの収益性を示す指標であり，プロジェクトのリスクとは無関係に決まります。そのため，IRRルールでは，資本コストを参照することで，ハードル・レートのほうにリスクを反映します。すなわち，高リスクのプロジェクトについては，高いハードル・レートを設定し，そのリスクに見合う高いIRRが見込めない限り，投資を実行しないというイメージです。

(3) IRRの計算イメージ

Q-21のNPVの計算と同様の前提条件（以下のとおり）を使って，IRRも計算してみます。

第Ⅳ章 投資とその判断基準

> プロジェクトの概要
> - 初期投資額：▲150
> - 予想回収額：231（＝1年目110＋2年目121）

（注） 各年度の回収額（CF）は，それぞれ年度末に発生すると仮定する。

上記(1)のIRRの定義から，予想回収額の割引現在価値合計を初期投資額と等しくするような割引率を計算すればよいので，以下の式をIRRについて解くことになります。

$$150 = \frac{110}{1+\text{IRR}} + \frac{121}{(1+\text{IRR})^2}$$

答えは，約34％で（エクセルの関数を使えば，簡単に計算できます），イメージは**図表22-1**のとおりです。

図表22-1 ■IRRの計算イメージ

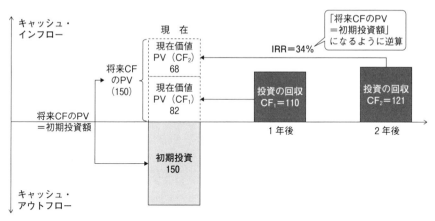

ちなみに，**Q-21**におけるNPVの計算では，割引率が必要だったので，「割引率：10％」という前提条件を置きました。これは，プロジェクトのリスクを反映した割引率です。仮にこれをIRRと比較すべきハードル・レートと考えると，以下の関係から，このプロジェクトは実行すべきという結論になります。

> IRR＝34％＞ハードル・レート＝10％

繰り返しになりますが、IRRは「将来CF」と「投資額」という2つの情報があれば計算できるため、IRRの算定自体に割引率（資本コスト）は不要です。一方で、IRRと比較すべきハードル・レートについては、プロジェクトのリスクを反映した資本コストを基礎として設定します。つまり、「IRRを適切なハードル・レートと比較すること」は、「NPVの計算において適切な割引率を設定すること」と同じ意味合いといえます。

(4) IRRルールの問題点

IRRルールは、考え方としてはNPVルールと同じですが、いくつか問題点があります。

① 「額」ではなく「率」

まず、IRRは「額」ではなく「率」なので、投資規模が考慮されないという大きな問題があります。言い換えると、IRRは利回りを評価するための指標であり、それはプロジェクトの規模とは関係がないので、仮にIRRルールのみで投資意思決定を行ったとすると、小規模な（初期投資が小さく、期間が短い）プロジェクトばかりが選ばれてしまい、縮小均衡に陥る可能性があるということです。

② 技術的問題

もう1つ、IRRはあくまで1つの「率」として計算されるので、プロジェクト期間中の資本コスト（割引率）の変化には対応できません。プロジェクトの期間中に、リスクや金利の変化が見込まれる場合には、この点も問題になるかもしれません。言い換えると、IRRは回収されたCFをその率で再投資することを前提としているので、同様に資本コストも平準化されていないと、正しい比較ができないということです。

その他、単純な数学の問題として、予測されるCFの組み合わせ（プラス・マイナス）によって、IRRは複数の値を持ったり、逆に計算できなかったりする場合もあります。

(5) NPVとIRRのどちらを優先すべきか

上記(4)のとおり、IRRには、投資規模が考慮されないという大きな問題があ

ります。そのため，複数のプロジェクトを比較する際，NPVによる判断結果とIRRによる判断結果が異なる場合には，NPVによる判断結果を優先すべきといえます。シンプルにいうと，IRR（利回り）が高いプロジェクトではなく，NPV（金額）が大きいプロジェクトを選択すべきということです（なお，資本制約の問題について，**Q-21**参照）。

IRRルールは，「率」で見て，利回りの高い投資案件を選別するものですが，NPVルールは，「額」で見て，企業価値の向上に寄与する投資案件を選別するものです。その意味で，NPVルールのほうが，より企業価値と強く結びついた判断基準といえます。言い換えると，企業が目指すべきは企業価値の向上であり，それは「率」の問題ではなく，「額」の問題だということです。

コラム　それでもIRRは使いやすい

NPVがIRRに優先されるべきものだとしても，それはIRRの使い勝手を否定するものではありません。

感覚的なものではありますが，IRRの「利回り」や「収益率」という概念は，（NPVよりも）理解が容易です。そのため，事業部門（投資実行部門）とのコミュニケーションにあたっても，IRRの考え方は伝わりやすい印象があります。実際に，投資実績のモニタリングの際にも，継続的にIRRを評価基準とすることで，事業部門はより効率的な行動をとるようになると考えられます。例えば，投下した資金を寝かせておくとIRR（実績値）が下がることがわかるので，資金回収や再投資も急ぐようになるということです。

これらはIRRという指標の良さであり，問題点さえ理解しておけば，事業部門との共通言語にはなりやすいと考えられます。そして，投資規模を考慮できないというIRRの問題点については，別途規模や成長性を示す指標を評価基準に含めることで補完すればよいのではないでしょうか。

Q-23 投資意思決定時のハードル・レート

投資意思決定に際して，IRRなどと比較すべきハードル・レートについて教えてください。また，ハードル・レートは「資本コスト＋α」という水準で設定することが多いと思いますが，この「＋α」部分はどういう意味合いですか？

A

ハードル・レートは，投資案件に求められる最低限の利益率であり，多くの場合，プロジェクトのリスクに対応する資本コストを基礎として，それに一定のマージン（利鞘）を上乗せして決定されます。このマージン部分には，単純な利鞘という位置付けのほか，高リスク事業や海外事業に係るリスク・プレミアムの上乗せなど，様々な意味合いがあります。

解説

(1) ハードル・レートとは

Q-22のとおり，投資意思決定に際して，プロジェクトの利回り，すなわち，IRR（内部収益率）を計算する場合，それを何らかの目標値と比較する必要があります。この目標値がハードル・レート（Keyword 61参照）であり，ハードル・レートを上回るIRRを持つプロジェクトであれば，「投資を実行すべき」という判断になります。

Keyword 61　ハードル・レート

ハードル・レート（hurdle rate）とは，投資案件に求められる最低限の利益率をいい，投資案件のリスクに応じて決定されます。ここでの「ハードル」は，文字どおり（IRRなどの投資案件の利回りが）超えるべき水準を意味します。

ハードル・レートの設定は，コーポレート部門が担うことが多いと考えられますが，投資意思決定の観点からは非常に重要です。これは，ハードル・レー

トが実態に即していない場合、本来投資すべきでない案件に投資したり、逆に、投資すべき案件に投資しなかったりすることで、結果として企業価値を毀損してしまう可能性があるためです。

なお、NPV（正味現在価値）に基づいて投資意思決定を行う場合、明示的にハードル・レートと比較するようなプロセスはありませんが、NPVを計算する際の割引率がハードル・レートの機能を果たします。すなわち、「IRR＝NPVをゼロとする割引率」という関係からもわかるとおり、IRRのハードル・レートの設定とNPVの割引率の設定は、基本的に同じことです。

(2) ハードル・レートと資本コストの関係

ここからは、IRRと比較すべきハードル・レートについて考えます。IRRルールの考え方からもわかるとおり、ハードル・レートの基礎となるのは、プロジェクトのリスクに対応する資本コスト（投資資金の調達コスト）です。つまり、ここで「資金調達」と「投資」の議論がつながることになります。

コーポレートガバナンス・コードにおいて、資本コストを意識した経営の重要性が強調されたこともあり、「資本コストを基礎としてハードル・レートを設定する」という考え方は、少し前に比べると、随分一般的になってきました。実際に、「自社（グループ）の資本コストは〇％程度と認識しており、それを基礎としてハードル・レートを設定していること」などを示している企業もあります。

① ハードル・レート＝資本コスト＋α

全社共通のハードル・レートを用いる場合、ハードル・レート設定の際に基礎となる資本コストとしては、加重平均資本コスト（WACC）を使うのが一般的であり、その基本的な考え方は**図表23-1**のとおりです。

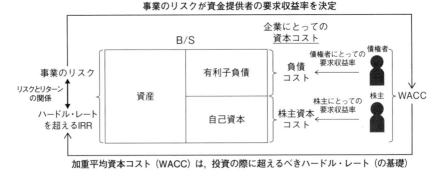

図表23-1 ■ハードル・レートの基本的な考え方

しかしながら，本来は現状のWACCではなく，プロジェクトのリスクに対応する資本コストを使うのが正しい考え方です（下記(3)参照）。また，ハードル・レートは資本コストそのものとは限らず，一定のマージンを上乗せして，それよりも高く設定されていることが多いと考えられます。

> ハードル・レート＝プロジェクトのリスクに対応する資本コスト＋一定のマージン

というのも，資本コストは資金調達コストを意味するので，ある意味で投資の際の損益分岐点を示しているといえます。ということは，「IRR＝資本コスト」という状態は，資金提供者の期待には応えているものの，それ以上のもの（利鞘）は何も生み出していないという解釈になります。このような観点で，ハードル・レート設定の際には，資本コストに数％のマージンを上乗せするということです。

② 「＋α」の意味合い

実際には，このマージン部分には，単純な利鞘としての意味合い以外にも，様々な意味合いがあります（**図表23-2**参照）。

図表23-2 ■ハードル・レート＝資本コスト＋α

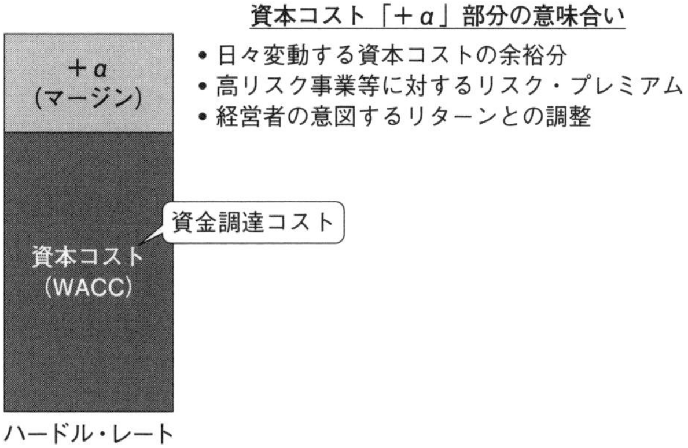

```
                  資本コスト「＋α」部分の意味合い
  ＋α           ・日々変動する資本コストの余裕分
 (マージン)      ・高リスク事業等に対するリスク・プレミアム
                 ・経営者の意図するリターンとの調整

              ┌─資金調達コスト─┐
 資本コスト
  (WACC)

ハードル・レート
```

　まず，資本コスト（特に株主資本コスト）は正確に計算できるものではなく，また日々変動するものでもあるため，ハードル・レートの設定の際には，端数の切上げなどで多少の余裕を持たせるのが通常です。

　また，「ハードル・レートの設定にあたり，資本コストの水準を前提に，事業特性や地域に応じたリスク・プレミアムを上乗せする」という方針を示している企業もあります。この場合，マージン部分には，特定の高リスク事業や海外事業に係るリスク・プレミアムという意味合いがあります（基礎となる資本コストにそれらのリスクが反映されていないことが前提です）。同様に，特定の事業に係るESG対応のリスクなど，様々なリスクに見合うプレミアムとしての意味を持たせることもあります。

　これとは別の視点で，より積極的に，経営者の意図として「これだけの投資利回りが必要」という目標値から逆算して，ハードル・レートを設定する場合もあります（この場合，マージン部分は資本コストとの差額に過ぎません）。

　なお，難しいのは，ハードル・レートを高く設定すればするほど投資案件は厳選され，その案件だけを見れば企業価値の向上に貢献するものの，高すぎるハードル・レートは同時に過小投資をもたらすリスクもあるという点です。

コラム　金利上昇が将来や過去の投資に与える影響

　ハードル・レートが資本コストを基礎としている場合，資本コストの変動に伴って，

ハードル・レートも変更する必要があります。最近よく話題に上るのは，金利上昇の影響です。

　すなわち，今後金利水準が上昇すれば，負債コストのみならず，（CAPMで算定する）株主資本コストも上昇するため，WACCの水準もそれに合わせて上昇することになります。つまり，WACCを基礎とするハードル・レートも引上げが必要ということで，投資意思決定にも影響があります。これは将来の話です。

　一方，WACCの上昇は現在の会計数値にも影響を与えます。例えば，固定資産の減損処理にあたっては，割引率としてWACCが使われることがあります。この場合，WACCの上昇は割引率の上昇を意味するので，将来キャッシュ・フロー（CF）の割引現在価値を減少させ，減損損失を拡大させます。**Q-4**のとおり，減損損失はファイナンスの観点からは大きな意味はありませんが，仮に企業がROEやPERなどの指標を重視しているとすれば，当期純利益に反映される減損損失は，それらの指標を分析する際に攪乱要因となります。

　まとめると，金利上昇は，将来の投資（意思決定）のハードルを上げると同時に，既存の投資に係る減損損失を生じさせる（拡大させる）ものだということです。

(3) リスクに応じたハードル・レート設定

　ハードル・レートが資本コストを基礎としているということは，理論的には，ハードル・レートはリスクに応じて変動させるべきものといえます。これは，資本コスト自体がリスクに応じて決定されるものだからです（**Q-12**参照）。

① 投資案件ごとのハードル・レート

　前提として，企業が複数の事業を行っている場合，事業分野ごとにリスクが異なるのは間違いないことです。また，同一事業であっても，新規案件と継続案件ではリスクは異なる可能性があり，海外事業は国・地域ごとにリスクも異なるでしょう。

　資本コストとして加重平均資本コスト（WACC）を考えると，WACCはその企業の既存事業の平均的な事業リスクに対応する水準になっています。したがって，既存事業よりも高リスクの投資案件の場合，ハードル・レートの設定にあたり，その水準はWACCよりも高くする必要があります。一方，既存事業よりも低リスクの投資案件であれば，WACCよりも低くすることもありえます。

　この結果，どういうことが起こるかというと，高リスクの案件では，投資の

ハードルが上がるので，高収益のプロジェクトが厳選されて投資されることになる一方，低リスクの案件では，投資のハードルが下がるので，投資が促進されます。

このように，ハードル・レートは，本来は投資案件ごとに，それぞれの事業リスクに見合う水準で設定すべきであり，逆にいうと，企業全体としての資本コスト（全社資本コスト）は推定の出発点にはなるものの，それをそのまま個別案件の資本コストとみなすことは，少なくとも理論的には正しくありません（**図表23-3**参照）。

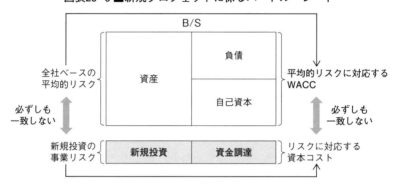

図表23-3 ■新規プロジェクトに係るハードル・レート

② 事業ごとのハードル・レート

投資案件ごとにハードル・レートを変えるのは現実的ではありませんが，実際に事業（部門）ごとにハードル・レートを使い分けている企業もあります。

事業別のハードル・レート設定の必要性が高いのは，事業ごとにリスクが大きく異なるケースです。一般論としては，事業部門の費用構造や事業（部門）の過去の業績から，各事業のリスクが把握できるはずです。すなわち，1つの見方として，事業ごとにフローの利益率（営業利益率など）や資本収益性を示す指標（ROICなど）を見たときに，その水準や変動割合が大きく異なる場合がこれに該当します。このように性質の異なる事業を複数抱えている企業では，各事業を可能な限り公平に評価するために，事業別のハードル・レートを適用するのが理想的です。

ただし，事業部門ごとのハードル・レートの設定は，経営資源の配分の問題でもあるので，経営者による政策判断が必要になります。また，高いハード

ル・レートを設定された事業部門からは反発も予想されるので，その意味でも経営者の関与は重要と考えられます。

コラム　企業は事業別ハードル・レートを設定しているのか

　経済産業省の事業再編研究会（第1回）の事務局説明資料（2020年1月）において，東証1部・2部上場企業（当時）を対象にしたアンケート調査（2019年実施）がありますが，それによると，事業セグメントごとに資本コストを算出している企業は全体の6％に過ぎず，企業全体の資本コストをそのまま使っている企業が全体の68％を占めています（そもそも資本コストを把握していない企業が19％です）。

　事業別のハードル・レートというのは，運用面を考えても，なかなかハードルが高いのかもしれません。

---

(4) 事業別ハードル・レートの設定方法

　上記(3)のとおり，事業別のハードル・レート設定は望ましいものの，実際にはその算定は容易ではありません。もちろん，方法がないわけではないので，現実に使えるものかどうかは別として，簡単にまとめておきます。

　まず，各事業（部門）について，その事業分野に特化している上場企業（または業種）のWACCを参考に，ハードル・レートを設定する方法があります。

　また，有利子負債や自己資本も各事業部門に割り振っているケースでは，事業別のWACCが計算できるため，これをハードル・レートの基礎とする方法もあります。この場合，各事業のリスクに見合う株主資本コストを推計する必要性が生じますが，そのためのβ値の推計の手順をさっぱり書くと，以下のとおりです（CAPMに基づく株主資本コストの算定式については，**Q-15**参照）。

(i)　比較対象となる複数の上場企業それぞれのβ値を算出する
(ii)　(i)のβ値をアンレバード化する（財務リスクを除去する）
(iii)　(ii)のアンレバード・ベータの平均値を算出する
(iv)　(iii)のアンレバード・ベータの平均値をリレバード化する（財務リスクを再反映する）

　まず，(i)で比較対象となる上場企業（または業種）のβ値を把握します。し

かしながら、β値は個別企業の資本構成（レバレッジ）の影響を受けています（いわゆる「レバード・ベータ」）。言い換えると、β値の水準には、事業リスクのみならず、財務リスクも影響しているということです。

そこで、(ii)において、財務リスクの影響を排除し（つまり、負債がないものと仮定し）、事業リスクのみを反映したβ値を算出します（いわゆる「アンレバード・ベータ」）。つまり、事業リスクと財務リスクの両方を反映したレバード・ベータから、事業リスクのみを反映した（財務リスク部分を除去した）アンレバード・ベータを算定するということです。

そして、(iii)で類似の上場企業のアンレバード・ベータを平均すれば、平均的な事業リスクに見合うβ値が計算できるので、あとは(iv)で自社の負債比率等を参照し、再度レバレッジをかける形でβ値を計算し直します（いわゆる「リレバード・ベータ」）。

コラム　そこまでしてβ値を計算する必要があるのか

上記のようなβ値の計算は、M&Aの局面などでは見かけるものです。ただし、「比較対象となる上場企業」といっても、実際には厳密な意味で比較可能な上場企業を見つけ出すのは困難な場合が多いと考えられます。コスト・ベネフィットを考えると、自社のハードル・レート設定のために、どこまで厳密に上記の計算を行うかは趣味の世界といえるかもしれません。

正解はない世界なので、個人的には、上記のような厳密な計算までは行わなくても、比較対象となる上場企業（または業種）のβ値を自社のそれと比較するだけでも、大まかなリスクを把握するうえでは十分に意味があると考えています。

(5) 全社統一のハードル・レートという考え方

上記(3)のコラムのとおり、事業セグメントごとに資本コストを算出している企業（6％）よりも、企業全体の資本コストをそのまま使っている企業（68％）のほうが圧倒的に多くなっています。

各事業（または投資案件）のリスクが大きく異ならない企業であれば、全社資本コストを統一的に適用することに大きな問題はありません。もちろん、事業ごとにそのリスクに応じたハードル・レートを計算することは可能ですが、

それが正しいハードル・レートである保証はなく，ただ複雑な計算をしているので「それらしく見える」というだけの可能性もあります。

　その意味では，割り切りで全社共通のハードル・レートを使うという選択肢もあります。理論的な部分は別として，コーポレート部門が精緻な計算や（あまり意味のない）社内的な調整をする必要がなく，事業部門にとっても，表面的な不公平感がないためです。後ろ向きな理由ではありますが，やはり事業部門ごとのハードル・レートの相違について，各事業部門（特にハードル・レートが高い事業部門）の理解を得るのは難しい面があります。

　一方で，すべての事業に一律のハードル・レートを適用する場合に注意が必要なのは，ハイリスクの事業分野への投資が促進されやすいという点です。すなわち，ハイリスクの事業については，理論的にはハイリターンが期待され，本来ハードル・レートを高めに設定すべきですが，全社一律のハードル・レートの場合，そのような調整ができないためです。逆に，ローリスクの事業は，本来はローリターンでも許容されますが，全社一律のハードル・レートではその点を考慮できず，結果として投資しづらくなります。全社統一のハードル・レートを使うのであれば，このようなデメリットはよく理解しておく必要があります。

Q-24 回収期間法に基づく投資意思決定

回収期間法に基づく投資意思決定の方法について教えてください。

A

回収期間法は，多くの日本企業で採用されている基準であり，端的には，投資意思決定にあたり，投資回収期間が一定の基準を下回る投資を採用する方法をいいます。

解説

(1) 回収期間法とは

NPVルールやIRRルール以外の投資意思決定の方法として，回収期間法（Keyword 62参照）があります。

Keyword 62　回収期間法

回収期間法（payback period method）とは，投資意思決定にあたり，「投資回収期間」が一定の基準を下回る投資（投資回収期間の短い投資）を採用する方法をいいます。ここで，投資回収期間とは，「予測キャッシュ・フロー（CF）の累計＝初期投資」となるまでの期間を意味します。つまり，「投資を何年で回収できるか」というのが，回収期間法の基本的な考え方です。

(2) 回収期間法の計算イメージ

Q-21のNPV（正味現在価値）の計算と同様の前提条件（以下のとおり）を使って，投資回収期間を計算してみます。

プロジェクトの概要
- 初期投資額：▲150

- 予想回収額:231(=1年目110+2年目121)

図示するまでもないですが,**図表24-1**のとおり,この場合の投資回収期間は2年(未満)です。

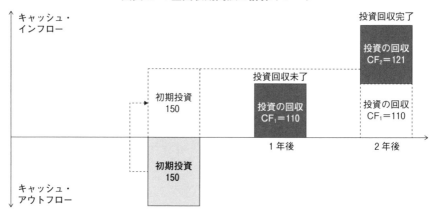

図表24-1■回収期間法の計算イメージ

(3) 回収期間法はわかりやすい

回収期間法は,その指標単独で投資意思決定が行われているかどうかは別にして,多くの日本企業で採用されている投資意思決定の基準と考えられます。

NPVが大きいプロジェクトでも,回収期間が長引くようであれば,資金の固定期間が長くなります。そう考えると,特に資本制約が重要な企業などでは,シンプルに「投資を何年で回収できるか」という発想も重要になります。つまり,「近い将来のCFで,できるだけ投資を回収してしまおう」という考え方です。

コラム 経営者も理解しやすい回収期間法

「わかりやすさ」は回収期間法の大きな特徴であり,これが回収期間法の人気の秘訣ではないかと思います。すなわち,回収期間法における「何年で投資を回収できるか」という考え方は,NPVやIRRの計算過程に比べると,経営者などにも直感的に理解されやすいということです。

また，回収期間法は，NPVやIRRに比べると，CFの生データに近い（変に加工されていない）ので，経営者などに純粋にCF予測の精度を見て（議論して）もらうのにも適しています。言い換えると，NPVを計算する際の割引率（資本コスト）など，気が散ったり，抵抗を感じたりする要素が少ないということです。

(4) 回収期間法の問題点と使い方

回収期間法にはいくつかのメリットはあるものの，回収期間法だけで投資の可否判断ができるわけではありません。NPVルールと比較するとわかりやすいですが，回収期間法には，以下のような大きな問題があるためです。

> (i) 貨幣の時間的価値を考慮していない
> (ii) リスクの要素を考慮していない
> (iii) 回収期間経過後のCFを無視している

(i)については，CFの割引計算を行わないことが原因です。また，(ii)については，NPVのように割引率にリスクを反映したり，IRRのように対比するハードル・レートにリスクを反映したり，というプロセスがないことを意味します。さらに，(iii)については，「予測CFの累計＝初期投資」となるまでの期間しか見ていないということです。例えば，上記(2)の数値例の前提条件に3年目の投資回収を追加したとしても結果は同じ（2年）になります。

したがって，この回収期間法だけでプロジェクトを評価することはできません。しかしながら，主たる投資意思決定はNPVやIRRによりつつも，1つの目安として，投資回収期間を算定しておくことには意味があります。特に，「収益性は高いもののCFの回収が遅いプロジェクト」などを評価するときに，回収期間法の視点は有効です。そのため，投資案件に優先順位を付ける際に，回収期間を1つの判断基準として含める場合もあります。

(5) 回収期間法が適合する状況

上記(4)のとおり，回収期間法は，理論的には問題のある投資意思決定の基準です。一方で，回収期間法による投資意思決定が適する企業（や状況）もあります。具体的には，資本制約が大きい場合がこれに該当します。

すなわち，保有資金残高が小さく，資金調達も容易ではないような企業の場合，投下した資金をできるだけ早く回収し，それを次の投資に回す必要があるため，プロジェクトの回収期間は重要な意味を持ちます。これは，業績の悪化した企業がサバイバル・モードにある場合に限った話ではありません。例えば，成長段階にある企業において，投資資金需要が旺盛な場合にも，資本制約が重要になるケースがあります。

　一方で，資金的に余裕のある企業の場合，通常の設備投資であれば，資本制約を感じにくいかもしれません。しかしながら，そのような企業であっても，M&Aなどの大規模な投資を行う場合には，通常は投資回収期間を検討します。例えば，M&Aの局面では，DCF法などで精緻なバリュエーション（企業評価）は行いつつも，「買収対象企業のCFを基礎として，何年で投資を回収できるか」を社内的に説明できるようにしておくことが多いのではないでしょうか。このように，回収期間法の発想は，資本制約のある状況に適合するものと考えられます。

Q-25 投資案件のキャッシュ・フロー予測のポイント

投資意思決定の際のキャッシュ・フロー（CF）の予測について、気を付けるべきポイントを教えてください。

A

CFの予測については、まずは予測ベースの損益計算書を作成し、それと連動する貸借対照表を作成した後、調整計算を行って、最終的にはCFまで見積もるという流れになります。プロジェクトのCFを予測する際に最も重要なポイントは、「投資の実行による増分CFのみに注目すること」です。

解説

(1) CF予測の重要性

投資意思決定の際に最も難しく、最も重要なのは、プロジェクトのCFの予測です。これはファイナンスの議論というよりは、ビジネスの議論といえます。

CF（または利益）の予測が難しい理由の1つは技術的な問題です。投資意思決定にあたっては、市場の潜在的な成長性が重視されますが、そもそも市場の成長や投資の成果実現は未来のことであり、予測が難しいのは当然のことです。また、後述するとおり、プロジェクトの実行により、全体としてどのような（増分）CFが発生するかという見積りも容易ではありません。例えば、既存事業とのシナジーが期待できるとしても、その定量化は難しい場合が多いといえます。

もう1つの理由は政治的な問題であり、仮に技術的に正確なCF予測が可能であっても、何らかの事情でその予測が歪められる可能性があります。CF予測は事業部門が行うことが多いと考えられますが、その際、「どうしても投資を実行したいので、CFを過度に楽観的に見積もってしまう」というのは珍しいことではありません。

CF予測の精度が低いと、せっかくNPV（正味現在価値）やIRR（内部収益率）を使って投資意思決定を行っても、あまり意味がありません。そのため、いく

つかのコツを押さえたうえで，シミュレーションを行うなど，できる限り精度を高める必要があります。

以下では，CF予測の手順と注意すべきポイントを挙げたいと思います。

(2) CF予測の手順

CFの予測については，決まった手順があるわけではありませんが，会計上の利益（営業利益）を基礎として計算することが多いと考えられます。つまり，先に損益計算書を作成するイメージです。そして，それと連動する貸借対照表を作成した後，調整計算を行って，最終的にはCFまで見積もるという流れになります。

ある程度の規模のプロジェクトを前提にすると，フリー・キャッシュ・フロー（FCF）の予測の大まかな手順は以下のとおりです。

0．予測期間の決定
- CFの予測期間は，基本的に投資の成果が生じる期間です。
- ただし，プロジェクトが長期にわたる場合には，5年などの合理的に見積可能な一定期間（CFが安定するまでの期間）の予測を行い，それ以降は最終年度の数値が一定率（経済成長率やインフレ率）で成長していく等の仮定を置く場合もあります。

1．売上高の予測
- マクロな視点を前提に，自社を取り巻く市場や競合他社の状況を見ながら，売上高を予測します。
- 売上高の予測が大きく外れていれば，それ以下の数字の予測もすべて外れることになるので，CF予測にあたっては，売上高をいかに正確に予測するかが最も重要です。

2．変動費（率）の予測
- 売上高に連動する費用（変動費）について，変動費率を予測します。
- そして，売上高（または生産高）との関係をもとに，変動費の額を予測します。

3．固定費の予測
- 売上高に連動しない費用（固定費）の額を予測します。

4. 資本的支出と減価償却費の予測
- 初期投資を含めて，必要な投資額を予測します。
- また，それに対応する減価償却費も計算して上記3.の固定費の予測に反映します。

5. 営業利益の検証
- ここまでで営業利益が算定できますが，その水準（あるいは利益率）はよく吟味する必要があります。
- 例えば，投資実行部門の（既存事業に係る）営業利益率と比較してみるのもよいでしょう。
- これは，投資実行部門は，売上高は大きめに，費用は小さめに見積もる傾向があり，また，意図的か否かを問わず，費用の集計漏れは発生しやすいからです。

6. 実効税率の予測とNOPATの計算
- 今後の税制改正等も見据えて，実効税率を予測します。
- そして，営業利益に実効税率を乗じるなどして，みなし税金を計算し，税引後営業利益（NOPAT）を計算します。

7. 運転資本増減の予測
- 売掛金の回収条件，棚卸資産の保有期間，買掛金の支払条件などの情報をもとに回転率を予測します。
- 売上高（及び売上原価）をもとに，それらの回転率を乗じて，運転資本（及びその増減）を予測します。

8. プロジェクトの貸借対照表の検証
- ここまでで運転資本や固定資産の額が算定できるので，プロジェクトに必要な資本の額も明らかになります。
- 簡易な貸借対照表を作成し，その視点で数字の整合性を確認します。

(注) 全体を通して，どこまで詳細な予測計算を行うかは，費用対効果の観点で考える必要があります。

以上の手順により，投資案件のFCFが計算できます（算式は以下のとおり。**Q-8**参照）。

```
FCF = NOPAT + 減価償却費 − 資本的支出 − 運転資本の増加額
```

なお、このプロセスは、M&Aの局面で買収対象企業のFCFを予測する場合もほぼ同じです。

> **コラム** CF予測において貸借対照表を意識することの重要性

CF予測にあたって重要なのは、損益計算書だけではなく、貸借対照表の目線も持つことです。これは、損益ばかりに着目していると、貸借対照表がそれと不整合になっている（つまり、非現実的な予測をしている）ケースがあるためです。

また、CF予測が現実的なものかどうかを判断するためには、損益計算書上のフローの利益率だけでなく、貸借対照表のストックとの対比で見る利益率（例えば、ROA）を計算し、現状の数値と比較してみることも有効です。

ちなみに、事業部門が資本収益性を示す指標（例えば、ROIC）の目標値を持っている場合は、運転資本や固定資産の水準にも着目しており（**Q-39**参照）、貸借対照表の目線でも考えているはずです。一方で、事業部門がフロー数値（利益水準など）を重視している場合には、事業部門の意識が貸借対照表にも向くように、コーポレート部門が促す必要があります。これは、CF予測の正確性の担保という側面もありますが、資本効率の追求という観点からも重要なポイントです。

(3) CF予測の際の注意点（with or without）

上記(2)のとおり、CF予測は、概念としては難しくはないのですが、実際の予測にあたっては、いくつか典型的な論点があるので、以下ではそれについて確認します。

プロジェクトのFCFを予測するにあたって、最も重要なのは「投資の実行による増分CFのみに注目すること」です。ここで、「増分」というのは、投資を実行することによるCFの変動（増加）を意味します。投資の実行の有無に関係のないCFは除外する一方、投資の実行によるCFへの影響については、付随的なものも含めて、網羅的に拾い上げる必要があります。

この判断は、英語では"with or without"と呼ばれます。端的には、"with or without the project"ということで、プロジェクトを実施した場合（with）と実施しない場合（without）の比較を意味します。つまり、withとwithoutのCFの差額が増分CFということです。

このように、投資の実行がCFに与える影響（増分CF）を見積もることは容

易ではないですが、その予測にあたって最低限注意すべき点として、以下の3点があります。

---

① 投資の付随的な影響を加味する
② 機会費用を加味する
③ 埋没費用は無視する

以下、それぞれの内容を簡単に確認します。

① 考慮すべき付随的影響

上記①については、投資の実行がCFに与える影響を広く見積もる必要があることを意味します。

簡単な例でいうと、新製品の開発プロジェクトのCFを見積もる際に、それが自社の他の製品の売上の増加に貢献するのであれば（いわゆる「シナジー効果」）、新製品からのCFを見積もるだけでは不十分で、他の製品のCFの増分も考慮する必要があります。一方で、それに伴って、顧客が自社の既存製品から新製品に乗り換えるのであれば（いわゆる「カニバリゼーション」）、旧製品からのCFの減少分もプロジェクトのCFに加味する必要があります。つまり、付随的影響は必ずしもプラスとは限らず、マイナスの場合もあるということです。

② 考慮すべき機会費用

上記②については、機会費用（Keyword 63参照）を増分CF（マイナス）として考慮する必要があります。

Keyword 63　機会費用

機会費用（opportunity cost）とは、複数の選択肢がある場合に、そのうちの1つを選択することによって失われる、他の選択肢がもたらす最大の利益を指す概念です。

機会費用が増分CFの見積りに関わってくるケースとして、プロジェクトに既存の経営資源を活用する場合が考えられます。例えば、自社保有の土地の上に工場を建設するプロジェクトを例にとると、増分CFの見積りに際して、土

地の取得コストをどのように考えるかがポイントになります。自社保有の土地のため、取得に伴うキャッシュ・アウトフローはありませんが、その土地を売却（あるいは賃貸）することによるCFをあきらめていることになり、土地の時価あるいは賃料がプロジェクトの機会費用となります。

すなわち、「増分」というのは、あくまでも投資を実行する場合としない場合の差額を意味するため、実行しないときのCFである機会費用についても、増分CF予測の際にカウントする必要があるということです（どれだけ厳密に見積もるかは別として）。

③ 無視すべき埋没費用

上記③の埋没費用（Keyword 64参照）については、増分CFの見積りにあたって無視する必要があります。

Keyword 64　埋没費用

埋没費用（sunk cost）とは、支出済みでもう取り返せないコストを指す概念で、そのままサンク・コストと呼ばれることもあります。

投資意思決定にあたっては、今後発生するコストのみに着目すればよいのであって、「過去にその投資案件のためにいくら費やしてきたか」は関係ありません。「増分」というのは、投資を実行する場合としない場合の差額を意味するので、実行有無にかかわらず発生済みの埋没費用は無視する必要があるということです。

一方で、現実問題としては、埋没費用への執着を断ち切るのは難しい面があります。外から見ている分には「過去の投資はもう過去のことなので」と簡単に言えるのですが、やはり当事者になってみると、感情としては難しいところがあるのでしょう。投資実行者自身が引くに引けなくなったり、経営者のそういう意図を忖度したりした結果、撤退の意思決定が遅れるケースも多いのではないかと思います。

なお、実際に発生済みの埋没費用を考慮しない一方で、空想上の機会費用を考慮するというのは、実務の感覚としてはしっくりこない面があるかもしれません。

(4) シミュレーションの重要性

　CFの予測は重要ですが，当然ながら将来CFの実現には不確実性があります。そのため，CF予測にあたっては，感応度分析やシナリオ分析といったシミュレーションも併せて行うのが一般的です。

① シナリオ分析

　シナリオ分析とは，文字どおり，複数の異なるシナリオを想定し，各シナリオのCFを見積もることを意味します。具体的には，通常の事業計画に基づく数値に加えて，楽観的なシナリオと悲観的なシナリオを追加するのが一般的です。このような複数のシナリオに基づき，それぞれの場合のNPVやIRRを計算するということです。

　シナリオ分析においては，NPV等の計算結果のバラつき度合いが重要になります。バラつきが大きいようであれば，下記②の感応度分析で，計算結果に与える影響の大きい要因を特定する必要があります。

　また，M&Aなど大きな投資を行う場合，悲観的なシナリオに加えて，ワースト・ケース（最悪のシナリオ）における影響を検討することで，最大の損失額を見積もり，自社のリスク・キャパシティ（自己資本など）に収まるかどうかをチェックすることもできます。投資回収期間が長い場合や初期投資が大きい場合には，長期かつ多額のコミットメントを行うことになるので，このような検討は特に重要です。

　なお，複数のシナリオを作成しておくことで，プロジェクト実行後の振り返り（事後検証）もスムーズになります。そして，このようなプロセスを繰り返すことで，各投資実行部門の楽観度合いの情報も蓄積されるので，将来の投資案件に関する予測精度の向上につなげることができます。

② 感応度分析

　上記①のシナリオ分析は，複数の前提条件を組み合わせたシナリオを検討するものですが，感応度分析は，特定の前提条件（例えば，販売価格・販売数量・原価率）に焦点を当て，それが変化した場合の影響を把握するものです。一般に，価格面の前提条件は数量面の前提条件に比べてCFへの影響が大きいため，そのような重要な前提条件を抽出し，それを変動させることで，「プロジェクトのCFやNPVにどのような影響を及ぼすか」を分析することになります。

Q-26 投資プロジェクトとしてのM&A

M&Aを「投資」の一類型として整理した場合，その投資意思決定をどのように行うべきかについて教えてください。

A
M&Aを「投資」の一類型と考えると，その実行可否は，通常の設備投資と同様，NPVなどの指標に基づいて判断すればよいことになります。買収側（自社）にとってのNPVは，買収対象企業の株主価値から買収価格を差し引くことで計算できます。

解説

(1) M&Aも投資プロジェクト

企業買収については，デュー・デリジェンスやバリュエーションを含む様々なプロセスがあるため，企業にとっては特別なイベントと感じられる面もありますが，キャッシュ・フロー（CF）だけを見れば，通常の設備投資と何ら変わりはありません。すなわち，買収に伴うキャッシュ・アウトフローがあり，買収後にはそのリターンとしてのキャッシュ・インフローがあるという点では，買収も投資案件の一類型に過ぎないということです。したがって，買収の際でも，通常の設備投資と同様，「買収対象企業の取得にどれだけの資金を投入する必要があり，どれだけのリターンが得られるのか」を検討すべきという点は同じです。

なお，ここからは，企業買収のことを単純にM&A（Mergers and Acquisitions）と呼びます（実際には，M&Aは企業の合併も含む概念なので，必ずしも正確な表現ではありません）。

(2) M&Aに係る投資意思決定の方法

M&Aも投資案件の1つなので，その実行可否は，設備投資と同様，NPV（正味現在価値）などの指標に基づいて判断できます。具体的には，買収側（自社）

にとってのNPVは以下のとおりです。

> NPV＝プロジェクトが生み出す将来CFの現在価値－初期投資額
>   ＝買収対象企業の株主価値－買収価格

NPV＞0ならば買収を実行し，NPV＜0ならば買収を見送る，というのも，通常のNPVルールと同様です（ただし，実際には資本制約があり，通常，M&Aにおいてはこの資本制約を無視できません）。

① 買収対象企業の株主価値

M&Aの際の企業評価として，ここではNPVの考え方に適合するDCF法（インカム・アプローチ）について考えます。**Q-42**で後述するとおり，DCF法は，事業が生み出すであろう将来CFの割引現在価値をもって，事業の価値を算定する手法です。すなわち，DCF法では，買収対象企業（またはその株主）が策定した事業計画をもとに，それに必要な修正を加えてフリー・キャッシュ・フローを算定し，その割引現在価値として事業価値を算出します。

この場合の割引率は，自社（買収側）の資本コストではなく，買収対象企業の資本コスト（WACC）になります。すなわち，通常のNPVの計算と同様，対象事業に係るリスクを反映した割引率を用いるということです。

なお，上記のNPVの計算対象にするのはあくまでも「株主価値」なので，DCF法で算定した事業価値に事業外資産の価値をプラスし，有利子負債等（債権者に帰属する価値）をマイナスする必要があります。結果として算定される株主価値は，文字どおり，買収対象企業の企業価値のうち，株主に帰属する部分となります（**図表26-1**参照）。

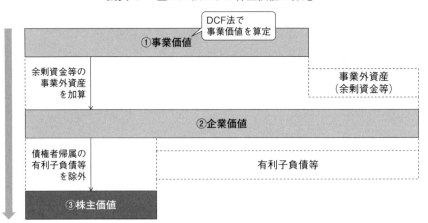

図表26-1 ■DCF法による株主価値の算定

② 買収価格とプレミアム

通常のNPVの計算では，初期投資額を控除しますが，M&Aの場合にそれに該当するのは買収価格です。上記のとおり，「NPV＝買収対象企業の株主価値－買収価格」だとすれば，買手側である自社は，売手側との交渉において，DCF法で算定した株主価値を買収価格の上限と考えて交渉することになります。

ちなみに，買収価格の交渉は，実態としては，買収後のシナジー効果を売手と買手で取り合うようなイメージになります。すなわち，買手側のDCF法による事業価値の算定は，買収対象企業の現状の事業計画を基礎として，それに自社（買手）とのシナジー効果を上乗せした事業計画をもとに行います。そのため，DCF法の計算結果（株主価値）は，通常，自社とのシナジー効果によるCFの増分を含みます。一方で，売手側は，買収対象企業単体としての価値に（売手が妥当と考える）プレミアムを上乗せした提示価格をベースに交渉します。したがって，買収価格の交渉を通じて，シナジー効果の現在価値の一部が，プレミアムという形で売手にも配分されることになります（**図表26-2**参照）。

図表26-2 ■買収対象企業の株主価値と買収価格の関係

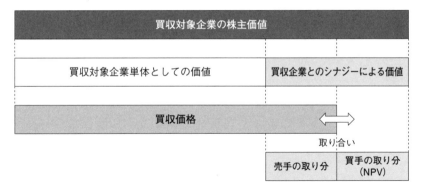

コラム　どうにも怪しいM&AのNPV

　実務上の留意事項として，「M&Aの際のDCF法による計算結果は，まずは疑ってかかるべき」という点があります。
　すなわち，通常の設備投資の場合，CF予測は社内で行われますが，M&Aの場合，CF予測（の基礎となる事業計画）を作成するのは，買収対象企業（またはその株主である売手）です。売手はできるだけ高い価格で売却したいため，買収対象企業が作成した事業計画は，基本的に楽観的な数字になっています。もちろん，通常の設備投資でも，投資を実行に移したい事業部門は楽観的な数字を作りがちですが，M&Aの局面で買収対象企業が作成する事業計画はその比ではありません。
　自社が買手側である場合，本来は買収対象企業が作成した事業計画を厳しく検証すべきです。しかしながら，事業計画を冷静に吟味すべき買収チームも，特に経営者の買収の意向が強い場合などは，前のめりになっている可能性があります。実際のところ，DCF法の計算プロセスには，CFの「予測」や割引率の「見積り」など，調整の余地が多くあるため，売手側と妥結可能な価格を上回るように，株主価値を高めに算定するというケースもありえます。
　そのため，M&Aに係る投資意思決定に際しては，「NPV（株主価値）は過大に計算されているかもしれない」ということを念頭に置いておいたほうがよいかもしれません。

(3)　回収期間法によるリアリティ・チェック

　DCF法により算定された事業価値（及び株主価値）は，マーケット・アプ

ローチ（乗数法）やコスト・アプローチ（修正簿価純資産法）により，一応の検証は可能です。ただ，通常のバリュエーション・レポートは，それらも加味したものになっています。

そこで，そのバリュエーション・レポートから離れる形で，回収期間法（**Q-24**参照）によりM&Aプロジェクトを評価してみるのも一案です。バリュエーション・レポートとの比較で買収価格を見ると，どうしても買収価格が妥当なものに見えてしまいますが，回収期間法で評価すると，通常の投資プロジェクトに比べて投資回収期間が極端に長くなっていることも多いと思われます。

また，「買収価格を何年で回収できるか」という回収期間法は，経営者などが（DCF法などの技術的な要素から離れて）予測CFに着目するきっかけにもなるので，特にM&Aプロジェクトにおいては重要な投資意思決定の基準になりえます。いわば，回収期間法をリアリティ・チェックとして用いるということです（**Q-43**で後述するEV/EBITDA倍率も同じ発想です）。

Q-27 事業ポートフォリオの見直しと撤退の意思決定

投資の意思決定についてはある程度理解できたので，今度は逆に撤退の意思決定について教えてください。

A

まず，投資や撤退の意思決定全体を包含するものとして，事業ポートフォリオの見直しがあり，そこでは資本収益性や成長性といった観点から概括的な検討が行われます。個別の撤退の意思決定については，あらかじめ定量的な基準（例えば，「3期連続赤字」）を定めておき，それに抵触した場合に事業の見極めを行うという流れになります。

解説

(1) 事業ポートフォリオの見直し

近年は，「事業ポートフォリオの見直しとして，○○事業からの撤退，○○子会社の清算，○○工場の閉鎖，○○製品の開発中止という意思決定を行った」などの表現を見かけるようになりました。

企業は，中長期的な成長を実現するため，経営環境の変化に対応して，事業ポートフォリオを最適化する必要があり，コーポレートガバナンス・コードにおいても，事業ポートフォリオの見直しが収益力や資本効率等に関する目標実現のための1つの手段として挙げられています。端的には，既存事業への追加投資による緩やかな成長に加えて，新規事業への投資によるさらなる成長を目指すとともに，必要に応じて既存事業の縮小や事業撤退もバランスよく行う必要があるということです。典型的には，既存事業の売却で得られた資金で新規事業に投資したり，M&Aを実行したり，というイメージになります。

コラム　事業ポートフォリオの見直しはなぜ行われないのか

事業ポートフォリオの見直しについては，「事業再編ガイドライン」が参考になり

ます。同ガイドラインでは、取締役会の重要な役割として、少なくとも年1回は事業ポートフォリオに関する基本方針の見直しを行うべきとしています。しかしながら、実態として、年1回以上検討を行っている企業は6割に止まっていることも紹介されており、その要因として、「検討基準や検討プロセスが不明確」という点のほか、以下が挙げられています。

- 事業部門の権限が強い
- 事業部門に対する権限と責任の所在が複雑に事業部門と本社にまたがっている
- 企業規模や売上規模の縮小に抵抗感がある

(2) 資本収益性と成長性に基づく評価

ここでは、「事業再編ガイドライン」をもとに、企業側のあるべき対応について確認します。

まず、同ガイドラインでは、経営陣に対して、①資本収益性と②成長性を軸とする4象限フレームワークを用いて事業評価を行い、最適な事業ポートフォリオについて再考することを提案しています（**図表27-1**参照）。

図表27-1■4象限フレームワークに基づく資金の流れ

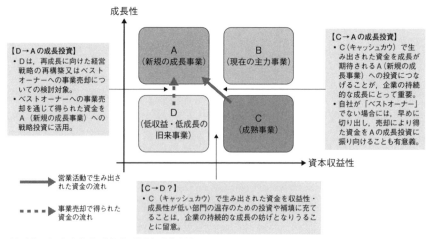

（出典）　経済産業省「事業再編実務指針」

このうち、①資本収益性に関する指標としてはROIC（主に事業部門）や

ROE（グループ本社）を挙げており，資本コストや競合他社との比較が重要としています。また，②成長性に関する指標としては売上高成長率等を挙げていますが，市場全体の成長率等に加え，「自社がその事業を成長させられるか」という観点の必要性にも言及しています。

このような事業評価に基づき，経営陣は，成熟事業（高収益・低成長）で生み出された資金を成長事業（低収益・高成長）に振り向けるべきであり，低収益・低成長の旧来事業については，事業の切出しや撤退も選択肢として検討する必要があります。

(3) 事業撤退に係る意思決定

事業ポートフォリオの見直しは継続的に行われるため，その過程で，上記(2)のとおり，低収益・低成長の旧来事業からの撤退が意思決定されることもあります。

① 事業撤退の選択肢

撤退の選択肢としては，事業の売却または清算（廃止）がありますが，一般的には，売却が可能であれば（つまり，買手がいれば）売却を採用すると考えられます。これは，売却のほうが清算よりも手間がかからず，売却収入も得られるためです。また，売却の場合，清算とは異なり，基本的に撤退事業に係る雇用も維持されます。

しかしながら，いずれの場合であっても，投資の意思決定に比べて，撤退の意思決定はよりハードルが高いと言われます。つまり，「買う」ことはできても，なかなか「売る」または「やめる」ことはできないということです。

② 事業撤退の基準

事業からの撤退に関しては，資本収益性や成長性といった観点から，あらかじめ（少なくとも投資時点で）一定のルールを定めておくのが望ましいといえます。これは定量的な基準である必要があり，「3期連続赤字（または3期累計赤字）で撤退を検討する」といったシンプルなものから，個別の投資案件ごとに撤退条件を設定したうえで投資を実行するケースもあります。もちろん，基準に抵触したら即撤退というわけではなく，そのトリガーに引っ掛かると，撤退の「検討」が必要になるので，改善計画の作成が求められ，一定期間のモ

ニタリングによる事業の見極めが行われるという流れです。

　しかしながら，実際には，投資基準に比べて，明確な撤退基準が定められているケースは少ないのではないでしょうか。例えば，「事業再編ガイドライン」の参考資料集に含まれる「企業アンケート結果」では，東証の市場第一部・市場第二部（当時）の上場企業に対して，「事業の撤退・売却について，検討の俎上に載せるための基準」の有無を質問しています。それによると，「定量的な基準（例：3期連続赤字など）が定められている」と回答している企業は全体の18％に過ぎません。「定性的な基準が定められている」と回答している企業も6％なので（複数選択可），実態としては，撤退・売却に関する基準を策定していない企業も多いものと推測されます。

(4) なぜ撤退は投資より難しいのか

　事業ポートフォリオの見直しに伴い，特定の事業から撤退することが最適と考えられる場合でも，経営危機などの特殊な状況を除いては，その意思決定は必ずしも容易ではありません。「事業再編ガイドライン」においても，日本企業には事業の切出しに対して消極的な企業が多く，必ずしも十分に行われていない実態が指摘されています。

　このように，撤退の意思決定が難しい要因としては，以下のようなものが挙げられます。

① 政治的要因

　撤退が難しい最大の要因として，政治的な要因があると考えられます。すなわち，新規投資した事業や買収した企業の業績が不振に陥り，投資後のモニタリングに基づけば「撤退」が合理的な判断だったとしても，事業部門が撤退を渋り，コーポレート部門がそれを説得できないケースです。

　例えば，実行部門のトップが力を持っているような案件がこれに該当します（実行責任者が退任していてもOBに配慮する場合もあります）。また，投資実行時に対外的にアピールした案件についても同様です。さらに，よりシンプルに，撤退による規模縮小に抵抗感があるケースもあると考えられます。

② 感情的要因

　撤退が難しい要因として，埋没費用の問題もあります。端的には，「今まで

あれだけ投資してきたんだから…」という発想です。埋没費用については，その定義から，撤退しても回収できるわけではないので，一度支出してしまったら，その後は無視すべきものです（**Q-25**参照）。

また，同じく感情面の要因として，過去に買収した企業（子会社）の場合，その従業員の雇用や（特に工場などがある場合は）地域社会とのつながりへの配慮から，撤退を躊躇しがちという問題もあります。

一方で，従業員についていえば，投資の優先度が低い不採算事業のまま企業（グループ）に残るよりも，その事業のベストオーナー（Keyword 65参照）の手に渡ったほうが好ましい面もあり，撤退（事業売却）は必ずしもマイナス要素ばかりではありません。この点を踏まえて，「自社グループにとどまって，十分な投資が行えないままの状況よりも，主力事業として投資が行える他社に売却したほうが，みんなにとっても幸せ」というような説明が行われることもあります。

Keyword 65　ベストオーナー

ベストオーナーとは，企業価値を中長期的に最大化することが期待される経営主体を指します。DCF法的に考えると，同じ事業であっても，どの主体が所有するかによって事業価値が異なるため，自社がその事業のベストオーナーかどうかを考える必要があるということです。

③　会計上の影響の問題

会計上の影響が撤退の障害になるケースもあります。すなわち，撤退の意思決定を行うと，多くの場合，固定資産の減損損失やその他の評価損など，様々な会計上の損失が発生します。会計処理はファイナンスの考え方とは切り離されており，例えば，上記②の埋没費用も，会計上は固定資産等として貸借対照表に残存している部分があります。そして，その部分については，撤退の意思決定に伴って，減損損失が計上される可能性があるということです。

減損損失などの会計上の損失については，キャッシュ・フローで見れば何ら影響はありませんが，業績に影響することは間違いないので，ROE等の指標への悪影響を回避したいがために，撤退の意思決定が遅れてしまうケースもあります。

④ 黒字事業からの撤退の問題

　最後に、撤退を検討している事業が（会計上）赤字でない場合、撤退の合意を得ることが難しいケースがあります。

　ファイナンスの考え方では、リターンが事業リスク（資本コスト）に見合ったものでなければ、不採算事業として撤退の検討対象となります。この点は、**Q-40**で後述するとおり、ROICスプレッドなどの指標で判断されますが、注意すべきは「ROICスプレッドで見ると赤字（マイナス）だが、会計上は黒字（プラス）」という事業です。このような事業については、「なぜ黒字の事業から撤退するのか」という反論が想定されるためです。

　さらにいうと、撤退を検討する事業は、必ずしも不採算事業に限るものではなく、自社の全社戦略から外れた事業も含まれます。すなわち、「事業再編ガイドライン」では、「不採算部門の整理」という議論を一歩進めて、「長期の時間軸で自社がベストオーナーかどうか」という観点から、事業ポートフォリオの見直しに取り組むのが望ましいとしています。つまり、仮に収益性の高い事業であっても、自社にとってはノンコア事業である場合など、自社の下で成長戦略の実現が難しい場合には、早期に切り出すことで持続的成長の実現を図ることが重要になります（日本企業の現状を考えると、このような考え方の浸透はなかなか難しいように思いますが）。

　なお、実際には、会計上で黒字である事業のほうが売却が容易という面もあります。そのため、自社がベストオーナーでないと判断した事業は、赤字になる前に売却するほうが効率的といえます。

(5) **各事業に対するモニタリング**

　上記(4)のとおり、様々な要因から、撤退は必ずしも容易な意思決定ではありません。また、実際には3期連続赤字などの定量基準やROICスプレッドなどの財務指標を使って、システマティックに撤退の判断ができるわけでもありません。だからといって、事業ポートフォリオの評価が不要かというと、個人的にはそうは思いません。

　というのも、日本企業の場合、不採算事業を抱えることで全体としての収益性が低下しているという問題が大きいため、企業価値の向上という意味では、事業撤退が有効な対策になるケースが多いからです。また、（問題を抱える）事業の数が減り、選択と集中が進めば、事業の管理も相対的に容易になります。

実際に撤退するかどうかは別にして，また，どれだけシステマティックに判断するかは別にして，事業ポートフォリオの定期的な見直しを行うことは重要と考えられます。そのためには，継続的にプロジェクトのNPV（正味現在価値）やIRR（内部収益率）をモニターしておき，定期的に投資に係る「振り返り」を行うことも必要になります。

　「事業ポートフォリオの見直し」と言ってしまうと仰々しいですが，そういった枠組みにこだわらず，モニタリングの中で，問題のある事業が特定されれば，その事業について，改善や再生の可能性も含めて深く検討すればよいだけです。また，そのような検討の際，3期連続赤字などの定量基準があれば，「この事業は再生できる」または「この事業は譲渡すべき」などの議論をスタートさせることができ，ROICやROICスプレッドなどの共通言語があれば，より現実的な議論ができるものと考えられます。

第Ⅴ章

株主還元

　第Ⅴ章では、株主還元について確認します。まず、本書の全体像の中での位置付けは**図表Ⅴ-1**のとおりです。

図表Ⅴ-1 ■本書の全体像（第Ⅴ章の位置付け）

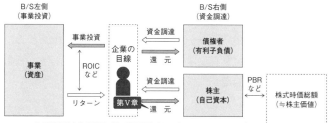

　第Ⅲ章や第Ⅳ章で見たとおり、企業は資金を調達して投資を実行します。次の段階として、投資の成果が上がったら、それを（再）投資と株主還元のいずれに回すかという問題があり、これは第Ⅱ章のキャピタル・アロケーションの問題として検討されます。すなわち、株主還元は、投資と並んで主要な資金の配分先という位置付けです。

　株主還元は、具体的には配当や自社株買いの形で行われ、これらを一般にペイアウトと呼びます。このうち配当については、配当性向やDOEといった基準に基づいて行われますが、基本的に安定性が重視されます。一方で、自社株買いについては、より機動的に実施することが可能です。このように、配当と自社株買いは同じペイアウトの手段ではあるものの、いくつかの相違点があります。

　ちなみに、上図には、債権者に対する還元も示していますが、借入金などの負債の返済や利息の支払いについては、基本的に契約に基づくものであり、選択の余地はありません。そのため、本章では、資本の還元のうち、株主に対する還元に限定して議論します。

Q-28 ペイアウト政策と総還元性向

ペイアウト（株主還元）の基本的な考え方について教えてください。また，株主還元の水準を見る際，総還元性向という指標が用いられることがありますが，この指標にはどういう意味合いがありますか？

A

ペイアウトは，魅力的な投資機会がない場合などに株主に資金を還元する手段と位置付けられます。ペイアウトの水準は，キャピタル・アロケーションの一環として検討されるものであり，投資を優先することもありますが，一方で投資とは独立してペイアウトの水準を決定することもあります。また，総還元性向は「当期純利益の何％を株主還元に振り向けるか」を示す指標であり，株主還元全体の水準を示すものといえます。

解説

(1) ペイアウトとは

日本企業のペイアウト（Keyword 66参照）の金額は年々増加しており，日本経済新聞（2024年3月26日）によると，上場企業の2024年3月期の株主還元総額（配当と自社株買いの合計）は約25兆円と，2年連続で過去最高となる見通しです。

Keyword 66　ペイアウト

一般にペイアウト（payout）とは，株主への還元を意味し，その主な手段としては，配当と自社株買いがあります。ペイアウトについては，唯一の最適解が存在するわけではないため，自社としての方針が必要になりますが，「どれだけの資金をどのように株主に還元するか」という株主還元に係る方針は，一般に「ペイアウト政策」と呼ばれます。

日本企業におけるペイアウト増加の主な要因としては、機関投資家からの増配圧力が大きいと考えられます。しかしながら、経済成長の停滞による投資機会の減少という要因も無視できません。すなわち、キャピタル・アロケーションの問題（**Q-9**参照）として、投資に資金を振り向けないということは、（余剰資金を抱え続けない前提で）株主還元に資金を配分することを意味するためです。

一方で、日本企業に関しては、依然としてペイアウトが不十分という指摘があるほか、ペイアウトの方針が不明確であったり、また、横並びで各社の事情に適合していなかったり、という指摘もあります。

(2) なぜペイアウトが必要なのか

まず、「なぜペイアウトが必要なのか」という点からですが、ここでは、①投資機会と②エージェンシー・コストという2つの視点に基づき、ペイアウトの必要性を考えます。

① 投資機会の問題

企業がペイアウトを実施するのは、理論的には（自社の意思決定基準に適合する）投資機会がない場合です。

すなわち、理論的には、ハードル・レートを超える収益性の投資機会があれば、資金は投資に振り向けるべきです。そうすることで、株主の要求収益率を上回るリターンを上げて、企業価値を高めることが可能だからです。この場合、株主には（配当というインカム・ゲインではなく）株価の上昇というキャピタル・ゲインの形で報いることになります。

一方で、当面そのような投資機会がないのであれば、株主に資金を還元する必要があります。これは、自社で収益性の低い投資を実行するよりも、株主にその資金を有効活用してもらう（他の企業に投資してもらう）ほうが合理的だからです。この場合、ペイアウトは企業にとって不必要な資金を返還する調整弁の役割を果たします。

このような観点では、ペイアウトの必要性は、事業の成長ステージに左右されます。すなわち、まだ成長段階にある企業は、投資機会が多く、資金面の余裕もないため、ペイアウトの必要性が低い一方、成熟段階にある企業は、相対的に投資機会が少なく、資金面の余裕もあるため、ペイアウトの必要性が高い

といえます。

② エージェンシー・コストの問題

上記①とは全く異なる視点になりますが，ペイアウトの必要性に関係する理論として，フリー・キャッシュ・フロー仮説があります。

フリー・キャッシュ・フロー仮説とは，単純化すると「企業が余剰資金をため込むと，経営者がそれを採算性の低い投資案件に投下するリスクがあるため，余剰資金をペイアウトにより株主還元させることで企業価値の低下を防止できる」という仮説です。フリー・キャッシュ・フロー仮説は，経営者と株主との間の利害対立が生じうることを前提にしており，上記のような余剰資金の蓄積が引き起こす投資効率の悪化は，一種のエージェンシー・コスト（Keyword 67参照）と整理できます。

> **Keyword 67　エージェンシー・コスト**
>
> エージェンシー・コスト（agency cost）とは，エージェント（代理人）がプリンシパル（本人）の意向に沿って業務を遂行しないことで生じる非効率性をいいます。プリンシパルである株主とエージェントである経営者の間に生じる利害対立は，エージェンシー問題の1つに分類されます。

フリー・キャッシュ・フロー仮説に基づけば，このエージェンシー・コストの抑制（ひいては企業価値の向上）のために，ペイアウトが必要ということになります。

この点については，企業側と株主側に認識の相違があり，企業側がこのような視点でペイアウトを実施することはないと思われます。一方で株主側（特に機関投資家）は経営者による低採算の投資を警戒していると言われています。その意味で，エージェンシー・コストの抑制も，ペイアウトの必要性を考えるうえで重要な要因と考えられ，この点は企業側としても無視はできません。

ちなみに，経営者に対する規律付けという意味では，配当のほうが自社株買いよりも効果が大きいと考えられます。これは，柔軟に実施可能な自社株買いに対して，配当は水準の維持を求められ，株主還元に対する経営者のプレッシャーも大きくなるためです。

(3) ペイアウト水準の決め方

ペイアウト水準の検討にあたっては，「ペイアウト政策は独立して決定されるわけではない」という視点が重要です。すなわち，ペイアウトの水準は，キャピタル・アロケーションの検討の一環として，現状の営業CFの水準や保有資金残高を前提としつつ，将来の投資計画との関係で考えていく必要があります。

ここでは，ペイアウト水準の決め方について，まず①投資を優先する考え方を説明し，その後，②投資とは独立してペイアウト（配当）を決定する考え方を簡単に確認します。また，最後に③資本構成への影響についても少し触れます。

① 投資優先

近年は，ROE重視という流れから，資金を自社株買いなどの株主還元に振り向けるべきという議論も多く見られます。しかしながら，ペイアウト政策を考える際，優先順位という意味では，本来は投資（特に成長投資）のほうを優先すべきです。上記(2)①のとおり，「投資がペイアウトに優先されるべき」という考え方に基づけば，資金はまず必要な投資に振り向け，それでもまだ余剰があれば，株主に還元するという流れになります。すなわち，研究開発投資やM&Aなど，成長へ向けた投資案件があれば，営業CFはそれらに充てるべきであり，株主還元に回すべきではないということです。

ペイアウトのうち，自社株買いについては，一般に柔軟性があるため（後述の**Q-31**参照），「投資を優先する」という考え方がよく当てはまると考えられます。すなわち，「（一定の配当水準を確保しつつ）まずは投資に必要な資金を振り向け，余剰があれば自社株買いを行う」という優先順位です。逆にいうと，魅力的な投資機会が存在するなら，予定されていた自社株買いを取りやめても（減額しても）よいということです。

例えば，東証を傘下に持つ日本取引所グループのCEOの記者会見要旨（2023年4月27日）では，企業の自社株買いの発表が相次いでいる状況について，以下のように言及しています。

> まず，キャッシュがあって，例えば，それを設備投資や人的資本の充実，あるいはビジネスの拡大に使う予定がある場合には，それにお使いになればいいと思

> いますが，それがない場合に，株主に対する還元として増配をしたり，あるいは<u>自社株買いをしたりするというのは，一つの方策だと思っております</u>。
>   ただ，自社株買いだけでは短期で終わってしまう可能性がある。今回の資本コストや株価を意識した経営の実現に向けた要請では，自社株買いや増配のみの対応や，一過性の対応を期待するものではなく，持続的な成長を実現するための抜本的な取組を期待するものであるということを強調してお伝えしております。

（下線は著者が追加）

なお，資金を優先的に投資に振り向けるのであれば，投資による将来の成長見込みに関する株主への説明が必要不可欠です。それが不十分な場合，「投資が将来の成長につながるか不透明なので，株主還元を優先してほしい」という反応を示されることもあります。

② ペイアウト優先

上記①の考え方とは異なり，実際の企業は，必ずしも「採算の良い投資案件がないから株主還元を行う」というスタンスではなく，特に配当については，安定性を重視していると考えられます（後述の**Q-29**参照）。その意味では，投資がペイアウトに優先されるとは限らず，安定配当を重視する配当政策については，投資計画とは独立して決定されている面もあります（**図表28-1**のようなイメージ）。

図表28-1■ペイアウトにおける安定配当の位置付け

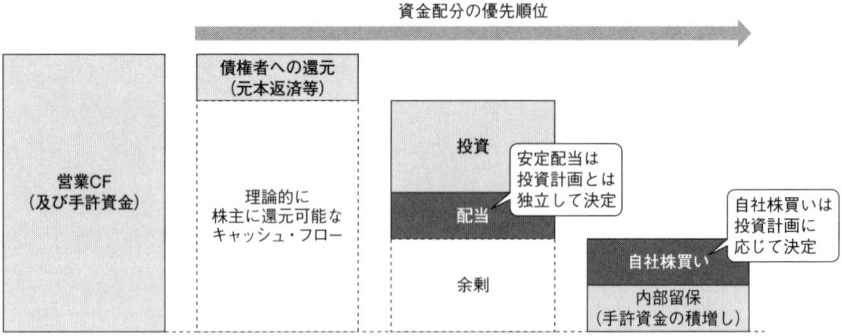

資金配分の優先順位 →

| 営業CF（及び手許資金） | 債権者への還元（元本返済等） | 理論的に株主に還元可能なキャッシュ・フロー | 投資 / 配当 / 余剰 | 自社株買い / 内部留保（手許資金の積増し） |

- 安定配当は投資計画とは独立して決定
- 自社株買いは投資計画に応じて決定

言い換えると，企業側の視点では，「魅力的な投資機会が存在するなら，減配しても問題ない」という発想はあまりないということです。企業側としては，

やはり投資家の反応が気になるところなのでしょう。特に企業の成長ステージとして，成熟段階にある場合は，投資家はペイアウトを期待して投資している面があるためです。また，単純に株主還元の拡大が肯定的な評価を受けやすいという背景もあるのかもしれません。実際に，ペイアウト水準を引き下げる（総還元性向の目標値を50％から40％に引き下げる）方針を示したところ，株価が急落した企業もあります。

ただし，この点については，機関投資家側の考え方は異なる可能性もあります。下記(5)のとおり，投資家側は，ペイアウト政策に関して「投資機会の有無」も重視しているためです。したがって，ペイアウトの水準については，機関投資家の意見も確認する価値があると考えられます。

③ 資本構成への影響の考慮

ペイアウト水準を決定する際，資本構成への影響も考慮する必要があります。これは，配当の支払いも自社株買いも自己資本を減少させる効果があるためです。例えば，自己資本の水準に着目し，ROEなどで示される資本収益性の改善のために，余剰資金を用いて一時に多額のペイアウトを行うケースがあります。また，有利子負債の水準に着目し，例えば，「D/Eレシオ0.5以下であれば，総還元性向50％以上」など，資本構成を示す指標を用いてペイアウトの目標水準を決定しているケースもあります。

⑷ ペイアウトを巡る実態

続いて，ペイアウト政策の実態を見てみます。

生命保険協会の企業・投資家向けアンケート（2023年度版）では，株主還元・配当政策について，企業側には「どのような観点で投資家に説明しているか」という質問，投資家側には「どのような観点で適切性を評価しているか」という質問を行っており（いずれも複数選択可），その結果をランキングの形にまとめたものが**図表28-2**です。

図表28-2 ■株主還元の適切性に関する説明・評価

企業の視点	投資家の視点
① 株主還元・配当の安定性 (82.2%)	投資機会の有無 (55.6%)
② 総還元性向・配当性向の絶対水準 (51.1%)	事業の成長ステージ (46.9%)
③ 財務健全性・信用力の水準 (41.9%)	財務健全性・信用力の水準 (39.5%)

(出典) 一般社団法人生命保険協会『生命保険会社の資産運用を通じた「株式市場の活性化」と「持続可能な社会の実現」に向けた取組について』(2024年4月公表) をもとに著者作成

　これによると，80％以上の企業が「株主還元・配当の安定性」を重視している一方で（上記(3)②の考え方と整合的），機関投資家がより重視しているのは「投資機会の有無」や「事業の成長ステージ」といえます（上記(3)①の考え方と整合的。ただし，個人投資家には，また別の考えがあるかもしれません）。

　このように，機関投資家と企業との間で，ペイアウト（特に配当）と投資の優先順位の付け方に差があるため，企業側としては，「機関投資家は思ったほど安定配当を重視していないかもしれない」という認識を持ったほうがよいと思われます。また，投資家との対話を通じて，投資家側がどのような還元を望んでいるかを把握し，逆に自社の考えもしっかりと伝えておくことも重要と考えられます。

　とはいうものの，上記企業・投資家向けアンケートの「株主還元・配当政策に関する説明」という項目において，「十分行っている」と考えている企業は42.7％であるのに対し，そう考えている投資家は1.3％に過ぎません。したがって，そもそも「株主還元に関する説明が十分かどうか」という点に大きな認識のギャップがありそうです。企業の立場では，開示できる情報と開示できない情報がありますが，開示できる範囲で，できるだけ丁寧に自社のペイアウト政策を説明するのが望ましいと考えられます。

(5) ペイアウトと総還元性向

　配当と自社株買いは，いずれもペイアウトの手段であり，株主に利益や資金を還元するという意味で同じものです。このような考え方に基づき，株主還元の水準を見るための指標が総還元性向（Keyword 68参照）です。

Keyword 68　総還元性向

　総還元性向（または株主還元性向）とは，「当期純利益の何％を株主還元（配当と自社株買い）に回すか」を示す指標です（算式は以下のとおり）。

$$総還元性向 = \frac{配当金＋自社株買い}{当期純利益}$$

　上式からもわかるとおり，総還元性向は配当性向（後述の**Q-30**参照）の分子に自社株買いを加えたものであり，分子は株主への総還元金額と解釈できます。

　総還元性向は，配当性向に比べるとメジャーな指標ではないですが，株主還元の数値目標として，総還元性向を採用している企業も一定数あります（総還元性向のみを株主還元の数値目標とするのではなく，配当性向とセットにするケースもあります）。

① **総還元性向の解釈**

　総還元性向については，配当性向と同じような指標と考えることもできますが，一方で，総還元性向の分子に含まれる自社株買いについては，配当ほど利益との連動性が高くないうえ，必ずしも定期的に行われるわけでもありません。その意味で，この指標をどのように解釈すればよいのかは難しいところです。
　また，総還元性向の目標値を設定（公表）することは，せっかくの自社株買いの柔軟性というメリットを放棄していることになります。その意味では，配当の基準（配当性向やDOE）に係る目標値を設定しつつ，自社株買いは柔軟に実施するという方針のほうが（企業にとっては）自然な形と思われます。
　なお，総還元性向は，それ自体の目標値を示していなくても，実績値として示すこともあります。すなわち，配当性向に目標値がある一方，ある程度定期的に自社株買いを上乗せしている場合で，「結果として総還元性向は○％になりました」等の使い方をするということです。

② **キャピタル・アロケーションとの親和性**

　この総還元性向という指標は，キャピタル・アロケーションの考え方と親和性が高いものです。例えば，総還元性向の目安を50％としている場合，当期純

利益が100億円なら，株主還元には50億円を割り当て，残りを内部留保して，成長投資に振り向けるようなイメージです。そして，株主還元の内訳については，安定配当に40億円程度が必要だとすれば（配当性向40％），残り10億円は，株価水準等を見ながら，自社株買いに配分することになります。

コラム　高い総還元性向は何を意味するのか

　総還元性向については，その水準が100％を超えている企業や，今後100％に引き上げる方針を公表している企業もあります。このような高い総還元性向にはどういう意味があるのでしょうか？

　まず，総還元性向を高く設定するということは，株主還元を多めに，言い換えると，内部留保を少なめに設定することを意味します。キャピタル・アロケーションの考え方でいうと，投資よりも株主還元を優先するということです。

　そのため，事業の成長ステージとして，成熟段階にある企業が総還元性向を高く設定し，株主還元を重視する姿勢を示すということは理解できます。一方で，特にまだ成長段階にある企業において，高い総還元性向を設定している場合，逆に「成長投資の対象がないから株主に還元している」と解釈される可能性もあります。

Q-29 配当①：配当政策と安定配当

ペイアウトの手段のうち，配当についての基本的な考え方を教えてください。また，日本企業において，安定配当が重視されているのはなぜですか？

A

配当の水準は，配当性向やDOEといった基準に基づいて決定されますが，一方で長期的な利益水準が変化した場合に初めて，配当の水準も変化させるというのが基本的な考え方です。そのため，投資家は企業の配当政策から将来の業績に関する経営者の見通しを読み取っており，経営者の立場では，業績見通しが良くなっても悪くなっても，配当水準は変えづらい面があります。これが多くの企業で安定配当が重視されている一因と考えられます。

解説

(1) MMの配当無関連命題

まずは，理論面で，配当が企業価値に与える影響を簡単に整理しておくと，完全資本市場を前提にする限り，企業が配当しようがしまいが，株主にとってはどちらでもよいといえます。これは，上場株式の場合，配当を決議した分だけ株価が下がり，配当（インカム・ゲイン）が株価下落（キャピタル・ロス）により相殺されるためです（**図表29-1**参照）。

図表29-1 ■株主にとっての配当とは（MMの配当無関連命題）

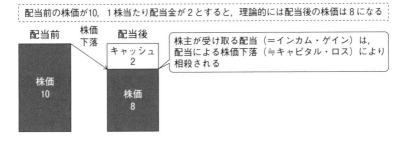

このように，企業価値（株主価値）が配当政策と無関連であるという考え方は，MM（Modigliani and Miller）の配当無関連命題と呼ばれます。

この考え方によると，株主は企業の配当政策に関心を持たないことになりますが，これは必ずしも現実とは一致しません。現実の市場においては配当政策が企業価値に影響を与えうると考えられます。

(2) 配当のシグナリング効果とは

上記(1)のMMの配当無関連命題は，「配当が投資家に追加の情報をもたらさない」等々の諸条件の下に成り立つものです。この点，実際には，企業の業績に関して，経営者は情報優位の立場にある一方，投資家は情報劣位の立場にあります（情報の非対称性）。そのため，投資家は企業の配当政策から多くのことを読み取っており，配当にはシグナリング効果（Keyword 69参照）があると言われます。

Keyword 69　シグナリング効果

シグナリング効果（signalling effect）とは，投資家と経営者との間の情報の非対称性を前提として，配当水準（の変更）が，将来の業績に関する経営者の見通しを示すシグナルとして機能し，株価などに影響を与えるという効果をいいます。配当と同様，自社株買いにもシグナリング効果があります。

一般に，企業は，短期的な利益水準の変化の都度，配当水準を変動させるのではなく，長期的な利益水準が変化した場合に初めて，それを変動させます。つまり，経営者が増配を意思決定するのは，単なる増益のタイミングではなく，その利益水準を維持できると確信したタイミングだということです。そうすると，経営者が増配を意思決定した場合，投資家はそれを「長期的に維持可能な利益水準の上昇」というシグナルとして解釈します（減配はその逆のシグナルです）。

したがって，企業としては，このようなシグナリング効果（株価への影響）に配慮しながら，配当水準を決定する必要があります。

| コラム | ネガティブな増配とポジティブな減配 |

　一般に増配はポジティブなシグナルですが，増配の意思決定が投資家にネガティブに受け止められるケースもあります。すなわち，企業が株主還元よりも投資を優先するという考え方に基づけば，成長段階にある企業が増配を決定する場合，「投資機会の減少」ひいては「成長速度の鈍化」と解釈される可能性があります。

　逆に，一般に減配はネガティブなシグナルですが，「将来のリターンに自信があるから資金を投資に優先配分した」と説明できるような状況であれば，必ずしもネガティブに捉えられるとは限りません。

　つまり，すべては投資家の解釈の問題なので，投資家とのミスコミュニケーションの可能性を排除するため，IRを通じて自社の考え方を積極的に伝えていくことが重要になります。

(3) なぜ安定配当が重視されるのか

　日本企業は一般に「安定配当」を重視していると考えられ，近年では，毎年の配当を維持または増額するという「累進配当」という方針を採用している企業もあります。**Q-28**のとおり，配当を含むペイアウトは，投資に伴う資金需要に応じて変動させるのが理論的ですが，実態はそれとは異なるということです。

　安定配当の意味合いは解釈が難しいのですが，安定配当重視の姿勢は，一応は上記(2)のシグナリング効果から説明可能です。

　すなわち，企業による配当政策の変更は，投資家に業績見通しの変化と解釈されます。そうすると，経営者の立場からは，短期的に利益が出たからといって簡単に配当水準を上げられず，後になって減配しなくていいように，慎重に検討したうえで増配を決定します。逆に，利益水準が下がっても，それが一過性のものであり，特にキャッシュ・アウトフローを伴わない会計上のみの損失（減損損失など）が主因である場合には，経営者は配当水準を維持する方向で検討するはずです。また，仮に一過性の損失でなくても，投資家に「将来の業績見通しが厳しい」というメッセージを伝えたくない場合には，配当水準を維持せざるをえません。このように，業績見通しが良くなっても悪くなっても，配当水準は変えづらい面があり，これが多くの企業で安定配当が重視されている一因と考えられます。

また、安定配当については、**Q-28**のフリー・キャッシュ・フロー仮説の視点で、株主還元に関する規律を重視するという考え方もあるかもしれません。その他、今後の大きな成長が見込みづらい業界に属する企業では、投資家の関心が投資よりは配当（配当利回りなど）に集まりやすく、安定配当を重視せざるをえない面もあります。

(4) 配当の基準

配当の水準は（分配可能額の限度内で）企業が自由に決定できます。また、株主への配当水準をどのように決定すべきかについて明確な答えはありません。そのため、ペイアウト政策の一環として、配当政策というポリシーを設定し、それを投資家に対して示しておく必要があります。具体的な配当の基準としては、配当性向が最も重視されていますが（下記②参照）、それ以外にもいくつか指標があります。また、2023年3月の東証による低PBR企業への対応の要請を契機として、配当の方針を見直す企業もあり、企業の配当政策は多様化している状況です。

① 配当性向・DOE・DPS

主な配当の基準は以下のとおりです。

(ⅰ) 配当性向
(ⅱ) DOE（純資産配当率）
(ⅲ) DPS（1株当たり配当金）
(ⅳ) 総還元性向(注)

(注) 総還元性向については、自社株買いも含む概念であり、厳密には配当「のみ」に関する基準ではありません（**Q-28**参照）。

上記のうち、(ⅰ)配当性向と(ⅱ)DOEについては、**Q-30**で後述します。ちなみに、両者を組み合わせて、「連結配当性向〇％とDOE〇％の大きいほうを配当の目安にする」という方針の企業もあります。

また、(ⅲ)DPS（Keyword 70参照）についても、配当性向などの他の基準と組み合わせる場合があります。例えば、DPSで「1株当たり〇円」という安定配当の水準を決めておき、基準とする配当性向で計算した配当金額がそれよりも小さければ、DPSを基準とする安定配当を支払うような形です。逆に業績が

好調で，DPSに基づく安定配当の水準では配当性向が目標値を下回る場合には，配当を上乗せしたり，代わりに自社株買いを行ったりするケースもあります。

Keyword 70　DPS（1株当たり配当金）

DPS（dividend per share）とは，1株当たり配当金を意味します。配当の基準をDPSで設定する場合，配当に伴うキャッシュ・アウトフローが読みやすいというメリットがあります。

なお，配当の基準とは少し異なりますが，株主還元にあたり，TSR（株主総利回り）を重視する方針を示している企業もあります。TSRの詳細は**Q-33**で後述しますが，端的には，キャピタル・ゲイン（値上がり益）とインカム・ゲイン（配当）の双方をカバーするもので，株主に対する総合的なリターン（利回り）を測定する指標です。

②　配当の基準に関する企業の実態

日本経済新聞（2024年3月26日）によると，上場企業の2024年3月期の配当総額は前期比6％増の約15兆9,000億円の見通しで，これは過去最高の水準です。

また，生命保険協会の企業・投資家向けアンケート（2023年度版）から株主還元の実態を見てみると，株主還元に関する数値目標の公表状況は**図表29-2**のとおりです。

図表29-2 ■株主還元に関する数値目標の公表状況

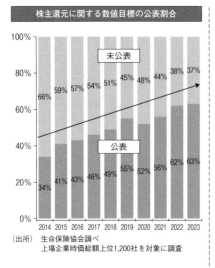
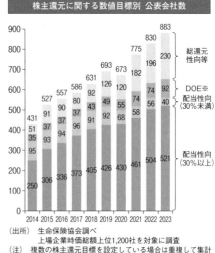

(出典) 一般社団法人生命保険協会 『生命保険会社の資産運用を通じた「株式市場の活性化」と「持続可能な社会の実現」に向けた取組について』(2024年4月公表)

ここからわかるのは,「株主還元に関する目標数値を公表する企業が増加傾向にある」という点と,「数値目標としては配当性向を基準としている企業が多い」という点です。

③ 配当の基準に基づく配当金額の決定

企業の配当政策(配当性向など)は,もちろん投資家も認識しているので,経営者が配当金額を決定する際,すでに前提となるコンセンサスがあることになります。したがって,配当政策(例えば,目標配当性向)を変更しないのであれば,あとはそこから増額するか減額するかを検討することになります。上記(2)のとおり,重要なのは長期的な利益水準なので,仮に増益や減益が一時的な要因によるものであれば,配当金額は動かさない可能性もあります(この場合,逆に配当性向の実績値が変動します)。

(5) 配当に関する制約

実際の配当金額を決定するにあたっては,配当政策に加えて,配当に関する

制約条件も事前に把握しておく必要があります。

制約条件として最も重要なのは、会社法上の「分配可能額」です。分配可能額は、シンプルにいうと、剰余金の額から自己株式の帳簿価額を差し引くなどして計算されます。「分配可能額を超過する配当」というのは、年に数回見かけるイベントなので、実務的には注意が必要です。

また、もう1つの制約として、手許資金の残高があります。つまり、仮に分配可能額があったとしても、手許資金がなければ配当できないということです。なお、貸借対照表の左右で見ると、分配可能額は右側（剰余金の蓄積）の問題であり、手許資金の残高は左側の問題と整理できます（**図表29-3** 参照）。

図表29-3 ■配当に係る制約

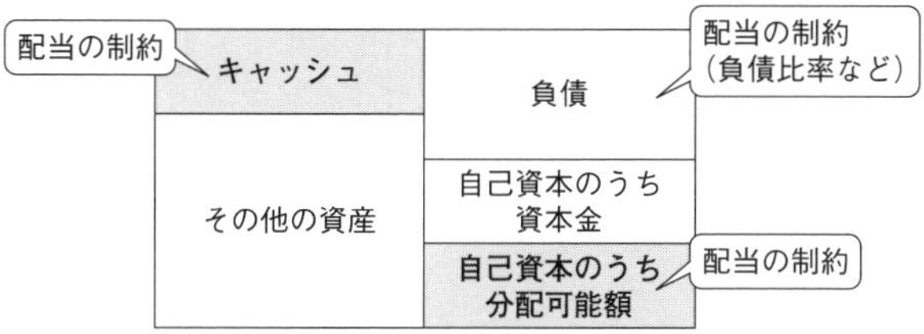

配当の制約		配当の制約
キャッシュ	負債	（負債比率など）
その他の資産	自己資本のうち資本金	
	自己資本のうち分配可能額	配当の制約

ちなみに、配当性向などは、グループ全体の利益を基準にして決定されることが多いですが（いわゆる「連結配当性向」）、株主への配当はあくまでも親会社から支払われるので、事前に子会社から資金と利益を還流させるなどして、親会社（単体）で十分な分配可能額と手許資金を確保しておく必要があります。

その他、企業によっては、財務状況が配当に関する制約になることもあります。これは、配当が自己資本を減少させるためであり、例えば、格付けを維持するために負債比率をこれ以上上げられない状況であれば、自由に配当できない可能性があります。これも貸借対照表でいえば、負債・純資産サイド（右側）の話です。

(6) 配当政策に関するIRの重要性

実務上は、企業が魅力的な投資機会を持っており、そのために資金の確保が必要な状況でも、安定配当を優先し、減配は避ける傾向があります。一方で、**Q-28**の企業・投資家向けアンケートでも裏付けられているとおり、投資家側は、株主還元に関して、「投資機会の有無」と「事業の成長ステージ」も重視

していることが明らかになっています。

　もちろん，投資家との関係にもよりますが，この点から考えると，企業が投資機会について投資家に十分な説明ができる状況であれば，投資家（機関投資家）の側は，減配を受け容れる用意がある可能性を示唆しています。一方で，内部留保に関する方針が不明確である場合，投資家は株主還元を求める傾向にあります。その意味では，内部留保による再投資と株主還元のバランスについて，IRなどにより自社の方針を示しつつ，重要な投資案件については，情報開示が可能な範囲で投資家に説明することが重要と考えられます。

Q-30 配当②：配当性向とDOEの関係

配当の基準として，配当性向やDOEという指標をよく耳にしますが，それぞれの内容を教えてください。

A

配当性向は「当期純利益の何％を配当に回すか」という基準であり，DOEは「純資産（または自己資本）の何％の配当を行うか」という基準です。両者には，「DOE＝配当性向×ROE」という基本的な関係があります。

解説

(1) 配当性向とは

Q-29のとおり，どれだけ配当を行うべきかについて，明確な答えはありません。そのため，多くの企業が自社の配当政策を公表していますが，具体的な配当の基準としては，配当性向（Keyword 71参照）が代表的なものといえます。

Keyword 71　配当性向

配当性向（dividend payout ratio）とは，「当期純利益の何％を配当に回すか」を示す指標であり，以下のとおり，年間の配当総額を当期純利益で除して計算されます。

$$配当性向 = \frac{（1株当たり）配当金}{（1株当たり）当期純利益}$$

（注）　分母の当期純利益について，減損損失等の一過性の損失を除外する企業もあるなど，算式には一定のバリエーションがあります。

なお，東証の決算短信・四半期決算短信作成要領等では，配当性向は以下の算式で計算すべきこととされています。

$$配当性向（連結） = \frac{当該事業年度に基準日が属する普通株式に係る1株当たり個別配当金（合計）}{1株当たり連結当期純利益}$$

配当性向に目標値がある場合，当期純利益の額が決まれば，概ね配当の額も決まります。ただし，実際には安定配当という視点も重視されるため，当期純利益の増減がそのまま配当の増減につながるわけではありません。

(2) 配当性向の目安となる水準

一般に，配当性向の目安は30％～40％と言われていますが，この点について少し実態を見てみます。まず，東証が公表している「決算短信集計結果」によると，2022年度（2022年4月期～2023年3月期）のプライム・スタンダード・グロース上場企業（金融業を除く）の配当性向の平均値は35.37％です（過去5年の平均値は38.04％）。

少し視点を変えて，生命保険協会の企業・投資家向けアンケート（2023年度版）においては，（企業向けではなく）投資家向けアンケートとして「中長期的に望ましいと考える配当性向の水準」を問う項目があり，その回答状況は以下のとおりです（**図表30-1**参照）。

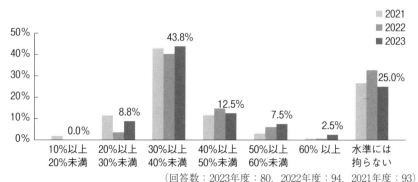

図表30-1 ■機関投資家が中長期的に望ましいと考える配当性向の水準

（回答数：2023年度：80，2022年度：94，2021年度：93）
（出典） 一般社団法人生命保険協会『生命保険会社の資産運用を通じた「株式市場の活性化」と「持続可能な社会の実現」に向けた取組について』（2024年4月公表）

水準にこだわらない投資家を除けば，投資家側の目安は「30％以上40％未満」であることが確認できます。また，同アンケートでは，「66％の投資家が中長期的に配当性向30％以上を期待する一方，41％の企業は配当性向30％未満に止まる」という分析結果も示されています。

一方で，**Q-28**のとおり，事業の成長ステージとして，成長段階にある企業

と成熟段階にある企業では配当性向の目標値も異なるべきであり，また，投資家は必ずしも配当を最優先とすることを望んでいない可能性もあります。その意味では，目標配当性向を含む自社の配当政策について，経営者の一存で決めてしまうのではなく，投資家と意見交換することも重要と考えられます。

ちなみに，米国の議決権行使助言会社大手のISS（Institutional Shareholder Services, Inc.）では，「剰余金の処分」について，配当性向が15％から100％の場合，通常は賛成を推奨するとしており，かなりの幅を許容しています（その範囲にない場合は個別判断）。同大手のグラス・ルイス（Glass Lewis）でも，取締役会に一任することが適切という考えの下，原則として企業の配当金の方針を支持することとしています。

(3) DOEとは

① DOEとは

配当性向ほどメジャーな指標ではありませんが，その他の配当の基準として，DOE（Keyword 72参照）もあります。

Keyword 72　DOE（純資産配当率）

DOE（dividend on equity）とは，純資産配当率を意味し，以下のとおり，年間の配当額を純資産で除して計算されます。

$$DOE = \frac{（1株当たり）配当金}{（1株当たり）純資産}$$

(注) 算式の分母は，自己資本や株主資本の場合もあり，「自己資本配当率」や「株主資本配当率」と呼ばれることもあります。

DOEは株主の投資額（利益の内部留保による再投資額を含む）である純資産（自己資本）に対して，どの程度の配当を行うかを示す指標といえます。言い換えると，配当性向のように単年度の業績を見るのではなく，過去からの利益剰余金の蓄積を反映した純資産を基礎として，配当の金額を決定するという考え方です。

なお，東証の決算短信・四半期決算短信作成要領等では，DOE（純資産配当率）は以下の算式で計算すべきこととされています。

$$純資産配当率（連結）= \frac{当該事業年度に基準日が属する普通株式に係る1株当たり個別配当金（合計）}{1株当たり連結純資産（期首・期末平均）}$$

② DOEの特徴

　DOEは，安定配当という志向に合致しやすいという特徴があります。これは，配当性向の分母である当期純利益（フロー数値）に比べて，DOEの分母である純資産（ストック数値）は，変動幅が小さいためです。この点も踏まえて，（安定）配当の基準としてDOEを採用している企業も一定数あります（**Q-28**参照）。

> **コラム　DOEの採用前に自己資本水準の適正化を**
>
> 　DOEを配当方針として採用する場合，まずはそれを乗じる対象，すなわち，自己資本（純資産）の水準を適正化しておく必要があります。この点は自己資本の水準に大きな変動が予定されている場合（例えば，資本効率向上のために大規模な株主還元を行う計画がある場合など）には，特に重要になります。実際に，自社株買いなどで自己資本比率を目標水準まで引き下げ，その後に配当の基準としてDOEを導入した企業もあります。

　株主にとっては，DOEに基づく配当は，配当性向に基づく配当よりも予見可能性が高いうえ，DOEの採用は，「一時的に減益になっても，減配はしたくない」という経営者のメッセージと解釈することもできるため，配当を好む株主には好意的に捉えられるものと考えられます。

　また，企業側にとっても，DOEに基づく配当は支払額が比較的安定するので，配当性向による場合よりもキャッシュ・アウトフローの管理が容易という面があります。ちょうど，借入金の残高に応じて金利を支払うのと同じように，純資産の残高にDOEを乗じた金額を配当として支払うイメージです。

(4) DOEの目安となる水準

　DOE（純資産配当率）については，3％というのが日本企業における1つの目安になります（下記(5)の配当性向との関係もご参照ください）。この点，東証が公表している「決算短信集計結果」によると，2022年度（2022年4月期～2023年3月期）のプライム・スタンダード・グロース上場企業（金融業を除く）の純資産配当率の平均値は3.03％です（過去5年の平均値は2.89％）。

　なお，株主から見れば，DOEは概念的に配当利回りに対応しており，「PBR＝1倍」の場合，（平均的に見れば）DOEは配当利回りに一致します。

(5) DOE＝配当性向×ROE

　ここまでは，配当性向とDOEを全くの別物として取り扱ってきました。しかしながら，実際には，DOEは配当性向と無関係の指標というわけではなく，以下のとおり，自己資本を分母とするDOE（自己資本配当率）の計算式の間に当期純利益を挟むと，「DOE＝配当性向×ROE」という関係が見えてきます。

$$
\begin{aligned}
\text{DOE} &= \frac{\text{配当金}}{\text{自己資本}} \\
&= \frac{\text{配当金}}{\text{当期純利益}} \times \frac{\text{当期純利益}}{\text{自己資本}} \\
&= \text{配当性向} \times \text{ROE}
\end{aligned}
$$

　ちなみに，上記(2)と同じベースで大まかに集計した上場企業の過去5年の平均値を用いて，DOE（自己資本配当率）と配当性向の関係を見ると，**図表30-2**のとおりです。

図表30-2 ■DOEに関するだいたいの数字（過去5年平均）

（注）　DOEの分母を自己資本として計算しているため，上記(4)の純資産配当率とは数字が異なります。

　数字の捉え方としては，配当性向の目安を30%～40%，ROEの目安を10%前後と考えて，DOE（自己資本配当率）の目安は3%～4%と考えておけばよいのではないでしょうか。

Q-31 自社株買い

ペイアウトの手段のうち，自社株買いについての基本的な考え方を教えてください。また，自社株買いは株価上昇につながると言われますが，それはなぜですか？

A

自社株買いは，特に一過性の利益や余剰資金を株主に還元するのに適した手段であり，資本効率の改善を目的として実施される場合もあります。投資家は自社株買いを「自社の株価が割安」というシグナルとして解釈するため，一般に株価にプラスの影響を与えると言われています。

解説

(1) 自社株買いとは

日本経済新聞（2024年3月26日）によると，上場企業の2024年3月期の自社株買い（Keyword 73参照）は前期比9％増の約9兆3,000億円の見通しで，これは過去最高の水準です。企業が積極的に自社株買いを進めている背景としては，東証による資本収益性改善の要請があると考えられますが，そもそもの実態として，企業の手許資金と自己資本（利益剰余金）に余裕があるという状況も窺えます。

Keyword 73 自社株買い

自社株買い（share buyback）は，会計の世界では「自己株式の取得」と呼ばれますが，文字どおり，企業がいったん発行した（自社の）株式を買い戻すことをいいます。そのため，自社株買いには，基本的に新株発行（増資）と逆の効果があります。また，自社株買いは，株主への資金の還元であるため，配当と同じくペイアウトの一手段として位置付けられます。

(2) 自社株買いの目的

ここでは，自社株買いの目的について，全体像を確認します。

① 株主還元（一過性の利益や余剰資金）

自社株買いの主目的は株主還元と考えられます。その意味で，配当と同じ機能を持っていますが，一方で配当とは異なる性質もあります。配当と自社株買いの違いについては**Q-32**で後述しますが，配当と比較した場合，自社株買いの最も際立った特徴は，柔軟性と機動性です。

柔軟性についていうと，長期的に維持可能な利益水準が上昇した場合には，配当水準の引上げにより株主に還元できますが（**Q-29**参照），政策保有株式や遊休不動産の売却による資金回収など，一過性の利益や一時的なキャッシュ・インフローが発生した場合には，水準を維持する必要のない（すなわち，柔軟性の高い）自社株買いによる株主還元のほうが適しています。

また，機動性についていうと，魅力的な投資機会がなく余剰資金が発生しそうな場合や，M&Aの中止等で確保していた資金の使途がなくなった場合などは，配当によって徐々に株主還元していくよりも，自社株買いによって機動的に株主還元するのが効率的と考えられます。

② 資本収益性の改善

自社株買いは，資本効率の改善を目的として実施される場合もあります。すなわち，上記①のとおり，自社株買いの場合，一時に多額の資金を還元することができ，同時に自己資本も圧縮することができます。したがって，仮に利益が一定に保てるのであれば，ROEなどで示される資本収益性は向上すると考えられます。ただし，自社株買いによって，ROEの分子が分母以上の割合で減少する可能性もあるため，「自社株買い→ROEの改善」と短絡的に考えるのは誤りです（詳細については下記**(5)②**参照）。

③ 資本構成の調整

上記②と実質的には同じことですが，自社株買いは，将来見通しの変化が生じた場合に，資本構成の変更を目的として実施されることもあります。例えば，事業環境が改善して業績が安定した場合に，負債比率を引き上げて，資本コス

トの低下や節税効果により企業価値を向上させるという方策が考えられます。この場合，社債などの負債で資金調達を行い，それと自社株買いを組み合わせることにより，総資本を維持しつつ，負債比率を引き上げることができます（**図表31-1**参照）。

図表31-1 ■自社株買いによる資本構成の変更

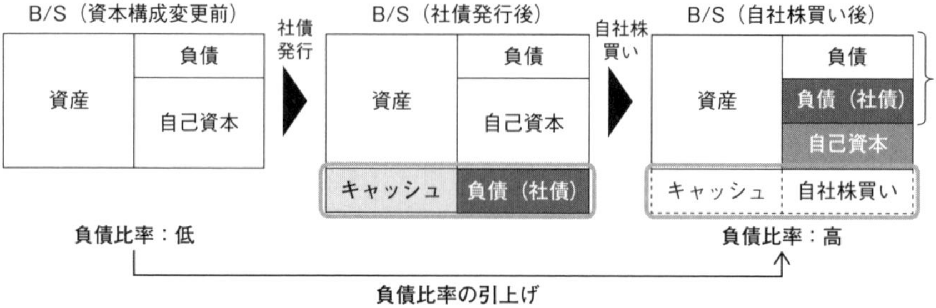

④ 持合い解消の受け皿

株式の相互持合先が，政策保有株式の縮減に伴って自社の株式を大量に売却する場合，株価が下落する可能性があるだけでなく，浮動株が増えて買収のターゲットとなるリスクも高くなります。このような場合，自社株買いを実施することで，自社がその受け皿となることも可能です。

(3) 取得した自己株式の用途

自社株買いにより取得した自己株式については，大きく分けて，以下の3つの使用方法があるため，それぞれの内容を簡単に確認します。

---
① 消却
② 市場での処分
③ 保有継続
---

① 消　却

自己株式の消却とは，文字どおり，買い戻した自己株式を消滅させることをいいます。株式会社は，自己株式を任意に消却することができます。

自己株式の消却により，それが再度市場に放出される懸念がなくなるため，

需給関係が改善し，一般に株価対策としては一定の効果があると言われています。ただし，それが理論的に正しいのかどうかは明らかではありません。自己株式の消却により減少した株式数が二度と増加しないのであれば，確かに需給は改善しているのかもしれません。しかしながら，自己株式を消却したとしても，いつでも新株発行が可能な状況であれば，需給の改善は一時的なものです。

これとは別に，自己株式の消却には，流通株式比率を高める効果もあります。すなわち，東証の上場維持基準には，流通株式比率に係る基準があり（プライム市場であれば，流通株式比率35％以上），これはシンプルには「流通株式数（自己株式数を除く）÷上場株式数（自己株式数を含む）」で計算されます。つまり，自己株式を消却すると，分母である上場株式数が小さくなり，流通株式比率が上昇するということです。

② 市場での処分（資金調達）

自己株式は，会計上は純資産のマイナス項目として処理されるものの（**Q-3**参照），実質的には他社株式と同じ金融資産です。そのため，自己株式を市場で処分することもできます。市場での処分については，株主還元としての自社株買いとは逆の行為であり，新株の発行と同様，資金調達の手段となります。一方で，新株発行の場合に比べると，一般に資金調達に伴う付随費用は大幅に安くなるものと考えられます。

③ 保有継続

最後に，取得した自己株式は，そのまま保有を継続することもできます。

自己株式の保有を継続する場合，将来における用途としては，上記②の市場での処分のほか，M&Aに際して自己株式を対価としたり，合併などの組織再編に際して（新株発行に代えて）自己株式を割り当てたり，という対応も可能です。また，ストック・オプションを含む新株予約権の権利行使があった場合に備えて，あらかじめ自己株式を手当てしておくケースもあります。

なお，一般に投資家は，自己株式の保有継続を好まないと考えられます。これは，将来における自己株式の市場への放出は希薄化の問題などにつながるためです。

(4) 自社株買いのシグナリング効果とは

Q-29のとおり，完全資本市場では，配当政策は企業価値に影響を与えないものとされます（MMの配当無関連命題）。それと同様に考えると，理論上は自社株買いも企業価値に影響を与えないことになります。

しかしながら，これは「自社株買いが投資家に追加の情報をもたらさない」等々の諸条件の下に成り立つものであり，実際には，情報劣位にある投資家は，自社株買いを経営者からのシグナルとして受け取っています。すなわち，自社株買いは，「株価が割安なので，株式を買い戻した」というシグナルと解釈され，一般に株価にプラスの影響を与えます。

実際に，自社株買いにあたっては，株価が重要な決定要因になると考えられます。言い換えると，企業は自社の株式が過小評価されていると判断したタイミングで自社株買いを行うものといえ，その意味で上記のようなシグナリング効果は正しい反応であると考えられます。

ただし，自社株買いのシグナリング効果は，あくまでも一時的なものであり，持続可能な利益水準の上昇を示唆する増配とは性格が異なります。

なお，自社株買いについては，「魅力的な投資機会が少ない」というシグナルと解釈されるリスクもないわけではありません。そのため，キャピタル・アロケーションの一環としての位置付けを投資家にしっかりと伝えることが重要になります。

(5) 自社株買いによるEPSやROEの変化

自社株買いについては，上記(4)とは別に，「EPSやROEを改善させる効果があるため，結果として株価上昇につながる」という議論があります。これについては，「自社株買いによりEPSやROEが改善するか」，また，「EPSやROEの改善は企業価値の向上を意味するか」という2つの視点で考える必要があります。

① EPSの変化

結論からいうと，自社株買いにより，EPS（1株当たり当期純利益）が改善するかどうかは一概にはいえません。まず，EPSの計算式は以下のとおりです（詳細については**Q-7**参照）。

$$\text{EPS(1株当たり当期純利益)} = \frac{\text{当期純利益}}{\text{期中平均発行済株式総数} - \text{期中平均}\textbf{自己株式数}}$$

　自社株買いにより，発行済株式総数が減少するわけではありませんが，EPSの計算上，（期中平均）自己株式数は分母から控除されます。そうすると，自社株買いによりEPSの分母が減少するので，その部分だけに注目すれば，確かにEPSは改善しそうです。

　しかしながら，これは分子への影響を無視しています。仮に自社株買いの原資が完全な余剰資金であれば，その運用利回り（預金金利など）の分しか当期純利益は減少せず，EPSは改善する可能性が高いです。一方で，賃貸不動産などを売却し，その資金を自社株買いに充てる場合，賃貸不動産の利回り分だけ当期純利益が減少するので，この場合はEPSの分母子の減少割合の大小により，EPSが改善するか悪化するかが決まります。つまり，当期純利益の減少割合と（期中平均）株式数の減少割合のどちらが大きいのかという話です。

② ROEの変化

　上記①のEPSに関する議論は，ROEにも当てはまります。すなわち，自社株買いは自動的にROEの改善につながるわけではありません。確実に言えるのは，「自社株買いによりROEの分母である自己資本が減少する」という点だけです。これは会計処理としてそうなるので，疑問の余地はありません。一方で，自社株買いにより，ROEの分子である当期純利益がどうなるかは一概にはいえません。仮に自社株買いの原資が完全な余剰資金であれば，ROEは改善する可能性が高いですが，賃貸不動産などを売却し，その資金を自社株買いに充てるような場合には，ROEの分母子の減少割合の大小により，ROEが改善するか悪化するかが決まります。

③ 企業価値の変化

　仮に上記①や②でEPSやROEが上昇したとしても，それは企業価値（株主価値）の増加と同義ではありません。確かに，自社株買いによる余剰資金の株主還元は，資産効率の向上や資本構成の適正化を通じて株主価値の向上に資するという面はあります。しかしながら，自社株買いにより財務リスクが上昇すれば，株主資本コストの上昇に伴って株主価値が低下する可能性もあるためです

(株主資本コストの上昇に伴ってPERが低下するイメージ。**Q-45**参照)。

まとめると、自社株買いは、EPSやROEの改善につながる可能性が高いといえますが(特に余剰資金を原資とする場合)、必ずしも「自社株買い→EPSやROEの上昇→企業価値の向上」という単純な流れにはならないということです。

(6) 自社株買いにより株価は上昇するか

結局のところ、自社株買いが株価に与える影響はどうなるでしょうか？

ここまで見てきたところでは、自社株買いは、一般に株価の上昇につながる可能性が高いと考えられます。最も大きな要因は、上記(4)のシグナリング効果です。すなわち、企業が自社株買いを行うと、投資家は「経営者が自社の株式を割安だと考えている」と解釈します。そして、実際に自社株買いは株価の水準を睨みながら行われていると考えられ、この解釈は多くの場合正しいものと考えられます(見方を変えると、自社株買いを株価の下落局面で行えば、株価を下支えする効果が見込めるということです)。

また、投資家からの要請を契機として自社株買いを行う場合、それが資本収益性の向上につながり、株価にプラスの影響を与える可能性があります。すなわち、投資家から自社株買いの圧力がかかるのは、多くの場合、過剰な資金保有や消極的な株主還元に起因してその時点の株価が割安になっているケースだからです。さらに、株価を形成する投資家が、単純にEPSやROEの改善を評価すれば、それにより株価が上昇する可能性もあります。

以上をまとめると、**図表31-2**のとおりです。

図表31-2 ■自社株買いと株価の関係

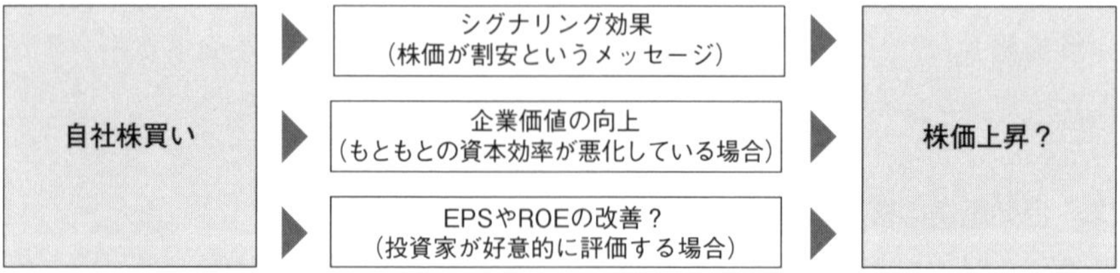

自社株買い	▶	シグナリング効果 (株価が割安というメッセージ)	▶	株価上昇？
	▶	企業価値の向上 (もともとの資本効率が悪化している場合)	▶	
	▶	EPSやROEの改善？ (投資家が好意的に評価する場合)	▶	

なお、より単純な議論として、「自社株買いにより需給関係が改善し、株価が上昇する」という議論もあります。ただ、これも特に理論的に説明できるものではないと考えられます。

Q-32 配当と自社株買いの比較

ペイアウト手段には，大きく分けて配当と自社株買いがありますが，両者の違いについて教えてください。

A

配当と自社株買いは，ペイアウト（株主還元）の手段としての性格は共通していますが，長期的な視点で定期的に実施される配当に比べて，自社株買いはより柔軟かつ機動的に実施可能という違いがあります。また，自社株買いには，配当にはない制約が生じる場合があるなど，その他にも相違点があるため，以下でまとめて解説します。

解説

(1) 配当と自社株買いの共通点

配当と自社株買いを比較すると，配当は全株主に広く薄く剰余金を分配するペイアウト手段である一方，自社株買いは特定の（自社株買いに応じた）株主のみに厚く剰余金を分配するペイアウト手段であるという特徴があります。

このような違いはあるものの，配当と自社株買いは，いずれもペイアウト手段としての性格は共通しており，（個別の株主に着目せず）株主を1つのグループと考えると，その株主グループに利益を還元する手段という意味では同じものといえます。実際に，会社法上はともに分配可能額による規制の対象となり，また，総還元性向（**Q-28**参照）のように，両者を総合した株主還元の指標もあります。

一方で，「両者が代替的な関係にあるか」と問われると，少なくとも実務的には，そのようには考えられていません。特に，企業の立場から見ると，「自社株買いを配当で代替する」という発想はないのではないでしょうか。配当と自社株買いが代替関係にないのは，両者にはいくつかの差異があるからだと考えられます。

(2) 配当と自社株買いの相違点

配当と自社株買いについて，主な相違点をまとめると，以下のとおりです。

① 視点の長短（柔軟性）

まず，配当はその水準を維持する必要があるのに対して，自社株買いは一時的なものです。言い換えると，硬直的な配当に対して，自社株買いは比較的柔軟なペイアウト手段といえます。

つまり，配当の場合，長期的な視点からその水準が決定されるので，余剰資金を一度にまとめて配当するという発想はありません（特別配当などの例外的なケースを除く）。一方，自社株買いの場合，このような制約がないため，一時に株主に資金を返還するのに適しています。これは逆方向（取りやめ）についても同様で，例えば，当初想定していなかった投資機会が出てきた場合，減配（や無配）にして資金を投資に回すという意思決定はハードルが高いですが，自社株買いについては，取りやめや延期も可能と考えられます。

② 実施時期（機動性）

配当は定期的に行うものですが，自社株買いは時期も決まっておらず，より機動的に実行できるものです。したがって，配当の場合，株価を睨みながら実施するという発想はありませんが，自社株買いの場合，株価が割安と判断するタイミングで実施することが基本になります。

上記①と併せて考えると，「配当により安定的に株主還元を実施したうえで，投資機会や株価の状況などを見ながら，適当なタイミングで，上乗せという形で自社株買いを行う」というのが基本的な考え方になります。

③ 株価への影響

配当の場合，それが予定どおりのものであれば，株価への影響は限定的であり，主に増配や減配の意思決定時に株価に影響を与えるものと考えられます。一方，自社株買いの場合，株価の上昇につながる可能性が高いといえます（**Q-31**参照）。これらは，いずれもシグナリング効果に基づく考察です。

④ 議決権比率や流通株式数への影響

　自社株買いについては，配当にはない制約が生じる場合があります。すなわち，自己株式に議決権はないため，配当とは異なり，自社株買いは既存株主の議決権比率を高めることになります。したがって，大口の株主がいる場合，その議決権比率への影響を考えると，自社株買いを行いづらいケースがあります。これは，アクティビストなど特定の株主の議決権比率を高めたくない場合も同様です。

　また，配当は流通株式数には影響を与えませんが，自社株買いはその分だけ流通株式数を減少させ，自社の株式の流動性の低下をもたらします。東証の上場維持基準には，流通株式に係る基準があるため（プライム市場であれば，流通株式数2万単位以上，流通株式時価総額100億円以上，流通株式比率35％以上），上場維持基準に抵触するリスクがある場合は，流通株式数を減少させる自社株買いは行いづらい面があります。

　余談ですが，これらの場合には，特別配当などの一時的な配当を検討することになります。

⑤ 換金及び株主課税の問題

　配当の場合，すべての株主がキャッシュを受け取り，それに伴って，多くの場合，配当に係る税金（法人税や所得税）を課されます。つまり，株主にとっては，企業価値（株主価値）の一部が「株式→配当（キャッシュ）→税金」に形を変えて，消失してしまうということです。

　一方，自社株買いの場合，株式を売却した株主のみがキャッシュを受け取り，もし売却益があれば課税されます（詳細は割愛しますが，みなし配当が発生することもあります）。しかしながら，株式を売却しなかった株主の視点で見ると，自社株買いによって保有株式の株価が上昇したとしても，基本的にそれに課税されることはありません。

　このような違いがあるので，自社株買いを好む株主も存在します。すなわち，配当の場合，その都度株式の一部が換金されてしまい，しかも課税されるので，目減りしたキャッシュを再投資するという非効率性が生じる一方，自社株買いの場合，株式を売却しなければ，このような問題は生じないためです。

⑥ 会計上の取扱い

　会計上の取扱いとして，配当も自社株買いも費用としては認識されず，損益計算書に影響しないという点は共通しています。一方で，厳密にいうと，貸借対照表への影響は異なります。すなわち，配当の場合，基本的に純資産のうち利益剰余金が減少する形となり，ちょうど利益を計上する場合と逆の影響があります。一方，自社株買いの場合，取得した自己株式は，その取得原価をもって，純資産のうち株主資本の末尾に「自己株式」としてマイナス金額で表示されます。

　つまり，大きく見ると，キャッシュと純資産の両方が減少する点は同じですが，純資産の内訳への影響が異なるということです（**図表32-1**参照）。

図表32-1 ■配当と自社株買いの比較

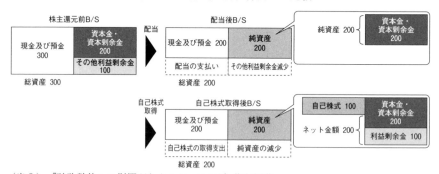

（出典）『財務数値への影響がわかるケース100』佐和周著

第VI章

資本収益性を示す指標

　第VI章では，資本収益性を示す指標について確認します。まず，本書の全体像の中での位置付けは**図表VI-1**のとおりです。

図表VI-1 ■本書の全体像（第VI章の位置付け）

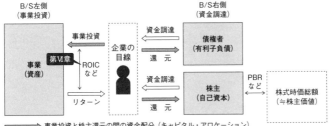

　第IV章で見たとおり，投資額とリターンの関係，つまり，投資効率は常に意識しておく必要があります。もちろん，事前の投資判断はNPVやIRRに基づいて個別の投資案件ごとに行うべきであり，企業価値向上のためにはこれが最も重要なポイントです。しかしながら，投資家との対話のためには，それらを総合した全体的な財務指標を継続的にモニターすることも必要になります。

　資本収益性を測定する指標としては，ROEやROICなどがあり，なかでもROEは注目されています。一方で，社内展開を考えると，ROEよりもROICのほうが使い勝手が良い面があるなど，各指標には特徴があります。

　第III章の資本コストとの関係でいうと，ROEは株主資本コストを，ROICはWACCを，それぞれ上回っていることが重要になります。ただし，資本収益性を示す指標はあくまでも「率」で表現されるものである一方，重要なのは企業価値の向上であるため，売上高や利益などの「額」の成長も併せて考慮すべきといえます。

Q-33 資本収益性を示す指標とその他の指標

企業における財務目標のうち、資本収益性を示す指標について教えてください。また、資本収益性を示す指標さえ高ければ、それで問題はないといえますか？

A

ファイナンスの観点で重要なのは、資本コストと対比すべき資本収益性（投下資本に対するリターンの割合）を示す指標であり、ROEやROICなどがこれに該当します。ただし、資本収益性を示す指標については、単にそれを最大化すればよいという考え方ではなく、成長性や財務健全性などを示す他の指標とのバランスも考慮する必要があります。

解説

(1) 企業や投資家が重視する指標

一般に、企業は中期経営計画などで、財務目標を公表しており、それをもとに投資家と対話を行っていますが、まずはこの点に関する実態を見てみます。生命保険協会の企業・投資家向けアンケート（2023年度版）では、企業に対して「中期経営計画において公表している重要な成果指標（KPI）」、投資家に対して「経営目標として企業が重視することが望ましい具体的指標」をそれぞれ質問しており（いずれも複数選択可）、その結果をランキングの形にまとめたものが**図表33-1**です。

図表33-1 ■中期経営計画において公表している指標と重視すべき指標

	企業の視点	投資家の視点
①	ROE（68.3%）	ROE（90.5%）
②	利益額・利益の伸び率（56.3%）	ROIC（64.3%）
③	売上高・売上高の伸び率（51.8%）	資本コスト（WACC等）（50.0%）

(出典) 一般社団法人生命保険協会『生命保険会社の資産運用を通じた「株式市場の活性

化」と「持続可能な社会の実現」に向けた取組について』(2024年4月公表)をもとに著者作成

① ROEに対する温度差

これによると、ROEは企業と投資家の双方が重視する指標ですが、両者には若干の温度差があり、ROEをKPIとして公表している企業は68.3%であるのに対し、ROEを重視するのが望ましいと考えている投資家は90.5%にも及びます。

日本企業においては、資本収益性に対する意識が希薄であるという指摘があり、2014年に公表された「伊藤レポート」においても、「実際の経営目標として現場に落とし込みにくい」や「レバレッジの考え方が馴染まない」といった理由で、企業側はROEを最重要視しているわけではない点が指摘されています(その当時よりも重視する企業の割合は増えているはずですが)。

なお、前掲の**図表33-1**によると、ROEと同様、ROICや資本コストについても、企業に比べて投資家が重視している一方で、売上高や利益額及びそれらの伸び率については、投資家よりも企業のほうが重視しているという実態が見て取れます。

② 投資家の期待

投資家側の期待は比較的わかりやすく、企業が資本コストについての考え方を示したうえで、経営目標として、対応するROEやROIC等の指標を公表することを望んでいると考えられます。そして、それらを基礎として、資本収益性の向上、ひいては、中長期的な企業価値向上に関する対話を行いたいということです。

コーポレートガバナンス・コードにおいては、中期経営計画(「中計」)が目標未達に終わった場合、その原因や自社が行った対応の内容を十分に分析し、株主に説明を行う必要があるとされています。そのため、企業の立場で見ると、ROEやROICを目標値とするからには、それを適切にコントロールする必要があり、これは経営上のプレッシャーになります。特に、前中計の振り返りがないまま新しい中計を策定している企業や、前中計の未達要因をすべて外部環境に求めている企業においては、このような投資家目線に沿った財務指標の目標値を設定することには抵抗感があるかもしれません。

(2) 資本収益性を示す指標

① ROA・ROE・ROIC

資本収益性を示す指標で一般に用いられているものとしては，以下があります（それぞれの内容は後述します）。

> - ROE（自己資本当期純利益率）＝ $\dfrac{当期純利益}{自己資本}$
> - ROIC（投下資本利益率）＝ $\dfrac{税引後営業利益}{有利子負債＋自己資本}$
> - ROA（総資産利益率）＝ $\dfrac{利益}{総資産}$

資本収益性（資本効率）を示す指標なので当然のことですが，いずれも「率」を表す指標であり，企業の規模の影響を受けにくいという特徴があります。また，同じ「率」を表すフローの収益性指標（例えば，売上高営業利益率）と比べると，ストックである資産などの水準を考慮している点が異なります。

資本収益性を示す指標について目標値を設定するにあたっては，まずは自社の方向性（例えば，財務レバレッジを重視するのかどうか）に一致する指標を選択する必要があります。また，下記②のとおり，全社としての目標値は，各事業部門がコントロール可能な指標に分解して展開する必要があるため，分解のしやすさも重要です。

なお，この中で特に重要視されているのはROEですが，これは「伊藤レポート」において，日本企業が最低限目指すべきROEの目標水準として，具体的な数字（8％）が示されたことが大きな要因になっています。

② 企業内部のコミュニケーション

上記(1)のとおり，少なくともROEについては，投資家のみならず，多くの企業がその重要性を認識しています。一方で，経営者がその重要性を理解していたとしても，それを現場に落とし込んでいけるのかはまた別問題です。

少し整理すると，経営者の立場で見た場合，ROEやROICなどの資本収益性を示す指標は，事業運営の際に必要な情報です（例えば，事業ポートフォリオの見直しの際など。**Q-27**参照）。一方で，その改善のためには，各事業部門が

投資効率に係る問題点を洗い出す必要があるため、事業部門もROEやROICといった指標を参照します。したがって、全社としてROEやROICに関する目標値を設定した場合、コーポレート部門は、それを各事業部門に配分し、全社の目標値を達成できるよう、改善を促すという流れになります。

　これにはまず、ROEの分解という技術的な問題が伴います（後述の**Q-35**参照。程度の差はあれ、ROICについても同様です）。しかしながら、真の問題は、いかに各従業員にROEやROICの意味合いを理解してもらい、自らも関係する目標値であることを認識してもらうか、という点にあります。

　コーポレート部門の立場で考えると、ROEやROICの短期的な改善を図ることも重要ですが、より重要なのは、資本収益性の向上を含めた投資家の期待を社内にわかりやすく伝え、ROEやROICを中長期的に向上させていくことと考えられます。

(3) 他の指標とのバランス

　資本収益性を示す指標については、他の財務指標とのバランスも考慮する必要があります。ここでは、成長性及び財務健全性を示す指標について説明し、さらに株価に関する指標についても確認します。

① 成長性の観点

　資本収益性とのバランスを考えるうえで最も重要なのは、成長性です。つまり、「効率」と「成長」の両立ということです。

　ROE等の資本収益性を示す指標は確かに重要なのですが、それのみを追求すると、縮小均衡の状態に陥ってしまう可能性があります。つまり、ROEなどの指標は極大化を目指すべきものではなく、（仮にROEが下がるとしても）資本コストを上回る投資は実行し、事業の成長も同時に追求する必要があります。したがって、資本収益性を示す指標と併せて、事業の規模や成長性を示す指標もモニターすることが重要です。

　かつての日本企業の「売上至上主義」は批判の対象になりましたが、成長段階の企業や市場拡大期の事業については、売上高を重視し、その成長率をモニターすることは必ずしも悪いことではありません。そのような状況では、逆に資本収益性の短期的な改善を追求し、中長期の成長のための投資を抑制してしまうことのほうが問題になります。

成長性を示す指標の位置付けについては,「事業再編ガイドライン」の参考資料集に以下のようなイメージ図が示されています (**図表33-2**参照)。

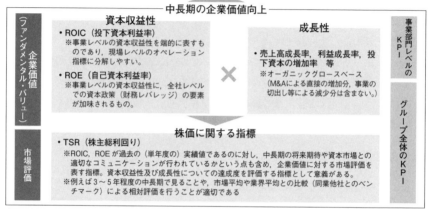

図表33-2 ■経営目標等における具体的な指標の関係性

(出典) 経済産業省 事業再編ガイドライン 参考資料集

図表33-2では,成長性を示す指標として,オーガニック・グロース (Keyword 74参照) に基づく「売上高成長率」や「利益成長率」が挙げられていますが,上記(1)の企業・投資家向けアンケートでも,企業が売上高や利益の伸び率を重視していることが明らかになっています。ROE等の指標とセットで考えるのであれば,これは合理的な目標設定と考えられます。

Keyword 74　オーガニック・グロース

オーガニック・グロース (organic growth) とは,既存事業に係る(売上高等の)成長を意味し,M&A等による成長を意味するインオーガニック・グロース (inorganic growth) と対になる用語です。一般に,オーガニック・グロースによる成長率というのは,買収などの影響を除いた成長率を意味します。

実務上は,「将来の一定の年度までに一定金額の売上高を達成する」という目標を設定する場合もあれば,(それを達成できるような) 売上高に係るCAGR (Keyword 75参照) を成長性の指標として用いる場合もあります。

Keyword 75　CAGR（年平均成長率）

　CAGR（compound annual growth rate）とは，複利計算した年平均成長率を意味します。つまり，複数年における成長について，あたかも年単位で一定の割合で成長するかのように測定した成長率をいいます。CAGRは，売上高や営業利益について計算することが多く，市場成長率と比較することもあります。

　その他の成長性に関する指標として，前掲の**図表33-2**では，「投下資本の増加率」が挙げられています。それ以外では，EBITDAの水準やその（年平均）成長率なども指標としてよく用いられるところです。また，少し見方を変えて，売上高に対する研究開発費の比率など，将来に向けた投資に係る指標を用いて成長性を捉えることも可能です。さらに，海外売上高比率についても，日本国内に成長の余地が少ない企業にとっては成長性を示す指標になりえます。

② 　財務健全性の観点

　資本収益性とのバランスという意味では，財務健全性という観点も重要であり，資本収益性（や成長性）の追求にあたっては，一定の財務規律を保つ必要があります。例えば，財務レバレッジを高めればROEを引き上げることはできますが（後述の**Q-35**参照），一方で資金調達を安定的に行えるレベルの財務健全性は常に求められるわけで，両者のバランスを考えるべきということです。

　これは，端的には，資本構成の問題であり，負債比率や自己資本比率に関する目標値に設定し，シングルAなどの一定の格付けを維持できる範囲内で，資本収益性を追求するという考え方が多いと思われます（**Q-18**参照）。

③ 　市場評価の観点

　前掲の**図表33-2**には，「資本収益性」や「成長性」に加えて，市場評価を示す「株価に関する指標」という位置付けで，TSR（Keyword 76参照）も挙げられています。

Keyword 76　TSR（株主総利回り）

　TSRとは，total shareholder return（株主総利回り）の略であり，文字どおり，株主に対する総合的なリターンを測定するための指標です。株主にとってのリターンはキャピタル・ゲイン（値上がり益）とインカム・ゲイン（配当）により構成されるため，TSRについては，以下の算式のとおり，その両者を株主の投資額で除した比率として計算されます（ただし，厳密には分子はキャピタル・ゲインではありません）。

$$\text{TSR} = \frac{\text{直近の株価} + \text{配当金（累計）}}{\text{当初の株価（＝株主の投資額）}}$$

　なお，TSRは有価証券報告書にも開示されていますが，そこでは，以下のような算式により，5年前の株価を基準とした比率として算定されます。

$$\text{TSR} = \frac{\text{事業年度末日の株価} + 4\text{事業年度前からの1株当たり配当額の累計額}}{5\text{事業年度前の末日の株価}}$$

　企業にとっての究極の目的が企業価値の向上であることを考えると，資本収益性や成長性に関する指標の改善はその一過程に過ぎず，真の意味で重要なのは中長期的な株価水準と考えられます。TSRは，このような考え方に基づき，株主（投資家）目線で，短期的な評価である配当のみならず，中長期的な評価である株価も考慮した指標といえます。言い換えると，TSRを重視する企業では，業績や配当だけでなく，株価も経営の成果として求められることになります。

コラム　TSRは中長期的視点で相対評価すべき

　前掲の**図表33-2**では，TSRは市場評価を表す指標として，「資本収益性及び成長性についての達成度」を評価するための指標という位置付けになっています。
　そして，単年度の実績値であるROICやROEに対して，TSRは中長期（3～5年程度）で見ることが適切とされており，実際に上記の有価証券報告書における開示でも，5年前の株価を基礎としています。また，「伊藤レポート2.0」においても，中長期の株主に対してリターンを示す際，「過去5～10年，自社に投資を行った場合のTSRの水準」を示すことが考えられるとしています。

もう1つ，TSRは「市場平均や業界平均との比較」による相対評価を行うことが適切とされており，実際に有価証券報告書においても，比較指標として配当込みTOPIXの利回りを記載します。また，統合報告書などで自社のTSRの推移をグラフで示す際にも，TOPIXや業界平均のTSRと並べて表記することが多いと考えられます（特に自社のTSRが業界平均よりも高い場合）。

　なお，少し視点を変えると，TSRについては，同業他社のベンチマーク分析も重要であり，仮に長期的に見てTSRの水準に大きな乖離が見られるようであれば，異常値を示すシグナルとして捉えるべきといえます。

Q-34 ROA

資本収益性を示す指標のうち,ROAについて教えてください。

A

ROAは,総資産に対する利益率をいい,分子の利益指標としては経常利益・営業利益・当期純利益などを用います。一方,分母は総資産であり,資本構成の影響を受けないため,経営者の目線に合致する指標と整理できます。ROAを分析する際には,「売上高利益率×総資産回転率」という2つの指標に分解すると便利です。

解説

(1) ROAとは

経営者の目線で資本収益性を見るための指標として,ROA(Keyword 77参照)があります。

Keyword 77 ROA(総資産利益率)

ROA(return on assets:総資産利益率)とは,投下資本としての総資産に対する利益率であり,明確な定義はありませんが,経常利益や営業利益などの利益指標を総資産で除して計算されます(算式は以下のとおり)。

$$ROA = \frac{利益}{総資産}$$

ROAは,企業のすべての保有資産に対する利回りを示しています。分母の総資産には政策保有株式や遊休不動産なども含まれるため,ROICに比べると調整の余地が小さい指標でもあります。

一方で,債権の流動化や固定資産のリース切替えなどにより,総資産の金額自体をコントロールすることは可能です。その意味で,総資産を基礎とするROAは,自己資本(≒純資産)を基礎とするROEよりも調整の余地が大きい指標という見方もできます。

ROAの分母は貸借対照表の資産サイドしか見ていないので，資本構成は関係しません。そのため，ROAの分子についても，資本構成の影響を受けない利益指標の採用が望ましいといえますが，実際には以下の3パターンがあります。

> **ROAの分子として用いる利益指標**
> ① 経常利益（＋支払利息）
> ② 営業利益（＋受取利息及び配当金）
> ③ 当期純利益

① 分子＝経常利益

ROAの分子の利益については，経常利益を使うことが最も多いと考えられます。例えば，東証の決算短信・四半期決算短信作成要領等においては，ROA（総資産経常利益率）は以下の算式で計算すべきこととされています。

$$総資産経常利益率 = \frac{経常利益}{総資産（期首・期末平均）}$$

一方で，分母の総資産との対応を考えると，理論的には支払利息控除前の利益指標のほうが適切といえます。すなわち，ROAの分母は総資産，言い換えると，「負債＋自己資本」なので，分子には負債に係るリターンも含めるべきだからです。このような趣旨で，支払利息控除後の数値である経常利益をそのまま使うのではなく，それに支払利息を足し戻すケースもあります。

② 分子＝営業利益

ROAの分子については，逆に営業利益からアプローチすることもあります。営業利益はそもそも支払利息控除前の数値なので，経常利益のような問題がないためです。

一方で，営業利益は受取利息及び配当金を含みません。ROAは，その算式から，企業が保有しているすべての資産のリターンを見る指標であり，資産には貸付金や有価証券も含まれます。そのため，営業利益に受取利息及び配当金（営業外収益）を加算したものを分子として用いる場合もあります。また，関

連会社株式が重要であれば、持分法による投資損益を加算するケースもあります（**図表34-1**参照）。

図表34-1 ■ROAの分子として何を使うか

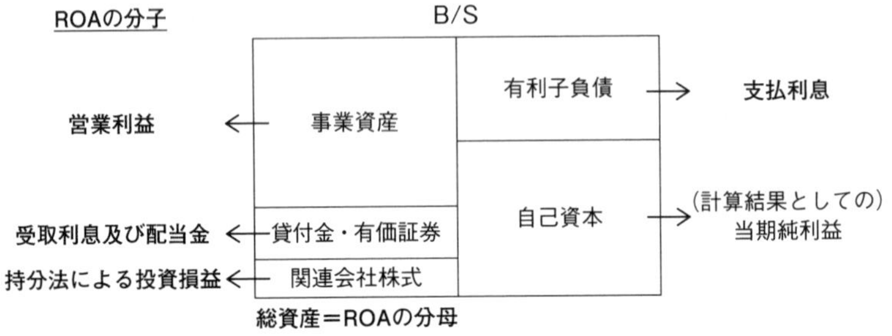

```
ROAの分子              B/S
                ┌─────────┬─────────┐
営業利益    ←──│ 事業資産 │有利子負債│──→ 支払利息
                │         ├─────────┤
                │         │         │    （計算結果としての）
受取利息及び配当金 ←─│貸付金・有価証券│ 自己資本 │──→ 当期純利益
持分法による投資損益 ←─│関連会社株式│         │
                └─────────┴─────────┘
                総資産＝ROAの分母
```

③　分子＝当期純利益

ROEとの関係を見るときには、ROAの分子として当期純利益を使うこともあります。これは、分母との対応という理由ではなく、「ROA＝当期純利益÷総資産」としておけば、ROEを「ROA×財務レバレッジ」という形に分解しやすいという理由によります（下記(5)参照）。

(2) 経営者目線の指標

ROEを株主から見た投資（資本）効率と考えるのであれば、ROAは企業（経営者）から見た投資効率と整理することができます。すなわち、ROAは総資産に係る利回りなので、資本構成は影響しません。その意味では、株主や債権者という目線ではなく、経営者の目線に合致する指標であり、自社の全体的な投資効率を表していると解釈できます。特に事業の性質上、多額の設備投資が求められる企業では、過去の投資がしっかりと利益を生んでいることを確認するために、ROAの水準をモニターしておくことが重要になります。

また、ROAの水準はROEの基礎となるため（下記(5)参照）、ROEの改善という意味でも、ROAは重要になります。特に、コーポレート部門が目標値を各事業部門へ展開する際、（ROEに比べて）ROAは使い勝手がよいと考えられます（下記(6)参照）。

さらに、ROAは、経営者が競合他社をベンチマークする際にも有用です。すなわち、ROAについては、分母子とも財務諸表から簡単に取ってこれる数

字なので,競合他社のROAを計算し,自社と比較することも容易といえます（セグメント情報を利用すれば,セグメント別のROAを計算して,事業別に比較することも可能です）。

(3) ROAの分解

① ROA＝売上高利益率×総資産回転率

次に,ROAの意味合いを考えるためにROAを分解してみます。ROAの計算式に売上高を挟むことで,ROAを売上高利益率と総資産回転率という2つの指標に分解することができます。

$$
\begin{aligned}
\text{ROA} &= \frac{利益}{総資産} \\
&= \frac{利益}{売上高} \times \frac{売上高}{総資産} \\
&= 売上高利益率 \times 総資産回転率
\end{aligned}
$$

これら2つの指標は,それぞれ「フローで見た収益性」と「資産効率」を示すものと解釈され,いずれも非常に重要な指標です。また,売上高利益率と総資産回転率のそれぞれの水準を見ることで,ある程度事業の特徴が見えてきます。例えば,薄利多売型であれば,売上高利益率が低くて総資産回転率が高いという傾向があり,逆に高付加価値型であれば,売上高利益率が高くて総資産回転率が低いという傾向があります。

② ROAの改善策

上記①の計算式より,ROAの改善のためには,売上高利益率または総資産回転率の改善が必要です。

まずはそれぞれの要素について,一定期間（例えば,5年）の時系列データを追い,競合他社のベンチマーク分析を行うことで,自社の要改善点を明確化します。仮に競合他社に比較して売上高利益率が低い場合,原価率や販管費率の改善が必要であり,値上げやコスト削減が主な対策になる一方,総資産回転率が低い場合,棚卸資産回転率や有形固定資産回転率の改善が必要であり,資産（在庫や設備）の圧縮が主な対策になります。ただし,不採算事業の売却など,両指標を同時に改善させるような対策も考えられます。これらは基本的に

ROEの改善策と同様であるため，詳細については後述の**Q-37**をご参照ください。

> **コラム** 分解後の指標がトレードオフの関係にある場合
>
> これはROAに限った話ではないですが，ある指標を複数の要素に分解した場合，各要素が数値として独立しているかどうかには注意が必要です。言い換えると，各要素がトレードオフの関係にあり，1つの要素の改善が他の要素の悪化につながる場合もあるということです。この点，上記の「売上高利益率」と「総資産回転率」は，一般にトレードオフの関係にあります。そのため，両方を同時に改善するというよりは，バランスを見ながら，一方に重点を置いて改善を進めることになります。

(4) 日本企業のROAはだいたいどれくらいか

東証が公表している「決算短信集計結果」によると，2022年度（2022年4月期～2023年3月期）のプライム・スタンダード・グロース上場企業（金融業を除く）の総資産経常利益率の平均値は4.46％です。そして，これを営業利益ベース（総資産営業利益率）に修正すると3.78％になります。また，2022年度までの5年間の単純平均を見ると，総資産経常利益率は4.07％，総資産営業利益率は3.52％です。

ROAの過去5年間の平均値をもとに，多少正確性を犠牲にしつつも，記憶しやすいように適当に数字を丸めると，**図表34-2**のとおりです。

図表34-2 ■ROAに関するだいたいの数字（過去5年平均）

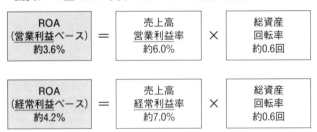

(5) ROEとの関係

ここでは，ROAとROEの関係を整理します。まず，ROEの計算式（**Q-35**参照）に総資産を挟むことで，ROEを以下のような2つの要素に分解できます。

$$\text{ROE} = \frac{\text{当期純利益}}{\text{自己資本}} = \frac{\text{当期純利益}}{\text{総資産}} \times \frac{\text{総資産}}{\text{自己資本}}$$

上記(1)③のとおり，ROAの分子として当期純利益を用いると（つまり，「ROA＝当期純利益÷総資産」），上式は以下のように表現できます。

$$\text{ROE} = \text{ROA} \times \text{財務レバレッジ}$$

ここからわかるのは，ROEが財務レバレッジ（＝総資産÷自己資本）の影響を受ける一方，ROAはその直接的な影響を受けないということです。また，ROAの改善は容易ではない一方，ROEの改善はある意味で容易である（財務レバレッジを引き上げればよい）という構造についても，この算式から見えてきます。

もう少しいうと，例えば，ROA（当期純利益ベース）が2.5%の状況で，ROEの目標値を10%と設定するのであれば，財務レバレッジは4倍（＝10%÷2.5%）必要になります（自己資本比率で見れば，その逆数の25%です）。あまり意味のある計算ではないですが，資本構成を変更してROEの目標値を達成しようとする場合，このような計算が役に立つかもしれません。

ちなみに，上記(4)と同じベースで大まかに集計した上場企業の過去5年の平均値でみると，ROEとROAの関係は，**図表34-3**のとおりです（著者が集計して丸めた数字なので，正確なものではありません）。

図表34-3 ■だいたいの数字で見るROAとROEの関係（過去5年平均）

ROE 約8.3%	＝	ROA（当期純利益ベース）約2.7%	×	財務レバレッジ 約3.1倍

(6) 事業別ROAによる管理

　上記(5)のとおり，ROEはROAと財務レバレッジの積として計算できるため，ROEを目標値とする企業においては，ROAを各事業部門へ展開することも選択肢の1つになります。

　すなわち，**Q-35**で後述するとおり，ROEの問題として，分母が自己資本であり，事業部門に展開しづらいという点があります。一方で，ROAの分母は総資産なので，事業部門への展開も相対的に容易です。そのため，全社としてはROEを目標値としつつ，各事業部門にはROAを目標値として展開するという方法があります。上記(3)のようにROAを「売上高利益率×総資産回転率」に分解して，事業部門ごとに利益率の改善や資産回転率の向上（総資産の圧縮）などを目標値として設定すれば，事業部門も理解しやすいのではないでしょうか。ただし，この場合，財務レバレッジについては，別途コーポレート部門で管理する必要があります。

　ちなみに，ROAの分母は総資産なので，調達サイドで見れば買掛金などの事業負債が含まれているという整理になり，資本コストとの比較がしづらいという問題点があります。そのため，近年は，資本コストを意識した経営という観点から，事業別に管理可能であり，かつ，資本コスト（WACC）とも比較可能なROICのほうが重視される傾向にあります。

Q-35 ROE①：重視される理由

資本収益性を示す指標のうち，ROEについて教えてください。また，ROEの水準には財務レバレッジが影響すると言われますが，それはどういうことですか？ なお，ROEがこれほど重視される背景についても併せて教えてください。

A

ROEは，株主の投下資本に対する利益率であり，当期純利益を自己資本で除して計算されます。ROEを「売上高当期純利益率×総資産回転率×財務レバレッジ」という3つの要素に分解すれば，財務レバレッジの水準がROEの水準に影響することがわかります。ROEは，資本収益性を示す指標のうち，最も重要と言われていますが，その背景としては「伊藤レポート」が「ROE＞8％」という水準を提示したことが大きく影響しています。

解 説

(1) ROEとは

株主の目線で資本収益性を見るための指標として，ROE（Keyword 78参照）があります。

Keyword 78 ROE（自己資本当期純利益率）

ROE（return on equity：自己資本当期純利益率）とは，株主の投下資本に対する利益率であり，以下の算式のとおり，当期純利益を自己資本で除して計算されます。

$$ROE = \frac{当期純利益}{自己資本}$$

ROEは，資本収益性を示す指標のうち，最も重要と言われています。また，ROEは株主目線の指標ですが，当期純利益や自己資本といった，経営者が重視する会計数値をもとに計算されるため，経営者の立場からも比較的納得感の得られる指標と

考えられます。

　なお，ROE（自己資本当期純利益率）のより正確な定義としては，東証の決算短信・四半期決算短信作成要領等に示されており，具体的には，以下の算式で計算すべきこととされています。

$$\text{自己資本当期純利益率} = \frac{\text{親会社株主に帰属する当期純利益}}{\text{自己資本（期首・期末平均）}}$$
ただし，自己資本＝純資産合計－株式引受権－新株予約権－非支配株主持分

　上記は連結ベースのROEの定義ですが，分母から非支配株主持分（連結子会社のマイナー出資者の持分）は除かれており，それとの対応で，分子も親会社株主に帰属する当期純利益とされています。つまり，分母子とも，非支配株主に帰属する部分は除外されているということです。

(2) ROEの分解と財務レバレッジの影響

　ROEの大きな特徴として，事業面（収益性）だけでなく，財務面（資本構成）の影響も受けるという点があります。この点は，以下のようにROEを複数の指標に分解することにより明らかになります。

$$\begin{aligned}
\text{ROE} &= \frac{\text{当期純利益}}{\text{自己資本}} \\
&= \frac{\text{当期純利益}}{\text{売上高}} \times \frac{\text{売上高}}{\text{総資産}} \times \frac{\text{総資産}}{\text{自己資本}} \\
&= \text{売上高当期純利益率} \times \text{総資産回転率} \times \text{財務レバレッジ}
\end{aligned}$$

　一般に，1項目の「売上高当期純利益率」は収益性，2項目の「総資産回転率」は効率性，3項目の「財務レバレッジ」は安全性（資本構成）を示すと言われます。このうち，財務レバレッジ（＝総資産÷自己資本）がROE特有の要素であり（売上高利益率と総資産回転率についてはROAの構成要素と同様），ROEが資本構成の影響を受けることを示しています。

　上式だけを見ると，負債比率を引き上げるなどして財務レバレッジを高めると，ROEは上昇しそうです。しかしながら，実際には，有利子負債を増やすと，その分だけ利払いの負担も重くなります。そのため，ROAが負債の利率を上回っているなど，一定の収益性の確保が条件になります。

一方で，**Q-11**のとおり，負債比率を引き上げた場合には，利払いによる固定的なキャッシュ・アウトフローが相対的に大きくなるので，結果として利払後の利益の変動は大きくなり，ROEもブレやすくなります。この点も，ROEが事業リスクのみならず，財務リスクも反映した指標であることを示しています。ちなみに，これは株主にとってのリスクの上昇を意味するので，（ROEに対応する）株主資本コストも上昇すると考えられます。

(3) なぜROEが重視されるのか

Q-33のとおり，生命保険協会の企業・投資家向けアンケート（2023年度版）によると，90％以上の投資家がROEを重要な指標として捉えています。

ROEが重視される１つの理由は，それが株主目線の指標だからです。すなわち，ROEは，株主に帰属する自己資本を分母として，株主に帰属する当期純利益を分子として計算されるため，ある意味で株主にとっての投資利回りを示す指標と解釈できます。**Q-44**で後述する残余利益モデルで見ると，ROEが株主資本コストを上回れば，それにより株主価値が創出されていることになるため，理論的にもROEが重視されるのは納得できます。

> **コラム　企業がROEを重視する理由**
>
> 投資家ほどではないにせよ，企業もROEを重視していますが，必ずしも企業は「ROEは自社にとって本質的に重要な指標である」とは考えていないというのが著者の印象です。むしろ，ROEが重視されるのは，より「外向き」の理由があるのではないかと思われます。すなわち，「伊藤レポート」で「ROE＞8％」という水準が提示され，米国の大手議決権行使助言会社の議決権行使助言基準でもROEの水準が取り上げられたから，という側面もあるのではないでしょうか（下記(4)参照）。つまり，ROEが企業にとって本当に重要な指標であるかどうかは別にして，投資家がROEを重視しているのであれば，ROEの水準により株価が左右されるわけなので，企業としてもROEを重視せざるをえない状況にあるということです。

(4) 求められるROEの水準

ここでは，求められるROEの水準について考えます。

そもそもROEについては，単純に高ければ高いほどよいという指標ではあ

りません。すなわち、あくまでもリスクとの関係でその水準を見る必要があり、端的には、リスクを反映した株主資本コストを上回っていることが重要です。言い換えると、その企業が行っている事業が低リスクであれば、資本コストは相対的に低くなるはずなので、低いROEも正当化されます。株主の目線で見れば、低リスクの金融商品の利回りが低いのと同じことです。逆に、一貫してROEが高水準なのであれば、おそらくその企業が負っているリスクの水準は高い（資本コストも高い）ものと推測されます。

そのため、ROEの目標値を設定するのであれば、前提として自社の株主資本コストを把握しておく必要があります（**Q-12**参照）。逆にいうと、資本コストは各企業のリスクに対応するものなので、自社のROEを日本企業の平均と比較したり、8％などの固定的な水準と比較したりすることに、必ずしも意味はありません。以下では、この点を前提に話を進めます。

① ROE＞8％？

一般に「ROEは8％を超える水準が求められる」という論調がありますが、これは2014年に公表された「伊藤レポート」に端を発します。「伊藤レポート」におけるロジックを簡単にまとめると、以下のとおりです。

- ROEの水準を評価する際、最も重要な概念が資本コスト
- 長期的に資本コストを上回る利益を生む企業こそが価値創造企業
- グローバルな機関投資家が日本企業に期待する資本コストの平均は7％超であり、ROEが8％を超える水準で、約9割のグローバル投資家が想定する資本コストを上回る
- 個々の企業の資本コストの水準は異なるが、グローバルな投資家と対話をする際の最低ラインとして8％を上回るROEを達成することに各企業はコミットすべき

上記において重要なのは、ROE8％というのは、あくまでもグローバルな投資家と対話をする際の「最低ライン」だということです。そのため、ROEが8％を上回っている企業においても、より高い水準を目指すべきとされています。つまり、重要なのは、「ROE8％を達成すること」ではなく、「ROEを高めて持続的な成長につなげていくこと」といえます。

② 5年平均ROE≧5％？

ROEについては、上記①の「伊藤レポート」における「8％」という水準のほかに、「5％」という水準も意識されます。これは、米国の大手議決権行使助言会社であるISS（Institutional Shareholder Services, Inc.）が、日本向け議決権行使助言基準において設定している水準です。すなわち、同基準では、「資本生産性が低く、かつ改善傾向にない場合、経営トップ（通常は会長・社長）である取締役の選任案件について反対を推奨する」としています（このROE基準は、コロナ禍で2023年まで停止されていましたが、2024年から再開されています）。

この場合の「資本生産性が低い」というのは、「過去5期平均の自己資本利益率（ROE）が5％を下回っている」ことを意味しますが、過去5期の平均ROEが5％未満でも、直近の会計年度のROEが5％以上ある場合は、改善傾向にあるものとして、反対推奨はしないとされています。

このような議決権行使助言基準は、機関投資家が中長期的な資本生産性の改善を重視していることを示しています。端的には、投資先のROEが資本コストを下回る水準で、かつ、その水準が継続するようであれば、経営トップは株主の期待に応えられていないため、株主としては信認しないということです。

ただし、注意を要するのは、ISSの議決権行使助言基準でも明記されているように、このROE基準はあくまでも最低水準であり、日本企業が目指すべきゴールとの位置付けではないという点です（「伊藤レポート」と同様の考え方です）。

⑸ **日本企業のROEはだいたいどれくらいか**

上記⑷のとおり、ROEの目安としては、5％以上（過去5期平均）や8％超という基準（最低水準）があります。

この点について少し実態を見てみます。まず、東証が公表している「決算短信集計結果」によると、2022年度（2022年4月期～2023年3月期）のプライム・スタンダード・グロース上場企業（金融業を除く）の自己資本当期純利益率（ROE）の平均値は9.10％であり、2022年度までの5年間の単純平均は8.26％です。

ROEの過去5年間の平均値をもとに、多少正確性を犠牲にしつつも、記憶しやすいように適当に数字を丸めると、上記⑵の分解式の内訳は**図表35-1**の

とおりです。

図表35-1 ■ROEに関するだいたいの数字（過去5年平均）

次に，上記(3)の企業・投資家向けアンケートでは，「資本コストや資本収益性の分析・評価に基づいたROE目標設定と水準向上」という項目があり，図表35-2のとおり，投資家が考える「中長期的に望ましいROE水準」と対比する形で，上場企業のROE水準の分布が示されています。

図表35-2 ■ 中長期的に望ましいROE水準と実際のROE水準

（図1）【投資家向け】中長期的に望ましいROE水準

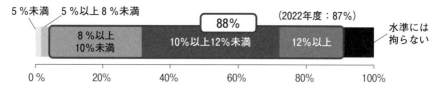

（図2）【投資家向け】投融資先に求めるROEの最低水準

＜参考＞ 上場企業のROE水準の分布（実績）

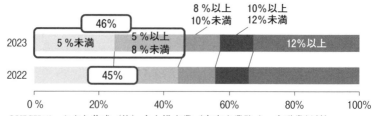

（出所） QUICKデータより作成（注）全上場企業（赤字企業除く，金融業以外）
（出典） 一般社団法人生命保険協会 『生命保険会社の資産運用を通じた「株式市場の活性化」と「持続可能な社会の実現」に向けた取組について』（2024年4月公表）

ここからわかるのは，ROEの水準として，10％以上の企業も多く見られる一方で，上場企業の半数近くは8％未満に止まっているということです。これに対して，投資家の88％は中長期的に8％以上のROE水準を期待しており，また，半数が8％以上をROEの最低水準と考えている（10％以上の水準を期待している投資家も多い）ため，企業の実情とは一定のギャップがあるといえそうです。

(6)　社内展開の難しさ

　社外（投資家）との関係を考えると，ROEは重要な財務指標ですが，一方で社内との関係を考えると，ROEには「目標値を事業部門に割り振りにくい」という問題があります。これは，端的には，ROEの分母が自己資本だからです。すなわち，ROEを事業部門に展開するためには，事業部門別の自己資本が必要になりますが，通常は各事業部門に自己資本を割り振る意味は乏しいと考えられます。

　この場合，対社外ではROEの目標値を示しながら，対社内ではROAやROICなどの他の指標を使う方法があります。例えば，ROAについていうと，ROEをROA（分子の利益を当期純利益とするもの）と財務レバレッジとに分け，各事業部門には，ROAを目標値として設定する方法が考えられます（**Q-34**参照）。同様に，ROICも事業部門への展開が可能ですが，ROICによる管理は事業部門に資本コストを意識してもらう契機にもなるため，業績管理という意味ではROAよりも好ましいかもしれません（**Q-39**参照）。

Q-36　ROE②：8％と比較することの意味

一般に「ROEは8％超の水準が求められる」という論調がありますが，ROEを8％という固定的な水準と比較することの意味合いを教えてください。

A

ROEを8％という固定的な水準と比較することに，必ずしも意味はありません。ROEに対応する資本コストの水準は企業ごとに異なり，必ずしも8％という水準とは一致しないためです。しかしながら，ROEの改善は企業価値の向上につながる可能性が高いため，長期的な視点でROEの改善策を検討すること自体には大きな意味があると考えられます。

解説

(1) なぜ8％が基準になるのか

「ROE＞8％」という点について，「伊藤レポート」におけるロジックを再度確認すると，以下のとおりです。

- ROEの水準を評価する際，最も重要な概念が資本コスト
- 長期的に資本コストを上回る利益を生む企業こそが価値創造企業
- グローバルな機関投資家が日本企業に期待する資本コストの平均は7％超であり，ROEが8％を超える水準で，約9割のグローバル投資家が想定する資本コストを上回る
- 個々の企業の資本コストの水準は異なるが，グローバルな投資家と対話をする際の最低ラインとして8％を上回るROEを達成することに各企業はコミットすべき

ここで言われているのは，企業は長期的に資本コストを上回るリターンを生み出す必要がある一方，資本コストの水準は企業ごとに異なるということです。にもかかわらず，「ROE＞8％」という水準に言及されているのは，それによ

り大半（約9割）のグローバル投資家が想定する資本コストを上回るからとされています。

これを踏まえると，何よりも重要なのは，以下の2点です。

> (i) 自社の資本コストを把握すること
> (ii) 資本コストを上回るリターンを稼得すること

① 自社の資本コストの把握

上記(i)については，自社の資本コストの水準について投資家と議論すべきです。株主資本コストは企業（事業）によって異なるため，必ずしも8％を超えているとは限りません（低リスクの業界に所属し，業績が安定している企業など）。逆に，「伊藤レポート」が公表された2014年と比較して，金利水準が上昇しているのであれば，基準となる株主資本コストも上昇しているかもしれません。

Q-15のとおり，生命保険協会の企業・投資家向けアンケート（2023年度版）によると，株主資本コストを算出していない企業の割合は28％もあり，この点がそもそも問題と考えられます。

② 資本コストを上回るリターンの稼得

上記(ii)については，資本コストを上回るリターンの稼得を確認するための指標がROEでよいのかは必ずしも明らかではありません（下記(2)参照）。しかしながら，ROEで測定するかどうかは別にして，資本収益性の改善が企業価値の向上に寄与すること，及び投資家が資本収益性の改善を期待していること，は間違いのないところです。

なお，上記の企業・投資家向けアンケートにおいては，「ROEが資本コストを上回っているかどうか」について，52.9％の企業が「上回っている」と考えているのに対して，62.7％の投資家が「下回っている」と考えているという結果が出ています。その意味では，やはり自社の資本コスト，言い換えると，超えるべきハードル自体について，投資家と認識をすり合わせることが重要と考えられます。

(2) ROEと株主資本コストは比較できるのか

一般に「ROEと株主資本コスト」は，少なくとも概念的には対応するものと理解されており（**Q-19**参照），上記の「伊藤レポート」の考え方もその前提によっています。しかしながら，少し考えてみると，両者の対応関係は必ずしも自明のことではなく，あやふやな根拠に基づいているものだとわかります。

1つには時点の問題があります。すなわち，ROEは基本的に過去の一定期間の実績値である一方，株主資本コストは（株主の要求収益率という意味で）将来の予想値です。

また，仮に時点の問題を無視したとしても，帳簿価額（簿価）の取扱いという別の問題もあります。すなわち，資本コストに帳簿価額という概念はありません。投資家は会計上の利益ではなくキャッシュ・フロー（CF）を見ており，投資家が考える利回りは時価ベースです。一方で，ROEの分母は自己資本であり，これは帳簿価額を基礎とする数値です（**図表36-1**参照）。実際のところ，帳簿価額は単純に財務会計上の記録に過ぎないので，一定の金融資産を除いて，単純に時価と比較できるものではありません（**Q-3**参照）。また，ROEの分子である当期純利益についても，CFではないため，言い方は悪いですが，ある程度は調整可能なものです。

図表36-1 ■ROEは株主資本コストと比較できるのか？

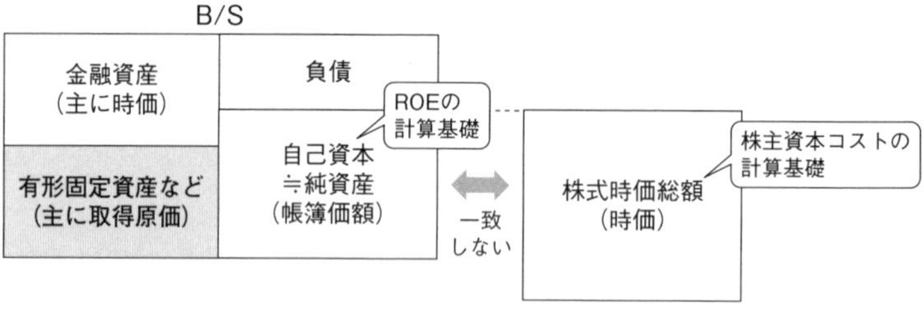

B/S	
金融資産（主に時価）	負債
有形固定資産など（主に取得原価）	自己資本 ≒ 純資産（帳簿価額）

ROEの計算基礎 ⇔ 株式時価総額（時価） 株主資本コストの計算基礎
一致しない

下記(3)のとおり，ROEと資本コストの比較には一定の意味はありますが，「両者は厳密な意味で比較が可能なものではない」という点だけは，しっかりと理解しておくべきといえます。

(3) ROEという指標をどのように扱えばよいか

以上より，ROEを8％という固定的な水準と比較することの違和感は，以下により生じていると考えられます。

> （i）ROEと比較すべき株主資本コストの水準は企業ごとに異なる
> （ii）そもそも簿価ベースのROEは時価ベースの資本コストと比較できない

だからといって，ROEを8％と比較することに意味がないかといえば，個人的にはそうは思いません。これは，以下のとおり，ROEの改善が企業価値の向上につながる可能性が高いためです。

① ROEは向上させればよい

Q-35のとおり，ROEについて，投資家は基本的に8％以上の水準を期待しており，さらにいうと，10％以上の水準を期待している投資家も多い状況です。一方で，上場企業の半数近くがROE8％未満に止まっている現状に鑑みると，仮にROEが資本コストと対応しないものだとしても，ROEを向上させる，言い換えると，（過度に財務レバレッジに頼らずに）資本収益性を向上させることは，企業価値の向上につながる可能性が高いと考えられます。

その意味では，「伊藤レポート」のメッセージについても，単に「ROEを改善してください」と言うより，明確な数値基準を示して「8％を上回るROE達成にコミットしてください」と言ったほうが，企業（特に経営者）の行動につながりやすい，という意図があったのかもしれません。

② ROEは長期的な視点で見ればよい

ROEは会計上の数値を基礎としているという問題もありますが，同一の指標を長期的にモニタリングしている分には，その問題は一定程度緩和されます。言い換えると，ROEの絶対値に意味がなかったとしても，前期と比較した相対値であれば，改善・悪化の判断に意味はあるということです。

実際に，「伊藤レポート」においても，短期的な観点からROEを捉えるのではなく，あくまでも「中長期的なROEの向上」の実現が重要とされています。

Q-37 ROE③:ROEの改善方法

ROEを改善する方法について、体系的に教えてください。

A

ROEを改善する方法については、売上高当期純利益率・総資産回転率・財務レバレッジという構成要素に分解したうえで検討するとよいと思われます。このうち、財務レバレッジの引上げについては、財務面の技術的問題であり、主に短期的な視点に基づくものです。一方、日本企業にとって最も重要なのは、事業面の改善による売上高当期純利益率の引上げと考えられます。

解説

(1) 日本企業の低ROEの要因

Q-36のとおり、厳密な意味でROEを8％と比較できるかどうかは別にして、財務リスクを許容範囲内に抑えつつROEを上昇させられるのであれば、それは望ましいことです。

ROEを「①売上高当期純利益率×②総資産回転率×③財務レバレッジ」という3つの構成要素に分解すると(**Q-35**参照)、ROEの改善のためには、(他の指標を一定に保てることを前提として)以下の方法があることになります。

① 売上高当期純利益率を高める(収益性の問題)
② 総資産回転率を高める(効率性の問題)
③ 財務レバレッジを高める(資本構成の問題)

ROEの改善が多くの日本企業にとっての課題だとして、上記①～③で見たときに、どの指標に一番の問題があるのでしょうか?

この点は2014年に公表された「伊藤レポート」の中でも分析されており、日米欧で比較した場合、「日本企業の低ROEは①売上高利益率、つまり事業の収益力の低さによるところが大きい」(逆に回転率やレバレッジには大きな差が

ない）という結論になっています。また，2017年に公表された「伊藤レポート2.0」においては，ROEの低さが①売上高利益率の低さに起因している状況は変わりないものの，平均的に見ると欧米との③レバレッジ水準の差が大きくなっていることの影響も指摘されています。

さらに，経済産業省の持続的な企業価値向上に関する懇談会（第１回）の事務局資料（2024年5月）にも，日米欧の比較により，日本企業の低ROEの要因を分析したデータがあります（**図表37-1参照**）。これによると，欧米企業と比較した場合，やはり低ROEの主因は①売上高当期純利益率の低さであることが読み取れますが，③財務レバレッジの低さも影響していることが確認できます。

以下では，上記①〜③のそれぞれの内容を確認しますが，自社の問題を深掘りするためには，各要素について一定期間（例えば，5年）の時系列データを追い，かつ，それを競合他社と比較するという分析が重要と考えられます。

(2) 売上高当期純利益率の問題

日本企業の場合，上記(1)で見たROEの構成要素のうち，売上高当期純利益率を改善するという対応が最も重要と考えられ，そのためには，財務面ではなく事業面の対応が必要になります。すなわち，「伊藤レポート」では，日本企業の低収益性の要因として，競争力の源泉となる差別化やポジショニング，事業ポートフォリオの最適化，イノベーションやリスク・変化への対応が十分でなく，過度な低価格競争を余儀なくされていることなどが挙げられています。これら事業面の問題について，本書で扱うべき内容は多くありませんが，各種アンケートから見える企業の状況だけ確認しておきます。

① 事業再編研究会のアンケート調査

まず，経済産業省の事業再編研究会（第１回）の事務局説明資料（2020年1月）において，東証１部・２部上場企業（当時）を対象にしたアンケート調査（2019年実施）があり，それによると，資本効率の向上に向けた取組みとして，「売上原価・製造原価の削減」や「販売管理費の削減」など，コスト削減を挙げる企業の割合が高くなっています。つまり，日本企業では，ROE等の向上策として，（主に既存事業の）収益性の改善が検討されている状況と考えられます。

図表37-1 ■「売上高当期純利益率×総資産回転率×財務レバレッジ」の日米欧比較

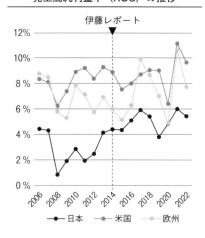

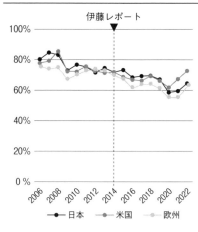

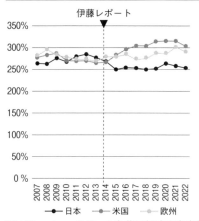

図：Bloombergのデータを基に経済産業省作成

※調査対象は，日本はTOPIX500のうち394社，米国はS&P500のうち347社，欧州はBE500のうち330社（金融業及び継続してデータを取得できない企業を除く）。
　S&P500は，本社所在地が米国以外の企業を除く。
　TOPIX500は円，S&P500は米ドル，BE500はユーロで算出。
　「2006」〜「2022」は，企業の事業年度を指す（例　2023年3月期決算の企業のPBRは「2022」に反映）。
　売上高利益率（ROS）＝当期純利益／売上高
　総資産回転率＝売上高／総資産
　財務レバレッジ＝総資産／前期と当期の純資産の平均値

（出典）　経済産業省　持続的な企業価値向上に関する懇談会（第1回）事務局資料

② **生命保険協会のアンケート調査**

また，生命保険協会の企業・投資家向けアンケート（2022年度版）では，資本効率向上のために「企業側が重視している取組み」と「投資家側が期待する取組み」を比較した項目があり（いずれも複数選択可），その内容をランキング形式にまとめたものが**図表37-2**です。

図表37-2 ■資本効率向上に向けた重点的取組みと期待される取組み

	企業の視点	投資家の視点
1	コスト削減の推進（52.0%）	事業の選択と集中（70.0%）
2	製品・サービス競争力強化（49.9%）	収益・効率性指標を管理指標として展開（64.0%）
3	事業の選択と集中（43.7%）	製品・サービス競争力強化（54.0%）

（出典） 一般社団法人生命保険協会『生命保険会社の資産運用を通じた「株式市場の活性化」と「持続可能な社会の実現」に向けた取組について』（2023年4月公表）をもとに著者作成

この中で，双方が重視している「製品・サービス競争力強化」，企業側が重視している「コスト削減の推進」は確かに重要な取組みと考えられます。また，投資家側が重視している「収益・効率性指標を管理指標として展開」についても**Q-33**のとおりです。

ただ，特に注目したいのは，投資家側が最も重視している「事業の選択と集中」という項目であり，この項目は企業側も重視しているものの，どちらかというと日本企業の苦手分野ではないでしょうか。日本企業の低収益性に関しては，個々の事業の収益性の問題よりも，「低収益の事業を抱え込むことで，全体の収益性が低下している」という問題のほうが大きい，というのが個人的な印象です。言い換えると，これは事業ポートフォリオの組替え（特に事業売却等）の問題であり，低収益の事業から撤退しない（できない）ために，結果として売上高当期純利益率やROEが低下していると推測されます（**Q-27**参照）。

(3) 総資産回転率の問題

次に，上記(1)で見たROEの構成要素のうち，総資産回転率については，一般に資産の過剰保有（特に低稼働の資産）が原因で低下する場合が多いといえます。総資産回転率を改善するためには，資産の圧縮が必要であり，よく問題視されるのは政策保有株式や余剰資金の残高です（**Q-4**参照）。

また，運転資本でいえば，売掛金の滞留（あるいは，そもそも長すぎる回収期間）や在庫保有の長期化なども問題になります。このあたりは，キャッシュ・コンバージョン・サイクル（Keyword 79参照）等の指標でモニタリングを行い，運転資本残高をコントロールする必要があります。

Keyword 79　キャッシュ・コンバージョン・サイクル（CCC）

キャッシュ・コンバージョン・サイクル（CCC：cash conversion cycle）とは，「仕入に伴う現金支払いから販売に伴う現金回収までの期間」を示す指標であり，以下の算式により計算されます。

CCC＝売掛金回転期間＋棚卸資産回転期間－買掛金回転期間

（注）　本書では，売上債権のことを単に「売掛金」，仕入債務のことを単に「買掛金」と呼びます。

CCCが短いほど，現金回収サイクルが早いということであり，運転資本管理も容易になります。

固定資産も同様で，遊休資産を含む不稼働資産や賃貸不動産などの事業関連性が低い資産については，売却による資金化等の対応が検討されます。また，自社で製造設備を持たず，外注による場合など，バランスシート・リスクを取らないこととすれば，一般に総資産回転率は改善します。

ただし，上記(2)①で挙げた事業再編研究会のアンケート調査において，資本効率の向上に向けた取組みとして，「運転資本回転率の改善（例：売掛金の回収期間の短縮など）」及び「固定資産回転率の改善（例：遊休資産の売却など）」を選択した企業は，それぞれ全体の25％及び13％であり（取組みは3つまで選択可），これらは資本効率の向上に向けたメインの取組みとしては捉えられていないようです。

なお，総資産回転率が大きな問題になるケースは，主に投資による総資産の増加に，売上高の増加が追いついていない場合です。これは，概してM&Aなどの戦略投資の結果であることが多いと思われます。売上高の増加ペースの遅れが一過性のものであれば問題はありませんが，恒常的なものであれば，事業の売却なども検討の余地があります。特に，不採算事業の売却は，総資産回転率のみならず，同時に売上高当期純利益率の改善にもつながります。

(4) 財務レバレッジの問題

　もう1つ，上記(1)で見たROEの構成要素のうち，財務レバレッジの引上げについては，資本構成の検討の一環として，有利子負債による調達や株主還元の拡充（増配や自社株買い）などの対策が考えられます。

　財務面の問題に起因してROEが低下しているケースとして，事業により創出されるキャッシュが再投資にも株主還元にも回されず，低収益の金融資産へ配分されているパターンがあります。前提として，企業が利益を稼得し，その一部を内部留保すれば，その分だけ自己資本が積み上がります（これは財務レバレッジの低下を意味します）。そうすると，仮に当期純利益という「額」が前期と同額だったとしても，ROEという「率」は前期よりも低下するはずです（分母が大きくなるため）。これは，特に収益性の高い企業において起こりがちな問題です。

　この問題を解決する手段は主に2つあり，1つの方法は自社株買い等の株主還元により，自己資本の水準を引き下げることです。自己資本に対応する余剰資金があるのであれば，このような財務レバレッジの引上げを検討すべきです。もう1つの方法は内部留保した資金を再投資して，より高い水準の当期純利益を稼得することです。すなわち，「自己資本が積み上がったから株主還元を増やすべき」という短絡的な判断を行うのではなく，財務レバレッジの問題もキャピタル・アロケーションの検討の一環と捉える必要があります。

　なお，上記(2)①で挙げた事業再編研究会のアンケート調査において，資本効率の向上に向けた取組みとして「財務レバレッジの改善（例：自社株買いなど）」を選択した企業は全体の18%であり（取組みは3つまで選択可），割合はそれほど高くありません。

コラム　為替レートの変動がROEに与える影響

　上記のとおり，企業が継続的に一定の利益を計上したとしても，株主還元が不十分であれば，分母である自己資本（のうち利益剰余金）が蓄積されるため，ROEは低下していきます。

　海外展開している企業の場合，分母である自己資本が膨らむという意味では，円安の効果もこれと同様です。すなわち，ROEの分母は自己資本ですが，そこから為替換算調整勘定は除かれていません（**Q-3**参照）。詳細は割愛しますが，為替換算調

整勘定は，海外の連結子会社に係る為替の含み損益です。したがって，円安になれば，自己資本の構成要素としての為替換算調整勘定も大きくなり，ROEの低下要因となります。もちろん，円安により，分子である連結上の当期純利益（に反映される海外子会社の当期純利益の円換算額）も膨らむことが想定されますが，分母の増加割合のほうが高い場合が多いと考えられます。

(5) 結局は財務ではなく事業が重要

　最後に簡単にまとめておくと，ROEの改善に向けた取組み自体は重要ですが，ROEは経営の目的ではなく結果に過ぎないという見方もあります。つまり，あくまでも最終的な目標は企業価値の向上であるため，ROEの改善が自己目的化しないように注意する必要があります。

　また，上記(2)のように，日本企業の低ROEの問題は，結局は売上高利益率の問題に落ち着き，これは主に事業面の問題です。そうすると，やはりROEを根本的に改善するためには，収益性を改善したり，新しい業務分野でM&Aを実行したり，不採算事業から撤退したり，という事業面の見直しが必須と考えられます。

　もちろん，余剰資金の株主還元やその他財務レバレッジの引上げなど，財務戦略に関する議論もあります。余剰資金や自己資本がダブついており，株主還元が企業価値の向上に寄与する状況であれば，財務面の検討も重要です。しかしながら，財務面の対応はどちらかというと短期的な視点に基づくものに過ぎません。その意味で，「ROEの改善」というテーマは，単なる指標の改善という財務面の技術的問題ではなく，中長期的な企業価値の向上にも直結する事業面の本質的な問題として捉えておくべきと考えられます。

Q-38 ROE④:分母子の変動パターンの整理

投資や株主還元などが予定されている場合,それがROEに与える影響を検討することがありますが,その際の基本的な考え方について教えてください。

A

投資や株主還元など,特定のアクションがROEに与える影響については,ROEの分母子である自己資本と当期純利益それぞれへの影響を検討する方法があります。

解説

(1) ROEの分母子への影響:パターン分け

ROEの改善については,1つの視点として,**Q-37**のように,売上高当期純利益率・総資産回転率・財務レバレッジという構成要素ごとに改善策を講じる方法があります。

一方,ここでは,ROEが上昇するケースを例に取り,企業のアクションが「ROE=当期純利益÷自己資本」という算式の分母子に与える影響をパターン分けします。具体的には,主なパターンとして,以下の4つを考えます(「分母子への影響からROEへの影響を推測する」という整理の1つに過ぎず,もちろん現実はこんなにシンプルではありません)。

① 分母(自己資本)が変わらず,分子(当期純利益)が増加する場合
② 分母(自己資本)の増加以上に分子(当期純利益)が増加する場合
③ 分子(当期純利益)が変わらず,分母(自己資本)が減少する場合
④ 分子(当期純利益)の減少以上に分母(自己資本)が減少する場合

前提として,分子である当期純利益については,企業が自由にコントロールできるものではない一方,分母である自己資本については,自社株買いを中心

とした株主還元の水準の調整により，ある程度コントロールすることが可能です。

(2) ROEの上昇パターンの詳細

以下では，上記(1)の各パターンの詳細を確認していきます。

① 分子だけが増加

「分子だけが増加」というパターンは，フローで見た収益性の改善を意味し，基本的に売上高当期純利益率が改善するケースが該当します。対応としては，ある意味で王道であり，収益性が向上すれば，自然にROEも上昇するということです。具体的には，値上げやコスト削減等の対応が中心になりますが，研究開発税制やESG投資に係る税務恩典などの利用により，実効税率を引き下げることも分子の増加に寄与します。

ちなみに，分子の当期純利益は，利益剰余金の構成要素となるので，分母の自己資本を増加させますが，同レベルの株主還元（自己資本の減少）を前提とすると，上記のように分子だけが増加するケースを想定することも可能です。

② 分母の増加以上に分子が増加

「分母の増加以上に分子が増加」というパターンは，内部留保やエクイティ・ファイナンス（つまり，自己資本の増加）をもとに，設備投資を行うようなケースが該当します。分子の増加割合が分母のそれを上回る必要があるので，しっかりと投資のリターンが得られる状況を想定しています。とりわけ影響が大きいのは大規模なM&Aのケースです。例えば，新株発行により資金を調達し，買収を行う場合には，まずは分母である自己資本が増加し，その後，買収した事業が分子である利益の増加に貢献します。

なお，このパターンでは，通常分母子の増加にタイムラグがあり，1つの案件だけを見れば，分子（当期純利益）の増加が遅れてくることになります（**図表38-1**参照）。

図表38-1 ■分母の増加以上に分子が増加するパターン

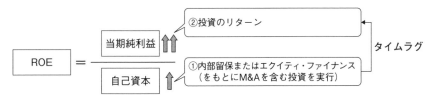

コラム　M&AがEPSに与える影響

　上記は、M&AがROEに与える影響という位置付けですが、M&Aの効果は、1株当たり当期純利益（EPS）への影響という観点で判断されることもあります。

　単純にいうと、黒字の企業を買収する場合、買収対象企業の当期純利益は連結に取り込まれます。一方、買収資金を負債により調達する場合には追加的な金利負担によって当期純利益（EPSの分子）が目減りし、自己資本により調達する場合には期中平均株式数（EPSの分母）が増加するため、それぞれEPSを押し下げます。また、買収対象企業の（時価）純資産に比して買収金額が大きい場合、のれんの償却費も無視できません。

　M&Aに際して、事前に金利やのれんの償却費の負担を見積もり、EPSやROEが向上するかどうかシミュレーションを行うことは、投資家に対してM&Aの効果を説明するためにも重要になります。なお、実際のM&Aの成果に関する開示では、その他にも様々な指標が用いられており、例えば、案件ごとの（累計）EBITDAやROIC、さらには案件ごとのIRR（内部収益率）を開示しているケースもあります。

---

③　分母だけが減少

　「分母だけが減少」というパターンは、端的には財務レバレッジの引上げであり、例えば、余剰資金による自社株買いが該当します（厳密には、余剰資金に係る預金金利（税引後）の分だけ分子も減少しますが、その影響は無視します）。日本企業の場合、余剰資金が低ROEの一因という指摘もあるため、これは短期的には有効な手段かもしれません。

　このように財務レバレッジを利用すれば、事業サイドでの利益率の改善に比べて、より迅速に、そしてある意味で機械的にROEを引き上げることができます。ただし、財務レバレッジに頼りすぎるのは禁物です。これは、財務レバレッジの引上げが、同時に財務リスクも上昇させるためであり、言い換えると、この場合のROEの上昇は、必ずしも企業価値の向上を意味しないということ

です。

　この点は東証も注意喚起しており，東証が2023年3月に公表した「資本コストや株価を意識した経営の実現に向けた対応について」という資料には，以下の記載があります。

> 　資本収益性の向上に向けて，（中略）自社株買いや増配が有効な手段と考えられる場合もありますが，自社株買いや増配のみの対応や一過性の対応を期待するものではありません。継続して資本コストを上回る資本収益性を達成し，持続的な成長を果たすための抜本的な取組みを期待するものです。

　つまり，自社株買いや増配によるROEの引上げは，短期的には有効かもしれませんが，資本収益性の向上という目的を果たすためには，より長期的かつ抜本的な対応が求められるということです。言い換えると，その引き上げたROEを中長期的に維持・向上させる方策を考えなければなりません。

④ 分子の減少以上に分母が減少

　「分子の減少以上に分母が減少」というパターンは，典型的には事業ポートフォリオの見直しに伴う不採算事業の売却が該当します。

　不採算事業の売却がROEの分母に与える影響について考えると，売却損等の計上により自己資本は目減りすると考えられ，売却により得た資金を株主に還元すれば，自己資本はさらに減少します。一方，分子については，売却損等の計上により一時的に損益は悪化するかもしれませんが，撤退事業が赤字であれば，中長期的には分子（当期純利益）は増加します。また，撤退事業が黒字であっても，分子より分母の減少割合のほうが大きければ（相対的に撤退事業の資本収益性が低ければ），結果としてROEの改善が見込めます（**図表38-2**参照）。

図表38-2 ■分子の減少以上に分母が減少するパターン

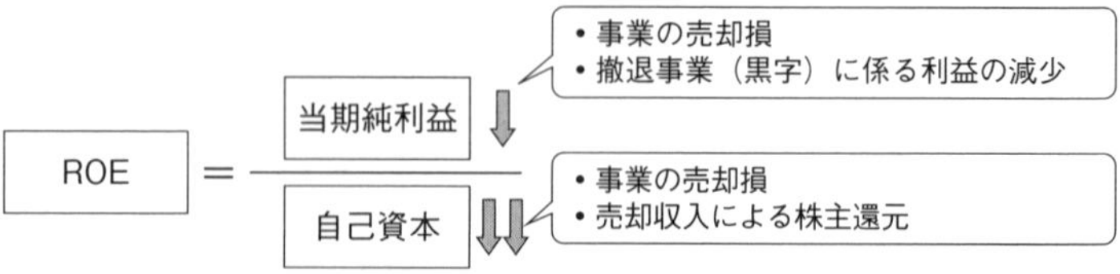

$$\text{ROE} = \frac{\text{当期純利益} \Downarrow}{\text{自己資本} \Downarrow\Downarrow}$$

- 当期純利益：事業の売却損／撤退事業（黒字）に係る利益の減少
- 自己資本：事業の売却損／売却収入による株主還元

第Ⅵ章　資本収益性を示す指標

Q-39　ROIC

資本収益性を示す指標のうち，ROICについて教えてください。

A

　ROICは，投下資本に対する利益率であり，多くの場合，税引後営業利益（NOPAT）を投下資本（有利子負債と自己資本の合計）で除して計算されます。ROICは，概念的にWACCと対応しており，資本コストを意識した経営という考え方に合致する財務指標です。また，ROICは管理上も非常に有用な指標であり，特にROEと比べると，事業部門別管理に適すると言われています。

解説

(1) ROICとは

　株主や債権者といった資金提供者の目線で資本収益性を見るための指標として，ROIC（Keyword 80参照）があります。

Keyword 80　ROIC（投下資本利益率）

　ROIC（return on invested capital：投下資本利益率）とは，文字どおり，投下資本に対する利益率を意味します。ROICについては，必ずしも明確な定義があるわけではなく，目的によって，分母子に使用する数値は異なります。企業によってもその計算方法はまちまちであり，他社との比較には適しません。
　ただ，一般的には，ROICは税引後営業利益（NOPAT）を投下資本（有利子負債と自己資本の合計）で除して計算することが多いと考えられ，これを算式で見ると以下のとおりです。

$$\text{ROIC} = \frac{\text{税引後営業利益}}{\text{有利子負債}+\text{自己資本}}$$

　ROICは，株主や債権者といった資金提供者の目線で，「投下した資本がどのくらいのリターンを生み出したか」という利回りを見るための指標であり，概念的には加重平均資本コスト（WACC）と対応します（下記(4)参照）。

なお，一般にROICの水準には（有形）固定資産の残高が大きく影響します。例えば，製造設備の保有残高が大きければ，ROICの水準は低くなる傾向があります。したがって，ROICという指標を使う場合には，自社の事業特性を踏まえたうえでその水準を判断する必要があります。

(2) ROICの分子

上記(1)のとおり，ROICの分子としては，NOPAT（税引後営業利益）を使うことが多いと考えられます。営業利益は本業からの利益であり，利払前の段階利益なので，分母に有利子負債が含まれていることに対応しています。

ただし，ROICの分子について，特に明確な決まりがあるわけではないので，例えば，関連会社株式が重要であれば，NOPATに持分法による投資損益を加算することもあります。さらにいうと，事業部門の管理を目的としてEBITを分子として使ったり，ROEとの関連性を重視して当期純利益を分子として使ったりすることもあります。

(3) ROICの分母（投下資本か投下資産か）

① 投下資本

ROICの分母は投下資本であり，具体的には，有利子負債と自己資本の合計です（ただし，自己資本の代わりに，株主資本や純資産を使うこともあります）。この考え方は，貸借対照表の右側（調達側）を見ており，投下資本を「資金提供者である債権者や株主から調達した資金」と考えています。

② 投下資産

投下資本については，もう1つ別の見方があり，貸借対照表の左側（運用側）をもとに，「投下資本＝運転資本＋固定資産」と捉えることもできます。つまり，投下資本を「調達した資金を事業に投下したもの」と考えるということです。この考え方は，企業の事業資産に着目しており，概念的には後述するDCF法による事業価値の算定に対応しています。

③ 投下資本＝投下資産？

上記①②を整理すると，ROICの分母については，「貸借対照表を資金の調達

側と運用側のどちら側から見るか」という２つの見方があるということで（**図表39-1**参照），調達側から見た「有利子負債＋自己資本」を投下資本と呼ぶのに対して，運用側から見た「運転資本＋固定資産」を投下資産と呼んで区別することもあります。

図表39-1■運転資本＋固定資産≒有利子負債＋自己資本

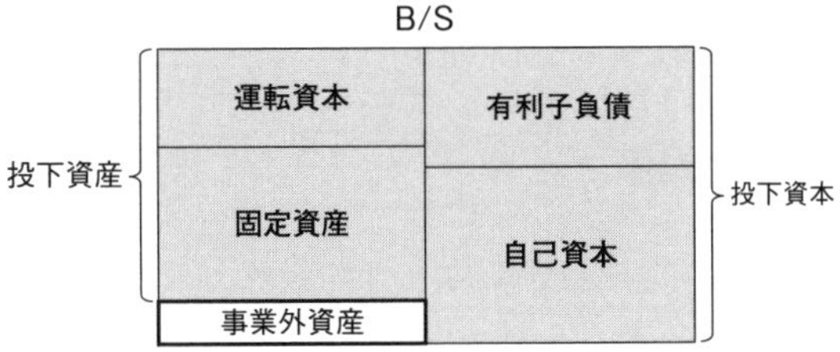

```
                    B/S
         ┌─────────────┬─────────────┐
         │   運転資本   │  有利子負債  │
         ├─────────────┤             │
投下資産 ─│   固定資産   │             │─ 投下資産
         │             ├─────────────┤
         │             │   自己資本   │
         ├─────────────┤             │
         │  事業外資産  │             │
         └─────────────┴─────────────┘
```

両者の使い分けとして，全社ベースのROICは「有利子負債＋自己資本」を分母として算定することが多いと思われますが，事業（部門）別のROICは「運転資本＋固定資産」を分母として算定することもあります。これは，仮に事業部門別の貸借対照表が作成されていたとしても，自己資本が割り振られていることは稀であり，事業部門別に「有利子負債＋自己資本」を把握するのが難しいためです。

ちなみに，前掲の**図表39-1**からもわかるとおり，資金の調達側で見た「有利子負債＋自己資本」が資金の運用側で見た「運転資本＋固定資産」を上回っている場合，調達した資金が事業資産以外の資産に投資されていることを意味します。したがって，資金の調達側と運用側で大きな差があるのであれば，まずはバランス・シートの最適化を検討する必要があります（**Q-4**参照）。

コラム　企業は事業別貸借対照表を作成しているのか

企業が抱えている複数の事業の性質が大きく異なる場合，それらが合算された通常の（全社の）貸借対照表では，実態が見えづらい面があります。その意味で，仮に事業別ROICまで計算しないとしても，事業ごとの投下資産を把握する意味で，事業別の貸借対照表を作成することには意味があります。

事業別の財務データについては，「事業再編ガイドライン」の参考資料集に企業アンケート結果があり，東証の市場第一部・市場第二部（当時）の上場企業に対して，「事業部門／セグメントごとに整備しているデータ」について質問しています。それ

によると，貸借対照表を事業部門（セグメント）ごとに作成している企業は37％に止まります（損益計算書のほうは90％）。そのため，分母を「運転資本＋固定資産」と割り切ったとしても，事業別ROICを算定できる企業は限定的なのかもしれません。

なお，上記のとおり，損益計算書は事業別に管理されていることが多いため，ROICの分子であるNOPATは，事業別に把握することは難しくありません。ただし，事業別ROICに関して，特別損失の責任を事業部門に負わせたい（評価に反映したい）場合などは，NOPATに代えてEBIT等の別の利益指標を用いることもあります。

(4) WACCとの対応関係

ROICは近年，社内の管理指標として重視されていますが，これはROICがWACCと対応するものであり，資本コストを意識した経営という考え方に合致する財務指標だからです。

すなわち，ROICは，債権者や株主が投下し，企業が受け入れた資本に対する利益率です。一方で，WACCも，債権者や株主が企業に要求している収益率（企業にとっての調達コスト）を加重平均したものです（**Q-16**参照）。つまり，ROICとWACCは「債権者と株主」の目線で対応しており，これはちょうどROEと株主資本コストが「株主のみ」の目線で対応しているのと同じです。ちなみに，細かなところでいうと，ROICは「税引後」営業利益を基礎としており，WACCも負債コストは「税引後」数値を使うので，その点でも両者は対応しています。

したがって，「ROICがWACCを上回っているかどうか」をチェックすることで，自社の毎年の業績が，債権者や株主の期待に応える水準のものかどうかを確認できます。**Q-40**で後述するとおり，ROICとWACCの差をROICスプレッドと呼びますが，それをモニターすることで，自社の企業価値が増加しているのか，減少しているのかを判断する目安になるということです。ただし，ROEと同様，ROICも簿価ベースの数値なので，厳密な意味で時価ベースのWACCと対応しているわけではなく，あくまでも目安に過ぎないという点には注意が必要です。

(5) 事業別ROICによる管理

上記(4)のとおり，ROICは管理上も非常に有用な指標であり，特にROEと比

べると，事業部門の管理に適すると言われています（この点はROAと同様です）。

すなわち，性質の異なる事業を複数抱えている企業においては，全社一律の目標値の設定はそぐわない面があり，ROICを用いて各事業の資本収益性を管理することが考えられます。また，ROICを管理指標とすることで，事業部門に対しては，バランス・シートを意識したり，資本コストとの対比で利益水準を考えたり，という意識を定着させる効果も見込めます。さらに，事業ポートフォリオの見直しという観点でも，各事業のROICを見て，資本収益性の高い事業に経営資源を集中させる等の対応が考えられます。

① 事業別ROICの計算

Q-35のとおり，ROEは全社的な指標としては有効なのですが，一方で事業（部門）別の管理には向かない面があります。これは，ROEの分母が自己資本であり，それを各事業部門に割り振ることのハードルが高いためです。

ROICの分母は投下資本（有利子負債＋自己資本）であるため，一見すると，ROEと同様に，事業部門への配分が難しいようにも思えます。しかしながら，多少の割り切りを前提にすれば，上記(3)②のとおり，貸借対照表の資産サイドの数字を使って，以下のように各事業部門に投下資本を配分することができます。

> 投下資本＝運転資本＋固定資産（≒有利子負債＋自己資本）

② 本社（全社）資産の取扱い

事業別ROICによる管理を行う場合の注意点として，本社（全社）資産の取扱いがあります。すなわち，事業別ROICは，各事業部門への投下資産に対する利益率として計算されますが，通常はどの事業部門にも割り振られない本社資産があるはずです。

各事業部門の（見かけ上の）ROICは低くないのに，個別の事業部門に割り振られない本社資産が原因で，全体としてのROICが下がってしまうというのはよくあるケースです。仮に本社資産が利益を生み出さないとすれば，事業別ROICについては，その部分もカバーできるよう，高めの目標値を設定する必

要があります。

③ 事業別ROICの現場への浸透

　事業別ROICによる管理を行う場合，その考え方を現場（各事業部門）に浸透させることは極めて重要である一方，ROICの考え方を現場に理解してもらうのは，必ずしも容易ではありません。したがって，経営者やコーポレート部門は，ROICを指標として用いることの重要性を事業部門側と共有し，イントラネット上の情報を充実させ，経営者と事業部門側で定期的にミーティングやディスカッションを行うことなどにより，事業部門の意識を変えていく必要があります。

　これが実現すれば，事業運営上は大きなメリットがあります。まず，事業部門に「投下資産」という意識を定着させることができます。つまり，単純にフローの利益率を上げるだけではなく，運転資本や固定資産を圧縮したり，余剰資産を処分したり，というインセンティブを与えられるということです。

　これは，事業部門に貸借対照表の左側を意識してもらうということですが，一歩進めて，貸借対照表の右側，すなわち，投下資本及びそれに係る資本コストを意識してもらうことも重要になります（**図表39-2**参照）。

図表39-2 ■ROICを管理指標にすることのメリット

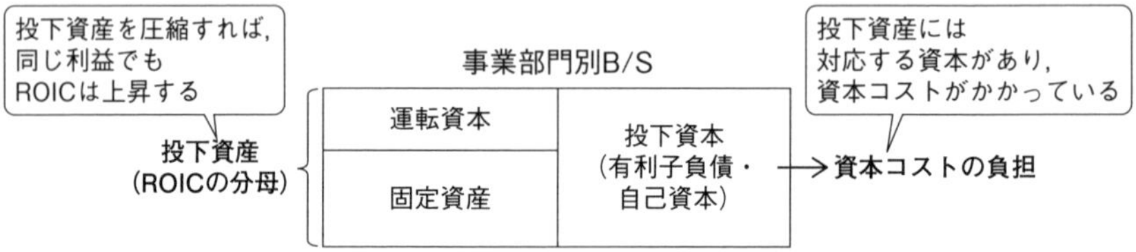

投下資産を圧縮すれば，同じ利益でもROICは上昇する → 投下資産（ROICの分母）	事業部門別B/S：運転資本・固定資産／投下資本（有利子負債・自己資本）	投下資産には対応する資本があり，資本コストがかかっている → 資本コストの負担

　例えば，管理がフローの利益率に偏重していると，事業部門は在庫を多めに持つ傾向があります。これは，欠品による機会損失を防いで，フローの利益率を確保するためです。一方で，事業部門がROIC（やWACC）の考え方に慣れてくれば，「在庫保有にも資本コストがかかっている」等，保有資産に対するコスト意識が生まれます。そうなれば，コーポレート部門から「在庫を圧縮するか，あるいはそれに見合う収益を得られなければ，企業価値が毀損される」といったコミュニケーションを行うことも容易になります。端的には，事業からのリターンが資本コストに見合っているかどうかについて，ROICを共通言

語として議論できるということです。

④ 事業別ROICによる管理を行う場合の注意点

ROICによる事業部門の管理を行う場合に注意が必要なポイントとして，事業部門がROICにより評価される効率性を過度に重視してしまい，結果として成長性が軽視されるというリスクがあります。全社的な管理の場合と同様，「率」による管理は，縮小均衡をもたらしやすいということです。

例えば，過去から継続してきた設備投資がピークを過ぎると，一般に償却負担の軽減等によりROICは上昇します。しかしながら，さらなる成長を目指して投資を継続する場合，一時的にROICが低下する可能性が高いため，事業部門が投資に二の足を踏む可能性があります。言い換えると，採算が取れる（NPVがプラスの）投資案件であっても，現状のROICを低下させるような投資案件については，事業部門が実行しない可能性があるということです。

これは，特に回収に長期を要するプロジェクト（開始当初の利益が低水準となるプロジェクト）について，生じやすい問題と考えられます。そのため，事業別ROICによる管理を行う場合には，短期志向を排除して，中長期的な視点で評価を行う必要があります。

コラム　ROICによる管理がうまくいかないケース

ROICに限らず，特定の指標による管理がうまくいかないケースとしては，「指標の意味合いが理解されていないケース」のほか，「指標の意味合いが理解され過ぎているケース」もあります。

すなわち，事業部門がROICの指標のク̇セ̇のようなものを理解しており，上記の設備投資の抑制のように，自部門の評価を高めるために部分最適を追求してしまうイメージです。これは，ROICによる評価が（全体最適としての）企業価値の向上に貢献していないことを意味します。その意味では，ROICによる管理に加えて，別途成長性を示す指標（売上高成長率等）を評価基準に含める等の対応も考えられます。

(6) ROICのさらなる分解（ROICツリー）

ROICについては「ROICツリー」と呼ばれる分析手法があります。これはROICを複数のドライバー（利益率や回転率など）に分解し，それをさらに管

理可能なレベルまで細分化したうえで，各項目に係る過去の推移や（競合他社と比較したときの）水準の高低を分析することで，自社の問題点を明確化するものです（**図表39-3**参照）。

図表39-3 ■ROICツリーのイメージ

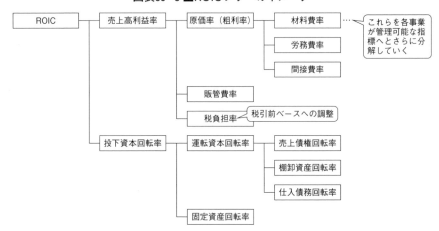

このROICツリーは，全社単位でも分析できますが，上記(5)と組み合わせて事業別に分析することにより，より精緻な分析が可能になります。すなわち，各事業部門が具体的な施策を検討できるレベルにまで分解するということです。これにより，「○○部門の原価率が上昇傾向にある」，「販管費率が競合他社を大幅に上回ってきている」，「○○製品群は競合他社に比べて棚卸資産回転率の低下が著しい」等の傾向が見えてきます。

このように，ROICでは事業別に要素分解した目標を設定しやすいこともあり，ROEの目標値を社内目標に落とし込むのに適しています。ROICを有効活用している企業は徐々に増加していますが，その背景にはこういった要因もあるものと考えられます。

なお，ROICを複数の要素に分解した場合，各要素が数値として独立しているかどうかには注意が必要です。これは，各要素がトレードオフの関係にあれば，1つの要素の改善が他の要素の悪化につながる可能性があるためです。このようなケースでは，各要素の改善のみを指示し，全体として調整しない場合，部分最適しか実現しないおそれがあります。全体最適の状況に持っていくためには，あくまでも分解前のROIC自体（言い換えると，各要素の掛け算の積）

の向上が目標であることを明確にし，各事業部門に浸透させる必要があります。

(7) ROEとの関係

ROICについては，ROEとの関係を理解しておくことも重要になります。これは，対外的にはROEの目標値を公表する一方，社内の管理はROICで行うケースもあるためです。

ROEの計算式については，投下資本（＝有利子負債＋自己資本）を間に挟むことで，以下のように分解できます。

$$ROE = \frac{当期純利益}{自己資本}$$
$$= \frac{当期純利益}{有利子負債＋自己資本} \times \frac{有利子負債＋自己資本}{自己資本}$$

第1項は，分子がNOPATではなく当期純利益ですが，ROICに近似します（営業外損益や特別損益などが差異を構成します）。また，第2項は，財務レバレッジの1つの計算方法です。そうすると，多少無理やりですが，上式は以下のように解釈できます。

$$ROE ≒ ROIC \times 財務レバレッジ$$

上式より，ROICの引上げは，ROEの上昇につながるということで，これは「対社外ではROE，対社内ではROICを使うこと」を正当化しているといえます。ただし，レバレッジの活用を検討している場合には，指標の特性として，ROICよりもROEが合致します。逆にいうと，ROEの目標値を設定している企業がROICを社内の管理指標として用いる場合，財務レバレッジを別途管理する必要があります（その他，NOPATと当期純利益の差異にも注意が必要です）。

Q-40 ROICスプレッドとエクイティ・スプレッド

ROICスプレッドやエクイティ・スプレッドという指標を用いて業績評価を行っている企業がありますが，それぞれの指標の意味合いを教えてください。

A

ROICスプレッドは「ROICとWACCの差」，エクイティ・スプレッドは「ROEと株主資本コストの差」であり，いずれも資本コストを考慮した毎期の業績評価指標と位置付けられます。企業価値向上のためには，「資本収益性指標＞対応する資本コスト」であることが重要ですが，これは「上記のスプレッド＞0」と同じことです。

解説

(1) 資本収益性を示す指標と資本コストの対比（スプレッド）

① ROICスプレッドとは

ROICを含めて，資本収益性を示す指標については，それ自体の水準を議論することに大きな意味はなく，それと対比される資本コストとの関係で考える必要があります。ちょうどフローの観点で「黒字かどうか」を考えるのと同じように，資本収益性の観点では「資本コストを上回るリターンを得られているかどうか」を考えるべきということです。

ROICは，概念的にはWACC（加重平均資本コスト）と対応しており，ROICがWACCを上回っていることが重要です。これは，企業はWACCより高いリターン（ROIC）を稼得して初めて，価値を創造していることになるからです。この点をチェックするための指標がROICスプレッド（Keyword 81参照）です。

Keyword 81 ROICスプレッド

ROICスプレッドとは，ROICとWACCの差をいい，資金提供者から見た投下資本

に係るリスクとリターンの関係を示すものといえます（算式は以下のとおり）。

> ROICスプレッド＝ROIC－WACC

　ROICスプレッドを算出する趣旨としては，「どうせROICをWACCと比較するのであれば，あらかじめROICからWACCを差し引いておこう」ということです。
　なお，ROICスプレッドに投下資本を乗じて，「率」ではなく「額」として管理することもあります。

　あくまでも目安に過ぎませんが，このROICスプレッドがプラスであれば企業価値は増加しており，マイナスであれば企業価値が減少している，というのが基本的な考え方になります。もちろん，企業価値への影響をモニターするのであれば，その都度DCF法による企業価値の算定を行えばよいわけですが，それは現実的ではないので，その代理変数として，ROICスプレッドにより単年度ベースの管理を行うということです。
　ROICスプレッドは，意味合いを直感的に理解でき，部門別の計算も可能なので，経営管理上も使いやすい指標です。実際，資本収益性という観点から，ROICスプレッドの目標値を設定し，「現時点で〇％程度のROICスプレッドについて，〇％まで拡大させ，企業価値向上を目指す」といった方針を公表している企業もあります。
　ただし，ROICスプレッドは，最大化を目指すものではありません。ROICと同様，ROICスプレッドも「率」なので，その最大化を目標にすると過小投資をもたらすリスクがあるためです。

コラム　本当に動くのはROICだけか

　事業ポートフォリオの見直しの一環として，新しい領域や地域における事業を開始する場合，あるいは，事業構成が大きく変わる場合，それがROICに与える影響だけではなく，WACCなどの資本コストに与える影響も併せて考える必要があります。単純にいうと，より事業リスクの高い事業の比重が増す場合，ROICの期待値は大きくなりますが，同時に資本コストも上昇する可能性が高いということです。
　そのため，事業ポートフォリオの見直しの際には，全社で見て「WACCの上昇を上回るROICの上昇が見込めるのか」という視点も求められますが，この点は，ROICよりもROICスプレッドでモニターしたほうが直感的に理解しやすいものと考

えられます（WACCの水準が適宜見直されていることが前提です）。

② エクイティ・スプレッドとは

ROICスプレッドに類似するものとして，エクイティ・スプレッド（Keyword 82参照）という指標もあります。

Keyword 82　エクイティ・スプレッド

エクイティ・スプレッドとは，ROEと株主資本コストの差をいい，株主から見た投下資本に係るリスクとリターンの関係を示すものといえます（算式は以下のとおり）。

> エクイティ・スプレッド＝ROE－株主資本コスト

エクイティ・スプレッドは，JPXプライム150指数の構成銘柄の選定基準の1つです。同指数は，東証プライム上場銘柄のうち，エクイティ・スプレッド及びPBRの観点で価値創造が推定される時価総額上位企業を選定する指数であり，エクイティ・スプレッドは資本収益性を示す指標として位置付けられています。

エクイティ・スプレッドについては，ROEから対応する株主資本コストを差し引いているため，端的には「株主価値が増加しているか，減少しているか」を見るための指標といえ，広い意味では「残余利益」の概念に含まれます。このような趣旨で，エクイティ・スプレッドをKPIとして定めている企業もあります。

ROICスプレッドが「債権者と株主」の目線で価値創造を見るものであるのに対して，エクイティ・スプレッドは「株主のみ」の目線で価値創造を見るものといえます。ROICスプレッドがプラスであれば，「企業」価値が向上し，エクイティ・スプレッドがプラスであれば，「株主」価値が向上すると言い換えてもよいかもしれません。

以下では，ROICスプレッドを中心に話を進めます。

(2) **黒字事業のチェックに有効**

ROICスプレッドによる管理は，企業価値への影響という観点から，「投下資

本に係るリスクに見合う水準を上回るリターンを得られているか」という観点で行われます。言い換えると，これは損益計算書上の利益を見るのとは別の視点です。ROICスプレッドにおいて，事業の採算性を検討する際の主な視点（損益による管理との相違点）は以下のとおりです。

① 利益の額のみならず，それを得るための投下資本の額も考慮に入れている
② 会計上の費用のみならず，資本コストも考慮に入れている

上記①については，要は利回りで考えるということですが，仮にある事業の利益の絶対額（や営業利益率などのフロー数値）が高水準だったとしても，その事業への投下資本も同様に大きいのであれば，ROICがどのような水準にあるかはわかりません（例えば，多額の設備投資が求められる資本集約型の事業など）。また，上記②については，仮にROICが高かったとしても，高リスクの事業であれば，対応する資本コスト（WACC）も高い可能性があり，ROICスプレッドがどのような水準にあるかはわかりません。

どの企業でも損益管理は行われているので，赤字事業は目立ちやすく，重点管理の対象になります。一方で，問題なのは，「損益的には黒字だが，資本コスト分を稼げていない事業」です。端的には，多くの投下資本を要する事業や高リスクの事業ということですが，このような事業は，通常の損益管理では実態を把握しづらいため，ROICスプレッドによる管理が有効です。つまり，ROICスプレッドは，ある意味で黒字の質を問うための指標といえます。

ただし，ROICスプレッドは1年の数値だけを見るのではなく，時系列で数値を追いかけることが重要であり，また，絶対的な水準だけではなく，競合他社との比較で見た相対的な水準の確認も重要といえます（この点は，上記(1)②のエクイティ・スプレッドについても同様です）。

ちなみに，「ROICがWACCを下回っている」という状況と「ROICスプレッドがマイナスである」という状況は，全く同じことなのですが，著者の経験上，言い方としては，後者のほうがインパクトがあります。そのため，「なぜ資本コストを差し引くのか」，言い換えると，「なぜ資本コストと比較するのか」について，事業部門に丁寧に説明する必要があります。

(3) 個別案件の評価と毎期の業績評価の関係

最後に，個別の投資案件の評価と毎期の業績評価との関係を確認します。

① 個別案件の評価

Q-20のとおり，個別の投資案件の評価にあたっては，NPV（正味現在価値）やIRR（内部収益率）などの指標を用います。NPVの場合，その計算要素である割引率にWACCが反映されており，IRRの場合，その比較対象となるハードル・レートにWACCが反映されています。つまり，いずれも資本コストを意識した意思決定基準だということです。

② 毎期の業績評価

一方で，事業部門別あるいは全社単位で毎年の業績評価に用いるのがROICスプレッドです。ROICスプレッドについては，その計算にあたり，WACCが差し引かれているので，当然資本コストを意識した業績評価基準になっています。

③ 両者の関係と企業価値への影響

以上より，NPV・IRRもROICスプレッドも，いずれも資金提供者（株主や債権者）の期待を上回るリターンを得られるか（得ているか）どうかを評価するための指標という点は共通しています。

そして両者は，個別案件ではNPVやIRRなどの指標でその点をチェックする一方，一定の期間ごとにROICスプレッドでその点をチェックするという関係にあります。これにより，企業全体として資本コストを上回るリターンを得られているか，ひいては，企業価値の向上につながっているかをモニターすることができます。

ただし，NPVやIRRはキャッシュ・フローをもとに長期的な視点で判断するものであるのに対して，ROICスプレッドは会計上の利益をもとに短期的な視点で判断するものであるため，優先されるべきはNPVやIRRに基づく投資判断です。例えば，NPVやIRRで見て投資判断基準を満たす投資案件であれば，仮にそれが自部門のROIC（スプレッド）を低下させるものであったとしても，企業価値の向上という観点からは，その投資案件は実行すべきという判断になります。

企業価値と株価指標

　第Ⅶ章では，企業価値と株価指標について確認します。まず，本書の全体像の中での位置付けは**図表Ⅶ-1**のとおりです。

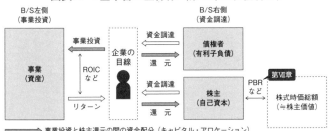

図表Ⅶ-1 ■本書の全体像（第Ⅶ章の位置付け）

　企業の経営者にとって，第Ⅵ章で見たROEなどの資本収益性を示す指標を向上させ，企業価値を高めるための努力は重要になります。しかしながら，企業価値が向上したかどうかは，ROEなどで測定されるのではなく，基本的には中長期的な株価のパフォーマンスにより測定されます。つまり，企業としては，「自社が資本市場でどのように評価されているか」も意識しておく必要があるということです。その意味では，投資家との対話の前段階で，DCF法やマルチプルを使って，（株式時価総額以外の）様々な角度から自社の企業価値を考えてみることも有用と考えられます。

　また，PERやPBRなど，自社の財務数値と株価との関係を示す指標も存在します。特にPBRについては昨今注目されており，「PBR1倍割れ」が問題視される風潮もあります。ただし，実際にはPBRが1倍を上回るかどうかが特に重要なわけではありません。大切なのは，あくまでも企業価値を向上させるための（事業上の）取組みと考えられます。

Q-41 自社の企業価値の把握

「企業価値」という用語には色々な意味合いがあるようですが，まずはその定義を教えてください。また，自社の企業価値を算定しておくことには，どのようなメリットがありますか？

A

「企業価値」という用語は多義的に使われますが，基本的な定義は「事業価値＋事業外資産の価値」または「有利子負債等＋株主価値（株式時価総額）」です。自社の企業価値を算定しておくことで，自社の市場における評価の高低を確認できるほか，企業価値向上への示唆を得られたり，投資家との対話に活かせるなどのメリットがあります。

解説

(1) 企業価値とは

「企業価値」という用語に明確な定義はありません。例えば，株主価値という意味で株式時価総額を指す場合もあれば，事業価値という意味で将来のフリー・キャッシュ・フロー（FCF）の割引現在価値を指す場合もあります。

また，企業価値をもっと広く捉え，株主以外のステークホルダー（従業員・取引先・社会コミュニティ等）の価値の総和とする見方もあります。一方で，企業を所有しているのはあくまでも株主であり，他のステークホルダーではないため，このような考え方を数値的に捉えるのは難しい面があります。そこで，ここでは「株主価値」を中心に企業価値について考えていきます。

「企業価値」という用語に明確な定義がないのは上記のとおりですが，企業価値算定の場面では，用語の使い方に一定のコンセンサスがあるため，以下では，価値算定の流れとともにその点を確認します。最初に全体像を示しておくと，**図表41-1**のとおりです。

図表41-1 ■企業価値（株主価値）算定の流れ

① **事業価値とは**

　企業価値の算定においては，まずは事業価値（Keyword 83参照）を算定することが多いと考えられます。例えば，DCF法の算定結果は，基本的にこの事業価値になります（実際には，CFの取り方により異なります）。

Keyword 83　事業価値

　事業価値とは，文字どおり，企業が営む事業の価値であり，事業外資産の価値は含みません。事業外資産とは，事業に使用されていない資産であり，余剰資金がその典型です。これは，事業外資産が基本的にFCFを生み出さないため，FCFをベースに算定される事業価値にも反映されないということです。

② **企業価値とは**

　次に，「事業価値」を基礎として，企業価値（Keyword 84参照）を算定します。

Keyword 84　企業価値

　企業価値（EV：enterprise value）とは，文字どおり，企業全体としての価値をいい，事業価値に事業外資産の価値を加えたものです。つまり，主に資産サイドの評価額といえますが，**図表41-2**のような視点で見ると，株主に帰属する価値に加えて，有利子負債等を提供する債権者に帰属する価値も含まれています。言い換えると，概念的には「有利子負債等＋株主価値（株式時価総額）」に対応しているということ

です。

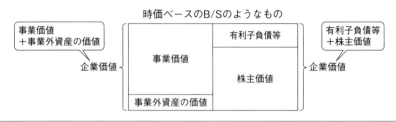

図表41-2 ■企業価値の２つの見方

DCF法の場合，事業価値の算定結果に事業外資産の時価を加算して企業価値を算定しますが，EV/EBITDA倍率（後述の**Q-43**参照）による算定結果は，基本的に企業価値になります。

これで「企業価値」の定義が出てきてしまいましたが，企業価値算定以外の局面では，下記③の「株主価値」をもって「企業価値」と呼ぶことも多いので，流れの説明を続けます。

③ 株主価値とは

最後に，「企業価値」を基礎として，株主価値（Keyword 85参照）を算定します。

Keyword 85　株主価値

株主価値（shareholder value）とは，企業価値のうち，株主に帰属する部分をいいます。株主価値は，企業価値から有利子負債等（債権者に帰属する価値）を控除したものですが，厳密には，子会社の少数株主の持分である非支配株主持分も控除します。また，控除すべき有利子負債等には，借入金や社債のほか，リース債務なども含まれ，有利子負債に類似する項目（将来のキャッシュ・アウトフローを伴う非経常的な項目で，事業価値や企業価値に反映されていないもの）を含める場合もあります。この株主価値が，株式時価総額に対応する評価額といえます。

DCF法やEV/EBITDA倍率による場合，事業価値や企業価値を経由して株主価値を算定しますが，残余利益モデル（後述の**Q-44**参照）のように，株主価値を直接算定するモデルもあります。

(2) 自社の企業価値を考える

　企業にとって，自社の企業価値（株主価値）を算定しておくことのメリットは大きいと考えられます。例えば，自社株買いは一般に株価が割安なタイミングで実施されますが（**Q-31**参照），株価が割高なのか割安なのかの判断には，自社としての判断基準が必要です。そのために，別途DCF法やマルチプルにより，自社の株主価値を算定しておくということです。

　企業価値の算定というと大変な作業に聞こえますが，買収などで価値算定書を見ればわかるとおり，計算自体は大したものではありません。重要なのは将来の見積りであり，例えば，DCF法において，どのように将来のFCFを見積もるかは難しい部分があります。しかしながら，自社の企業価値を算定するのであれば，そのような将来に関する情報はすでに社内に存在するはずであり，同様に割引率となる資本コストについても，何らかの数値は把握されているはずです。そうすると，大した手間もなく，自社の企業価値を簡易算定することができます。

　DCF法で考えると，最もシンプルには，①定常的に創出可能なFCF，②その成長率，③割引率としてのWACC（加重平均資本コスト）という３つの情報さえあれば，以下のように事業価値を試算することができます（後述の**Q-42**参照）。

$$事業価値 = \frac{FCF}{WACC - 成長率}$$

（注）　現状のFCFを前提に，それが毎年一定の成長率で永久に増加する前提を置いています。

　また，これに事業外資産の価値を加算，有利子負債等を減算することで株主価値を算出し，自己株式控除後の発行済株式総数で除すと，実際の株価と比較すべき理論株価のようなものを算出できます。

$$株主価値 = 事業価値 + 事業外資産の価値 - 有利子負債等$$
$$理論株価 = \frac{株主価値}{発行済株式総数（自己株式控除後）}$$

　この理論株価を実際の株価と比較すれば，自社が株式市場においてどのよう

に評価されているかを概観することができます。

ちなみに，経営者の立場では，「株価は市場が決めるもの」と言いたくもなるでしょうし，実際にそれはそのとおりだと思います。しかしながら，株式を上場しているからには，単に企業価値を向上させるだけではなく，それが株価に適切に反映されるように努めるのも経営者の責務です。そのための出発点としても，理論株価の試算等により，自社の株価の適正水準を把握しておくことは重要と考えられます。

(3) 自社の企業価値を知っておくことのメリット

自社の企業価値（株主価値）を知っておけば，市場における自社の評価を定量的に判断することができます。そのメリットとして，上記(2)では自社株買いの例を挙げました。ここでは，それ以外のメリットも含めて整理します。

① 企業価値の向上手段の検討

上記(2)のとおり，単純化したDCF法で企業価値（事業価値）を算定する場合，必要な情報はFCF（とその成長率）及びWACCだけです。そのように考えると，企業価値の向上手段もシンプルに考えることができます。すなわち，事業を成長させて将来のCFを増加させるか，あるいは事業のリスクを低下させてWACCを引き下げるか，基本的にはこの2つの手段しかありません。逆にいうと，配当や自社株買いによって，恒常的に企業価値を向上させることはできないということです。

自社の企業価値を算定しておけば，その向上手段についても，定量的に分析できます。例えば，M&Aを含む成長投資を行うにあたっても，FCFやWACCへの影響をもとに，「どの程度，企業価値の向上に寄与するか」という視点で分析できるということです。

コラム　企業価値の向上と株主価値の向上

「企業価値の向上」という表現は曖昧であり，「株主価値の向上」を意味していることも多々あります。しかしながら，上記(1)のとおり，「企業価値＝債権者価値（有利子負債等）＋株主価値」と考えると，企業価値の向上と株主価値の向上は概念的には別物です。

一方で，債権者価値はある意味で固定的なものです。すなわち，企業がWACCを上回るリターンを稼得しても，債権者に帰属するCFは契約で固定されており，基本的にリターンの水準には左右されません。言い換えると，WACCを上回るリターンはすべて株主に帰属し，企業価値を構成する株主価値の増加（ひいては，株価や株式時価総額の上昇）に貢献するということです。

つまり，企業価値の向上は，（契約上の決められたリターンを得る債権者ではなく）企業の業績によりリターンが変動する株主の視点で考えるべきであり，これが「企業価値の向上≒株主価値の向上」という発想の前提といえます。

② 投資家との対話

自社の企業価値を知っておくことは，投資家との意思疎通という観点でも重要です。すなわち，投資家（機関投資家）側も，中長期の業績予想をもとに，DCF法などを用いて投資先の企業価値評価を行っています。そのため，企業側も自社の企業価値を算定しておかないと，数字を基礎とした議論が難しいということです。また，IRにより情報を開示する際も，投資家がその情報をどのように自らの企業価値評価モデルに反映するかを知っておいたほうが，効果的なIRが可能になります。

投資家との対話にあたって重要なのは，CF予測の基礎となる自社のビジネス・モデルを定量的に示すことです。一般に投資家は，企業のビジネス・モデルに基づいて，そのCF創出能力の源泉を把握しています。その意味では，自社のビジネス・モデルについて，単なる「事業の概要」として説明するのではなく，（開示が可能な範囲で）「中長期的に見て，資本収益性や成長性にどのような影響をもたらすものか」を定量的に説明できるのが望ましいといえます。

③ アクティビスト等への対応

近年，アクティビスト（物言う株主）の中には，中長期的な視点で企業価値の向上に資するような提案を行うものもあります。また，企業側としても是々非々の姿勢で対応し，その提案のうち受け入れ可能な施策については，早期に実行するケースもあります。このように，アクティビストから改善提案を受けた場合，「その提案の実行により，企業価値がどのように変化するのか」を議論する必要があり，その前提となる企業価値の算定が必要になります。

同じく買収防衛策との関係でも，潜在的な買手が自社に買収価格を提示して

きた際に，社内での価値算定は，その価格の適正性を判断する第一歩となります。

④ 増資や自社株買いの判断

上記(2)のとおり，自社株買いは，自社の株価が割安なタイミングで行うべきであり，逆に，エクイティ・ファイナンス（増資）は，自社の株価が割高なタイミングで行うべきです。このように，そもそも株価が割高なのか割安なのかを判断するための基準として，自社の企業価値（理論株価）を知っておくのが望ましいといえます。

⑤ 事業ポートフォリオの見直しの検討

上記(2)の簡易な算定式を用いれば，企業全体だけではなく，事業ごとに（事業）価値を算定することも可能です。そのような情報を持っておけば，事業ポートフォリオの見直し（**Q-27**参照）にあたり，有用となります。具体的には，「価値創造という観点で見た自社のコア事業が何なのか」，「事業を売却する際の価格は妥当なのか」等々の検討にあたっても，定量的な判断ができるということです。

(4) 市場での過小評価の問題

上場企業の場合，自社で算定する株主価値（理論株価）に対して，より客観的な株式時価総額（実際の株価）という数値も存在します。株価の低迷は（投資家から見た）企業の問題点を示唆しているため，市場における過小評価については，その原因を特定する必要があります。

① 投資家と認識が相違する要因

DCF法に基づいて，市場における過小評価の原因を考えると，投資家との間で認識の差が生じるのは，FCFの予測の問題が大きいと考えられます。この点については，一般に内部情報を持っている企業のほうが，より高い精度でCFを見積もれるはずです。しかしながら，仮にそれを中期経営計画などで開示していたとしても，投資家側が事業の見通しをよりシビアに見ており，特に長期の視点で成長性を低く見積もっている可能性もあります。また，事業のリスクの捉え方が異なる結果，割引率（資本コスト）に関する認識が相違してい

る可能性もあります。

このような分析の際，上記(2)の「事業価値＝FCF÷(WACC－成長率)」という簡易な算式を用いれば，投資家（株式市場）の評価をより深く考察することができます。

すなわち，株価水準を前提に，それとDCF法による理論株価が一致するように，DCF法におけるパラメータの値（FCFとWACC）を変化させるということです。具体的には，自社で算定したWACC（及び成長率）を所与として，市場が織り込んでいるFCF（や利益）の水準を逆算で推定したり，逆に，自社の予測FCFを所与として，市場が織り込んでいるWACC（及び成長率）の水準を推測したり，といった分析が考えられます。

なお，理論株価に比べて実際の株価が大幅に低い場合，まずは自社の甘い事業計画などを疑ってかかるべきです。しかしながら，それ以外の要因として，IRが不十分で株価が実態を反映せず，割安に放置されている可能性も想定しておく必要があります。また，IRが十分であっても，株式時価総額が相対的に小さい銘柄については，機関投資家の売買対象から外れるため，それが原因で株価が割安になっている可能性もあります（いわゆる「流動性ディスカウント」）。

② 株価低迷による影響

株価の変動は，自社の事業に何らかの影響を与えるわけではありませんが，一方で，株価が低迷すると，財務面での影響もあります。具体的には，資金調達（増資などのエクイティ・ファイナンス）に支障が生じる場合があるほか，株価が継続的に低位で推移し，それに多額の余剰資金などの明確な原因がある場合には，自社が買収の対象になる等のリスクも出てきます。そのため，実際の株価が，自社が考える企業価値から下方向に乖離している場合には，そのディスカウントの要因を特定して対応することが重要になります。

Q-42 DCF法による事業価値の把握

DCF法の意味合いやその計算手順などを教えてください。

A

　DCF法は，最も一般的な企業評価の方法です。DCF法では，将来のフリー・キャッシュ・フロー（FCF）をWACCで割り引くことで事業価値を算定しますが，その後の手順としては，それに事業外資産の価値を加えて企業価値を計算し，そこから有利子負債等を差し引いて株主価値を計算するという流れになります。

解説

(1) DCF法とは

　企業評価には，何に着目して評価を行うかにより，①インカム・アプローチ，②マーケット・アプローチ，③コスト・アプローチという3つのアプローチがあります。このうち，企業が生み出す利益やキャッシュ・フロー（CF）をもとに評価を行う①インカム・アプローチの代表的な手法として，DCF法（Keyword 86参照）があります。

Keyword 86　DCF法

　DCF法（discounted cash flow method）は，最も一般的な企業価値（事業価値）の評価手法であり，評価の対象となる事業が生み出すであろう将来のFCFを加重平均資本コスト（WACC）で割り引いた現在価値をもって，事業価値を算定する手法をいいます（図表42-1参照）。

図表42-1 ■DCF法とは

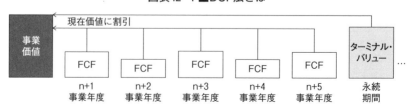

DCF法の基本的な考え方は，企業が営む事業が将来どれだけのFCFを生み出せるか（株主や債権者に還元できるか）という観点です。ただし，将来のFCFにはリスクがあるため，それを反映した資本コストを割引率として用いることで，そのリスクを事業価値にも反映させます。言い換えると，DCF法による事業価値の算定に必要な情報は，将来のFCFと割引率（資本コスト）の2つだけです。

なお，DCF法では，CFの取り方によって，株主価値を直接算定することもできます（後述の**Q-44**参照）。

(2) DCF法の特徴

一般に，資産の価値はそれが生み出す将来CFに応じて決まることから考えると，DCF法は最もそれに沿った評価方法といえます。他の企業価値の評価手法と比較した場合，DCF法の特徴は以下のとおりです。

- 現在の収益力だけでなく，将来の成長性も評価に反映できる
- 同業他社とは異なる対象企業固有の状況を反映できる
- 事業計画や割引率等の前提条件によって評価結果が左右されやすい

シンプルにいうと，最も本質的な企業価値の評価手法ではあるものの，結果に恣意性が介入しやすいという問題があるということです。

(3) DCF法の計算手順

DCF法により企業価値（株主価値）を算出する手順は以下のとおりです。

① 割引率となるWACCを算定する
② 予測期間におけるFCFを予測し，その最終年度のターミナル・バリューを計算する
③ ②の各年度のFCFと最終年度のターミナル・バリューをWACCで現在価値に割り引き，事業価値を計算する
④ ③の事業価値に事業外資産の価値を加えて企業価値を計算する
⑤ ④の企業価値から有利子負債等を差し引いて株主価値を計算する

最初に計算の全体像をまとめておくと，**図表42-2**のとおりです。

図表42-2 ■DCF法による株主価値算定の流れ

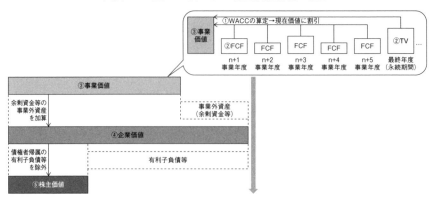

① **WACCの算定**

手順①では，将来のFCFやターミナル・バリューを割り引く際の割引率としてWACCを算定します。これは，FCFが株主のみならず，債権者にも帰属するCFであるため，それとの対応で株主資本コストではなく，WACCを用いるということです。

② **FCFとターミナル・バリューの見積り**

手順②について，DCF法で用いる将来CFは，一般にFCFです。

また，DCF法では一定期間（5年など）の事業計画に基づき，将来のFCFを予測しますが，企業はその一定期間を超えて存続します。そのため，併せてターミナル・バリュー（Keyword 87参照）も算出します。

Keyword 87　ターミナル・バリュー

ターミナル・バリュー（TV：terminal value）とは，予測期間における最終年度末時点の価値を意味します。ターミナル・バリューについては，企業がその最終年度末以降も事業活動を継続することを前提に，（それ以降の）FCFの現在価値の合計として算出するのが一般的です（その意味で，「継続価値」と呼ばれることもあります）。

例えば，事業計画が5年であり，5年間のFCFを精緻に予測するのであれば，5年目が終了した時点のターミナル・バリューを算定します。具体的には，6年目以降のFCFを一定の仮定の下で予測し，それを5年目終了時点の価値として割引計算

する方法があります（その他，マルチプルを使ってターミナル・バリューを算出する方法もあります）。詳細は割愛しますが，ターミナル・バリューの算定にあたって重要になるのは，長期的な成長性の評価といえます。

③ 事業価値の算定

手順③では，各年度のFCFと最終年度のターミナル・バリュー（手順②で計算）をWACC（手順①で計算）で現在価値に割り引き，事業価値を計算します。

Q-2で切り分けた貸借対照表との対応で見ると，事業価値は概念的に「運転資本＋固定資産」（つまり，事業負債と相殺した事業資産）に対応しています。言い換えると，貸借対照表の左側で見て事業外資産の価値は含んでおらず，貸借対照表の右側で見て債権者価値（有利子負債等）を含んでいます（**図表42-3**参照）。そのため，株主価値の算定のためには，以下の④と⑤の調整が必要になります。

図表42-3 ■貸借対照表で見る事業価値のイメージ

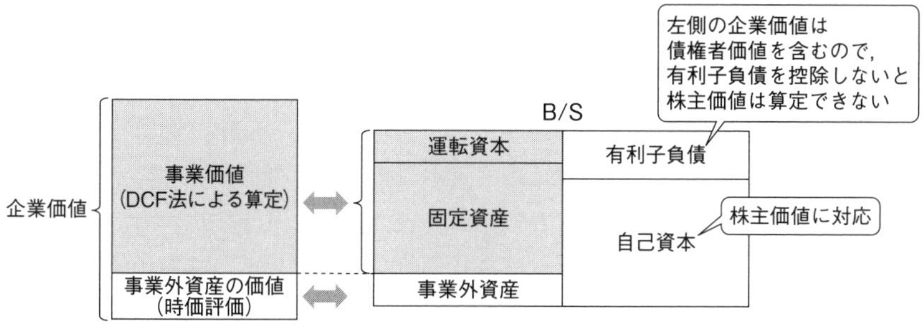

```
                                   B/S
            ┌─────────────────┬──────────┬──────────┐ ┐ 左側の企業価値は
            │                 │  運転資本 │ 有利子負債│ │ 債権者価値を含むので,
            │   事業価値      ├──────────┤          │ │ 有利子負債を控除しないと
  企業価値  │ （DCF法による算定）│          ├──────────┤ │ 株主価値は算定できない
            │                 │  固定資産 │          │ ┘
            │                 │          │  自己資本 │─ 株主価値に対応
            ├─────────────────┼──────────┤          │
            │  事業外資産の価値 │ 事業外資産│          │
            │   （時価評価）    │          │          │
            └─────────────────┴──────────┴──────────┘
```

コラム　ターミナル・バリューの割合が大きいことは問題ではない

DCF法による事業価値の算定結果については，ターミナル・バリューが占める割合の大きさが問題視されることがあります。これは，予測期間内のFCFに比べて，ターミナル・バリューが粗い数字に見えるからかもしれません。

少し整理すると，FCFの予測期間が短ければ，ターミナル・バリューが相対的に大きくなり，逆に予測期間が長ければ，ターミナル・バリューが相対的に小さくなります。しかしながら，理論的には，FCFの予測期間の長短によって，全体としての事業価値が変わるわけではありません。言い換えると，あくまでも予測期間にお

けるFCFとターミナル・バリューとの間の配分の問題に過ぎないということで，これはさほど重要な話ではありません。

一方で，重要なのは「ターミナル・バリューの水準をいかに正確に見積もるか」という点です。もう少しいうと，ターミナル・バリュー算定の際は，多くの場合，予測期間の最終年度のFCFに一定の調整を加えて（例えば，資本的支出と減価償却費をバランスさせるなど），定常的なFCFの水準を見積もります。そのため，ターミナル・バリューが事業価値に占める割合の大きさを問題視するのであれば，この定常的なFCFの水準の検証が決定的に重要になります。

④ 企業価値の算定

手順④では，手順③の事業価値に事業外資産（余剰資金のほか，事業に関係しない有価証券や遊休不動産など）の価値を加えて企業価値を算定します。なお，将来のFCFをもとにフローによる評価を行う事業価値に対して，事業外資産の価値については，ストックによる評価（処分価格の算定など）を行います。

⑤ 株主価値の算定

手順⑤では，手順④の企業価値から債権者価値（有利子負債等）を差し引いて株主価値を算定します。

なお，上記の説明の仕方とは異なりますが，将来CFを株主帰属分と債権者帰属分に分けたとすると，前者を株主資本コストで割り引いたものが株主価値，後者を負債コストで割り引いたものが債権者価値になります。両者の合計が企業価値なので，逆に企業価値から債権者価値を差し引けば，株主価値になるということです。

(4) DCF法による事業価値のシンプルな計算

DCF法の計算手順は上記(3)のとおりですが，現状のFCFを前提に，それが毎年一定の成長率で永久に増加する場合，割引率としてWACCを使えば，以下のようにシンプルに事業価値を計算できます（現在価値計算の詳細については，**Q-21**のコラム参照）。

$$\text{事業価値} = \frac{\text{FCF}}{\text{WACC} - \text{成長率}}$$

Q-41でも触れましたが，この算式は色々な場面で登場するので，覚えておくと良いと思われます。

(5) DCF法をもとに企業価値の向上策を考える

DCF法の計算プロセスは，企業価値の向上策に関する示唆を与えてくれます。具体的には，上記(3)・(4)より，企業価値（事業価値）を向上させる主な手段として，以下の2つがあることがわかります。

> ① FCF（の現在価値）を増加させる
> ② WACCを低下させる

特に目新しいことはなく，①将来のFCFを増加（成長）させるか，あるいは②事業のリスク（つまり，WACC）を低下させるか，により事業価値を増加させるということです。要は，割り引く対象を増加させるか，割引率を低下させるかのどちらかといえます。以下，①と②のそれぞれについて，簡単に確認します。

① FCFの増加

FCFはあくまでも企業価値評価に用いるものであり，管理指標としては使いづらいですが，FCFを以下のように構成要素ごとに分解すれば（**Q-8**参照），FCFを増加させるための方策も整理できます。

> FCF＝NOPAT＋（減価償却費－資本的支出）±運転資本の増減額

1つ目の構成要素はNOPAT（税引後営業利益）です。当然ながら，営業利益が増加すればFCFも増加します。これは財務面ではなく，事業面の話ですが，それ以外では，研究開発税制やESG投資に係る税務恩典などの利用により，税金費用を引き下げることもFCFの増加に貢献します。また，グループで見ればグループ通算制度の適用，海外事業があれば低税率国への所得配分なども検討対象になり，この点，グループとしての目安となる連結実効税率を設定し，税金費用をコントロールしている企業もあります。

2つ目の構成要素は資本的支出（設備投資）とそれに伴う減価償却費です。

減価償却費は設備投資額に連動するので、設備投資額自体を圧縮するという対応がメインになります。これには、投資案件の厳選による投資額の削減のほか、使用期間（耐用年数）の延長という対応もあります。

　3つ目の構成要素は運転資本です。FCFの計算上、運転資本の増減額は、売掛金・棚卸資産・買掛金の回転期間（または回転率）を前提に計算します。この場合、そもそも売掛金や棚卸資産の回転期間が長すぎるなどの課題があれば、それを解消することで、FCFの現在価値は増加します。つまり、重要なのはFCF自体ではなく、その現在価値なので、売掛金の早期回収などの運転資本の圧縮も一定の効果があるということです。この点は、キャッシュ・コンバージョン・サイクル（CCC）などの管理指標を用いて改善を図ることになります（**Q-37**参照）。

> ### コラム　FCFの計算要素間の相互関連性
>
> 　FCFを増加させるための方策を検討する際、重要なのは中長期的な視点で考えることです。例えば、研究開発投資を行えばNOPATは減少し、設備投資を行えば資本的支出は増加するので、いずれも直近のFCFを減少させます。しかしながら、それにより将来のNOPATが増加するのであれば、先行投資としての短期的なFCFの減少を問題視する必要はありません。
>
> 　また、NOPATと運転資本の水準についても、相互に関連している可能性があります。例えば、あえて運転資本を多めに持つことで、利益率を高めるビジネス・モデルがあります。具体的には、売掛金の回収サイトを延ばす代わりに、得意先に値上げを受け入れてもらったり、買掛金の支払いサイトを短縮する代わりに、仕入先に値下げを受け入れてもらったり、というケースです。また、在庫を多めに保有することで、納期を短縮したり、機会損失を抑えたりするビジネス・モデルの場合も同様です。このような場合、仮に運転資本は増加していても、それ以上に利益が伸びているかもしれません。

　その他、不採算事業からの撤退もFCFの増加に貢献します。その意味で、企業価値を考えるうえでは、投資実行の投資意思決定のみならず、事業ポートフォリオの組替えを含めて、撤退に係る意思決定も重要だということです。

② **WACCの引下げ**

　割引率であるWACCを引き下げることで、FCFの予測額自体は増加しませ

んが，その現在価値は増加します。WACCの引下げのためには，シンプルには事業や保有資産を見直すことで，事業リスクを低下させるという考え方があります。また，ESGリスクへの対応なども，同様に事業リスクの低減に寄与するかもしれません（後述の**Q-50**参照）。

より現実的な対応として，負債比率が低すぎるなど，資本構成に問題があれば，その見直し（例えば，有利子負債による資金調達や株主還元など）がWACC引下げに有効な場合があります。また，銀行との交渉により負債コストを引き下げたり，IRを含めた投資家との対話により株主資本コストを引き下げたりすることも重要です。

コラム　事業外資産の売却と企業価値の向上

「企業価値＝事業価値＋事業外資産の価値」と考えると，企業価値の向上策を考えるにあたっては，DCF法による事業価値に加えて，事業外資産の価値も考慮する必要があります。これは，事業外資産としての価値を高めるというよりは，それを資金化して，事業への投資や株主還元に活用するという意味合いです。例えば，株式や不動産などを売却することにより，その資金を成長投資に振り向ける等の対応が考えられます。

Q-43 EV/EBITDA倍率による企業価値の把握

EV/EBITDA倍率という指標の意味合いを教えてください。また，EV/EBITDA倍率を用いて，自社が投資家からどのように評価されているかを確認することはできますか？

A

EV/EBITDA倍率は，「企業価値がEBITDAの何倍か」を見るための指標です。同業他社のEV/EBITDA倍率をベンチマークし，それに自社のEBITDAを乗じれば，自社の企業価値を推定することができます。つまり，投資家からの評価，もう少しいうと，所属する業界内での自社の相対的な評価を見極められるということです。

解説

(1) 乗数法とその特徴

① 乗数法とは

Q-42のとおり，企業評価には，何に着目して評価を行うかにより，①インカム・アプローチ，②マーケット・アプローチ，③コスト・アプローチという3つのアプローチがあります。このうち（類似する）上場企業の株価をもとに評価を行う②マーケット・アプローチの代表的な手法として，乗数法（Keyword 88参照）があります。

Keyword 88 乗数法

乗数法は，主に非上場企業について，比較可能な（つまり，同業種で，理想的には規模も大きく乖離していない）上場企業がある場合に用いられる評価手法であり，比較対象となる上場企業について算定された各種の乗数（マルチプル）を使用して，企業価値などを算定する方法をいいます。つまり，基本的な考え方としては，「同じような財務数値の企業であれば，同じような価値評価になるだろう」という発想に基づいています。

具体的な乗数としては，企業価値を算定するためのEV/EBITDA倍率（＝企業価値÷EBITDA）のほか，売上高を基礎とするマルチプルなどもあります。また，PER（＝株価÷1株当たり当期純利益）やPBR（＝株価÷1株当たり純資産）も，株主価値を算定するためのマルチプルと整理できます。

② 上場企業にとっての乗数法

乗数法は，非上場企業のみならず，上場企業にとっても意味のある評価手法です。

下記(3)で後述するとおり，EV/EBITDA倍率は，事業の成長性に係る株式市場の見通しを反映するものといえます。したがって，同業他社をベンチマークすることで，DCF法とは異なる視点で自社の企業価値を検討することができます。言い換えると，自社（または所属する業界）が投資家からどのように評価されているのかを見極められるということです。

③ 乗数法の特徴

株主価値（株式時価総額）を決めるのは株式市場であるため，そこでの取引価格（同業他社の株価）をベースに企業価値を評価する乗数法は，ある意味では客観的な評価方法といえます。他の企業価値の評価手法と比較した場合，乗数法の特徴は以下のとおりです。

- 実際の株価を基礎とするため，客観性がある
- 計算過程に恣意性が介入しにくい
- 本当の意味での類似企業を見つけるのは容易ではない

乗数法は，ちょうどDCF法と長所・短所が逆になっているので，M&Aなどの際にはDCF法と併用されることが多い評価手法です。

(2) EV/EBITDA倍率とは

以下では，乗数法のうちEV/EBITDA倍率（Keyword 89参照）という指標を取り上げ，それを用いて自社の企業価値や株主価値（理論株価）を推定する方法を考えます。

Keyword 89　EV/EBITDA倍率

　EV/EBITDA倍率は，「企業価値がEBITDAの何倍か」を見るための指標であり（算式は以下のとおり），「EBITDA倍率」や「EBITDAマルチプル」と呼ばれることもあります。

$$\text{EV/EBITDA倍率} = \frac{\text{企業価値}}{\text{EBITDA（実績値または予想値）}}$$

　EV/EBITDA倍率は，M&Aの局面などでもよく使われますが，その基本的な考え方は，「EBITDAが大きくなればなるほど，企業価値も大きくなる」というものです（EBITDAについて，**Q-7**参照）。EV/EBITDA倍率については，10倍が１つの目安と言われていた時期もありますが，近年はそれよりも高い水準になっているケースも多いという印象です。

　上式の企業価値は，「有利子負債等＋株主価値（株式時価総額）」に一致するため，債権者や株主といった資金提供者にとっての価値と解釈できます。一方で，企業はEBITDAを原資として，債権者へ利払いや元本返済を行い，株主へ配当を支払います。すなわち，EBITDAは大まかには債権者や株主の取り分なので，概念的に企業価値に対応しており，だからこそ，EBITDAと企業価値の倍率を考えるわけです。

(3)　EV/EBITDA倍率で見る自社の評価

①　自社の企業価値の算定

　EV/EBITDA倍率をもとに自社の企業価値を推定する場合の具体的な計算手順は，以下のとおりです（**図表43-1**参照）。

> (i) 類似の上場企業を複数選定する
> (ii) (i)の類似企業の企業価値とEBITDAを算定し，その倍率（平均値または中央値）を計算する
> (iii) 自社のEBITDAと(ii)で算定したEV/EBITDA倍率をもとに自社の企業価値を推定する

（注）　その後の流れとしては，(iii)で算定した企業価値から有利子負債等を差し引いて株主価値を算定し，１株当たりの金額に引き直して実際の株価と比較するなどの分析が考えられます。

図表43-1 ■EV/EBITDA倍率とは

(注) 企業価値＝有利子負債等＋株主価値（株式時価総額）

　上記の計算手順の中で，最も重要なのは(i)です。上記(1)③では，乗数法に「客観性」があると整理しましたが，実際には，乗数法による評価結果は，類似企業の選定如何によって大きく異なります。そして，「類似の上場企業」と言うのは簡単なのですが，実際には同じ業界でも各社特色があり，「似たような上場企業が見つからない」というケースもあります。そのため，類似企業を1社ではなく複数社選定し，EV/EBITDA倍率をレンジ（幅）として把握することで，この問題の軽減を図ることになります。

コラム　その利益は企業の実力を表しているか

　乗数法では，多くの場合，EBITDAや当期純利益など，1期分のフロー数値（直近期の実績値または予想値）を使って乗数（例えば，「企業価値÷EBITDA」や「株価÷1株当たり当期純利益」）を計算します。そのため，その1期分の利益指標が企業の真の実力を反映したものでないと，計算結果が意味を持たないという問題があります。例えば，何らかの特殊要因が利益指標に影響を与えている場合，それを除外したうえで正常化した利益指標を使うのか否かという判断が必要になるということです。

② 業界内の相対的評価の確認

　シンプルに考えると，「EV/EBITDA倍率が高い」ということは，市場が今後のEBITDAの伸びを見込んでいるということであり，「市場が成長性を評価している」と解釈できます（実際には「事業のリスクが低い」という評価の可能性もあります）。このように，EV/EBITDA倍率が，事業の成長性（やリスク）に係る見通しを反映しているのであれば，「同一業界のEV/EBITDA倍率は一定のレンジに収まる」と考えても，それほどおかしくありません。この考え方

に基づけば，業界（あるいは同業他社）のEV/EBITDA倍率をベンチマークすることで，所属する業界内での自社の相対的な評価を見極めることができます。

例えば，DCF法により算定した理論株価に比べて実際の株価が極端に低いなど，自社が市場で過小評価されていると判断したとします。このとき，**図表43-2**のようにEV/EBITDA倍率により算定した理論株価（上記①参照）を間に挟むことで，業界全体が過小評価されているのか，それとも業界内で自社だけが過小評価されているのかを判断できるということです。このような比較は，あくまでも概念的なものに過ぎませんが，EV/EBITDA倍率により理論株価を算定し，DCF法による算定結果と比較して分析することには，多面的な評価という意味でも一定の意義があると考えられます。

図表43-2 ■EV/EBITDA倍率による業界内の相対的評価の確認

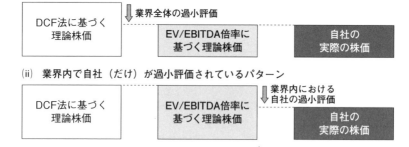

コラム　EV/EBITDA倍率とコントロール・プレミアム

　DCF法により算定された株主価値については，企業の支配権を前提とするフリー・キャッシュ・フロー（FCF）を基礎として評価されているため，その支配権の対価（コントロール・プレミアム）を含んでいると解釈できます。一方，EV/EBITDA倍率を含むマルチプルに基づいて計算した株主価値については，株式市場における株価を基礎として評価されているため，コントロール・プレミアムを含んでおらず，必然的にDCF法による評価よりも低くなるという見解もあります。

　なお，自社の企業価値を考えるうえでは，同業他社のベンチマークだけでなく，自社のEV/EBITDA倍率を時系列で追いかけてみることも有効です。

Q-44 残余利益モデルによる株主価値の把握

株主価値をダイレクトに算出する評価モデルについて教えてください。

A

事業価値や企業価値を経由して株主価値を算出するのではなく、株主価値をダイレクトに算出するモデルとしては、配当割引モデル・（エクイティ）DCF法・残余利益モデルなどがあります。残余利益モデルを中心に、以下で詳細を解説します。

解説

(1) 株主価値を直接算定するモデル

株式時価総額と対応するのは株主価値ですが、ここまで見てきたのは、先に事業価値または企業価値を算定したうえで、そこから株主価値を算出する方法です。すなわち、**Q-42**のDCF法では、事業価値を算定し、それに事業外資産の価値を加算、有利子負債等を減算することで株主価値を算出しました。また、**Q-43**のEV/EBITDA倍率では、企業価値を算定し、有利子負債等を減算することで株主価値を算出するというプロセスでした。

これに対して、株主価値をダイレクトに算出するモデルもあります。ここでは、そのようなモデルのうち、残余利益モデルを中心に解説しますが、その前に①配当割引モデルと②（エクイティ）DCF法についても簡単に確認します。

① 配当割引モデルとは

配当割引モデル（Keyword 90参照）では配当を割引対象とします。

Keyword 90 配当割引モデル（DDM）

配当割引モデル（DDM：discounted dividends model）とは、将来における配

当の割引現在価値をもって株主価値を算定するモデルをいいます。毎期受領する配当を一定とし，それが永久に（同額で）続くと仮定すると，配当割引モデルは以下の算式で表現できます（その他，配当の定率成長を仮定するモデルもあります）。

$$株主価値 = \frac{予想配当金}{株主資本コスト}$$

（注） 現在価値計算のパターンについて，**Q-21**のコラム参照。

分子は翌期（以降）の予想配当金であり，分母（割引率）は株主資本コストになります。つまり，株主にとってのキャッシュ・フロー（CF）を株主にとっての資本コストで割り引くということです（**図表44-1**参照）。

図表44-1■配当割引モデルとは

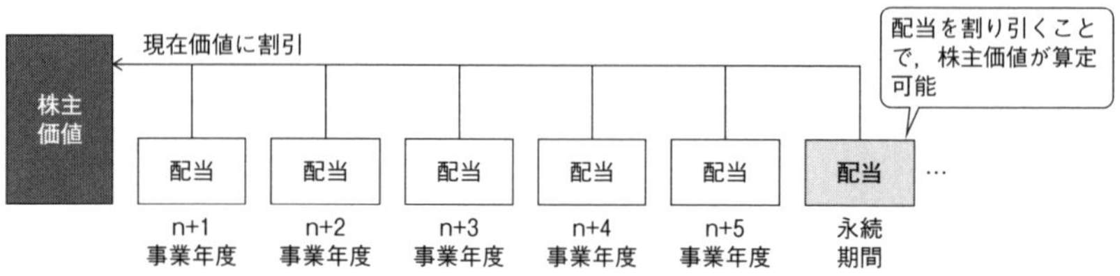

DDMは株主価値の算定モデルとしては非常にシンプルで理解しやすいですが，一方で無配のケースを含めて，配当が業績に連動していない場合には適用できないという問題点もあります。

② エクイティDCF法とは

Q-42のDCF法では事業価値を算定しましたが，DCF法は「何を割り引くか」によって計算結果も異なるので，必ずしも事業価値の算定に特化したものではありません。すなわち，株主に帰属するCFを割引対象とすれば，株主価値をダイレクトに算出できます（いわゆる「エクイティDCF法」。**図表44-2**下参照）。

図表44-2 ■DCF法における割引対象となるCF

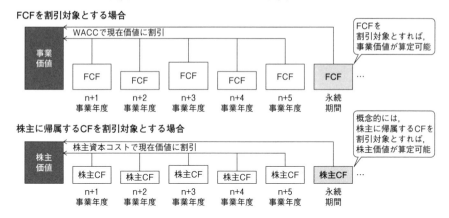

なお，事業価値の算定のケースと同様，現状の株主に帰属するCFを前提に，それが毎年一定の成長率で永久に増加する場合，割引率として株主資本コストを使えば，以下のようにシンプルに株主価値を計算することができます。

$$株主価値 = \frac{株主に帰属するCF}{株主資本コスト - 成長率}$$

（注）現在価値計算のパターンについて，**Q-21**のコラム参照。

(2) 残余利益モデルとは

配当を割引対象とする配当割引モデルや株主に帰属するCFを割引対象とするエクイティDCF法に対して，会計上の利益（を基礎とした残余利益）を割引対象とする残余利益モデル（Keyword 91参照）もあります。

Keyword 91　残余利益モデル（RIM）

残余利益モデル（RIM：residual income model）とは，将来における会計上の利益を用いて株主価値を算定するモデルであり，端的には，現時点における自己資本の簿価に，将来における「残余利益」の割引現在価値を加えることで株主価値を算出します（算式は以下のとおり）。

株主価値＝自己資本簿価＋残余利益の割引現在価値

また，残余利益モデルにおいて割り引く対象となる残余利益は，以下のとおり，株主に帰属する当期純利益から，対応する資本コスト（株主資本コスト×自己資本簿価）を差し引いたものです。

残余利益＝当期純利益－（株主資本コスト×自己資本簿価）

つまり，残余利益は株主資本コストを上回るリターンということであり（**図表44-3参照**），企業はこの残余利益の分だけ，株主にとっての追加的な価値を創出していると解釈できます。

図表44-3 ■残余利益のイメージ

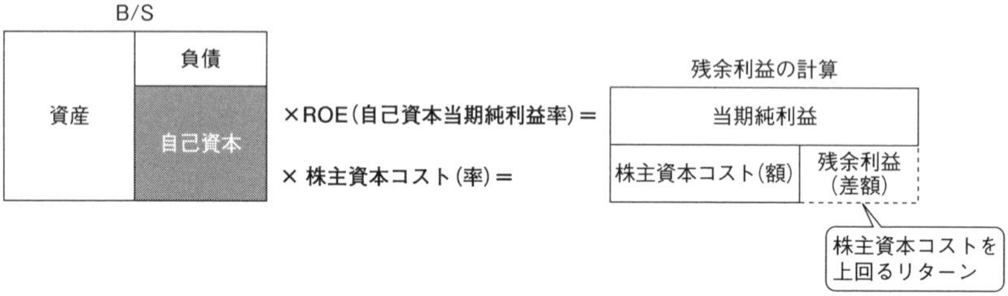

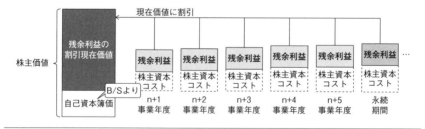

以上より，残余利益モデルでは，将来における追加的な価値創出部分，つまり，残余利益の割引現在価値を（現時点の）自己資本簿価に上乗せすることで，株主価値を算定するイメージになります（**図表44-4参照**）。

図表44-4 ■残余利益モデルとは

詳細は割愛しますが，残余利益モデルは，クリーン・サープラス関係（Keyword 92参照）を前提にすれば，基本的に上記(1)①の配当割引モデルと同じものです。

> **Keyword 92** クリーン・サープラス関係
>
> クリーン・サープラス関係とは，貸借対照表上の純資産の増減（のうち資本取引を除く部分）が損益計算書上の当期純利益と一致する関係を指します。シンプルには，「純資産の増減＝当期純利益－配当」という関係です。

(3) 残余利益モデルで見るエクイティ・スプレッドとPBR

近年のエクイティ・スプレッドやPBRを巡る議論については，残余利益モデルが暗黙の前提になっているようにも思えます。そのため，ここでは，残余利益モデルの視点で，エクイティ・スプレッドとPBRの意味合いについて考えます。結論からいうと，エクイティ・スプレッドは，毎期の業績評価として，残余利益がプラスか否かの目安になり（下記①参照），PBRの1倍との比較は，株式市場の評価として，中長期的に見た残余利益がプラスか否かの目安になります（下記②参照）。

① 残余利益モデルで見るエクイティ・スプレッド

まず，残余利益モデルの視点で，エクイティ・スプレッドについて考えます。前提として，エクイティ・スプレッドは以下のように計算できます（**Q-40**参照）。

> エクイティ・スプレッド＝ROE－株主資本コスト

上式の両辺に自己資本簿価を乗じると，「ROE×自己資本簿価＝当期純利益」となるため，右辺は残余利益に一致し，「エクイティ・スプレッド×自己資本簿価＝残余利益」という関係が確認できます（以下の算式のとおり）。

> エクイティ・スプレッド×自己資本簿価＝当期純利益－（株主資本コスト×自己資本簿価）
> ＝残余利益

これに「残余利益の割引現在価値が株主価値の構成要素となること」を併せて考えると，「エクイティ・スプレッドがプラス→残余利益もプラス→株主価

値の増加に貢献」(逆は逆)という関係が理解しやすいのではないでしょうか。

② **残余利益モデルで見るPBR**

次に，残余利益モデルの視点で，PBRの意味合いを考えます。上記(2)のとおり，残余利益モデルにおいては，「株主価値＝自己資本簿価＋残余利益の割引現在価値」という関係が成立しますが，今，「株主価値＝株式時価総額」かつ「自己資本簿価＝純資産簿価」という前提を置くと，この等式は以下のように表現できます。

> 株式時価総額＝純資産簿価＋残余利益の割引現在価値

上式の両辺を純資産簿価で除すと，左辺は「株式時価総額÷純資産簿価＝PBR」となるため，上式は以下のように変形できます。

$$PBR = 1 + \frac{残余利益の割引現在価値}{純資産簿価}$$

上式からわかるのは，「残余利益モデルで見ると，PBRが1倍を上回るかどうかは，残余利益(の割引現在価値)がプラスかどうかで決まる」ということです。つまり，企業が株主資本コストを上回るリターンを得られていれば，残余利益がプラスになってPBRが1倍を上回る一方，株主資本コストに見合うリターンを得られていなければ，残余利益がマイナスになってPBRは1倍を下回ることになります。

Q-45 PER

PERという指標の意味合いを教えてください。また，日本企業の平均的なPERの水準はどれくらいですか？

A

PERは，「株価が1株当たり当期純利益の何倍か」を見るための指標であり，株主価値を算定するためのマルチプルと捉えることもできます。日本の上場企業のPERについては，15倍というのが1つの目安ですが，2024年3月末のプライム市場におけるPERの平均値は18.3倍とそれよりも高い水準になっています。

解説

(1) PERとは

PER（Keyword 93参照）は，様々な解釈が可能な株価指標ですが，1つの見方としては，株主価値を算定するためのマルチプルと位置付けることができます。

Keyword 93 PER（株価収益率）

PER（price earnings ratio：株価収益率）は，非常によく使われるマルチプルであり，端的には「株価が1株当たり当期純利益（EPS）の何倍か」を見るための指標です（算式は以下のとおり）。

$$PER = \frac{株価}{1株当たり当期純利益}$$

分子である株価は株主にとっての価値であるため，分母も株主に帰属する当期純利益を使って対応させています。

投資家から見たPERは，利益水準から判断して株価が割高なのか割安なのかを判断するための指標の1つと言われますが，この目的では，実績ベースのPERより予想ベースのPERを使うことのほうが多いと思われます。すなわち，直近の1株当たり当

期純利益の実績値ではなく，公表されている予測値を分母として使うということです。その背景には，DCF法的な発想で，「株価はあくまでも将来の利益等を基礎として形成されている」という前提があると考えられます。

(2) PERの意味合い

以下では，DCF法との関係も含めて，PERの意味合いを考えます。

① 将来性に関する投資家の期待（DCF法との関係）

まず，PERは，企業の将来性に関する投資家の期待を示していると考えられます。すなわち，PERの分母は1年分の（実績または予想）1株当たり当期純利益に過ぎず，それ以降の利益の成長期待は反映されません。そのため，投資家が（1株当たり当期純利益の）成長を予想しているのであれば，それは分子である株価のみに反映されて，結果としてPERは高くなるはずだということです（**図表45-1**参照）。

図表45-1 ■ PERの意味合い

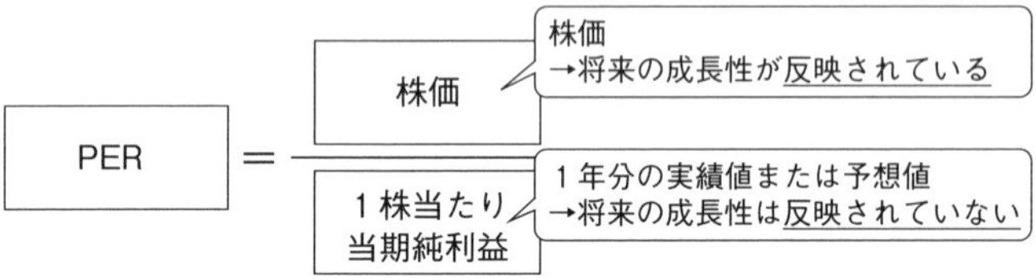

$$
PER = \frac{株価 \rightarrow 将来の成長性が\underline{反映されている}}{1株当たり当期純利益 \rightarrow 1年分の実績値または予想値,\ 将来の成長性は\underline{反映されていない}}
$$

ここまでは理解しやすいのですが，実際には，リターンのみならず，リスクに関する要素（端的には資本コストの水準）もPERに影響していると考えられます。この点を数式で確認しますが，その前提として，シンプルな（エクイティ）DCF法では，株主価値（株価）を以下のように表現できます（**Q-44**参照）。

$$
株主価値 = \frac{株主に帰属するCF}{株主資本コスト - 成長率}
$$

これを株数で除して1株当たりの数値に直すと，以下のとおりです。

$$1株当たりの株主価値 = \frac{1株当たりの株主に帰属するCF}{株主資本コスト - 成長率}$$

単純化のために「1株当たりの株主価値」を「株価」,「1株当たりの株主に帰属するCF」を「1株当たり当期純利益」に置き換えると（長期的に見れば,「CF＝利益」のため),上式は以下のように変形できます。

$$株価 = \frac{1株当たり当期純利益}{株主資本コスト - 成長率}$$

最後に,これを1株当たり当期純利益で除すと,以下のとおりです（「PER＝株価÷1株当たり当期純利益」のため)。

$$PER = \frac{1}{株主資本コスト - 成長率}$$

単純化された状況ではあるものの,DCF法との関係でPERを見ると,その水準が,企業の将来性（成長率）とリスク（株主資本コスト）に関する投資家の期待により決定されていることがわかります。

② 利益水準と対比した株価水準（割高・割安）

上記(1)のとおり,PERは,株価が割高なのか割安なのかを判断するための指標と言われますが,実質的な意味でいうと,PERで株価の割高・割安を判断するのは難しいと考えられます。

例えば,PERが高いということは,利益水準に比して株価が高いということです。しかしながら,これをもって「株価が割高」と判断することはできません。これは,高PERが企業の成長性の高さ（リスクの低さ）を反映したものかもしれず,その場合には株価は適正水準だといえるからです。逆に,PERが低い場合に言えるのは,利益水準に比して株価が低いということだけです。株価が割安なのかもしれませんが,成長性の低さを正しく評価した結果なのかもしれません。

これらは解釈の問題になりますが,もう1つ注意を要するのは,一過性の損

益によって1株当たり当期純利益が変動しているケースです。例えば，多額の減損損失等により一時的に利益水準が下がっている場合は，PERが高く見え，逆に多額の固定資産売却益等により一時的に利益水準が上がっている場合は，PERが低く見える可能性があります。つまり，PERを計算する際の1株当たり当期純利益については，その水準が正常なものであることを確認しておく必要があるということです。特に近年の会計上の利益は，単に企業の業績を表すものでもなくなってきており，PERの算定には向かないものになっている印象があります。

③ 投資家にとっての投資回収期間

投資家にとって，PERは「投資回収期間」を示しているという側面もあります。すなわち，ある株式の株価が1,500円，（予想）1株当たり当期純利益が100円だとすると，PERは15倍になります。投資家が1,500円でこの株式を購入した場合，年100円の当期純利益が全額配当に回されるとすれば，15年で投資を回収できます。つまり，「株価が1株当たり当期純利益の15倍」ということは，「投資回収期間が15年」という意味合いだということです。

(3) PERに影響を与える要因（株主資本コストと成長率）

PERの水準に影響を与える要因を考えるには，上記(2)①で挙げた以下の算式が有用です。

$$PER = \frac{1}{株主資本コスト - 成長率}$$

上式より，PERの水準は，単純化すると，株主資本コストと成長率（に関する投資家の期待）により決まっていることがわかります。前者は企業のリスク（CFの変動）を意味し，後者はリターン（CFの成長率）を意味するため，PERを改善するには，資本コストを引き下げるか，成長率を引き上げるかという選択肢があることがわかります。すなわち，前者は主に事業リスクや財務リスクの問題，後者は主に成長投資等の問題ということです。

なお，PERの水準はPBRの水準にも関係していますが，この点については **Q-46** で後述します。

> **コラム** PERから期待成長率を逆算する

　PERの逆数を「益回り」と呼ぶことがありますが，これを用いて，市場が自社の成長率をどう見ているかを推測することもできます。すなわち，上記の算式の逆数をとると，以下のようになります。

益回り（PERの逆数）＝株主資本コスト－成長率
→成長率＝株主資本コスト－益回り（PERの逆数）

　例えば，自社のPERが10倍だとすると，益回りはその逆数である10%（＝1÷10）になります。上式から，成長率は「株主資本コスト－益回り」に等しいので，仮に自社の株主資本コストが8%だとすると，市場は自社の成長率を△2%（＝8%－10%）と判断していることになります。つまり，市場の予想はマイナス成長だということです。

　ここで，状況が変わって将来の成長期待が高まり，成長率が3%まで上昇したとします。この場合，「株主資本コスト－成長率」は5%（＝8%－3%）になるため，上式に従って計算すると，PERはその逆数で20倍（＝1÷0.05）まで上昇することになります。

　ただし，上式は「1株当たりの株主に帰属するCF＝1株当たり当期純利益」という仮定に基づいているので，実際には，企業における配当政策もPERに影響を与えているものと考えられます。そのため，現実の株価形成はこんなにシンプルではないですが，PERをベースに，自社の「株主資本コスト－成長率」の大まかな水準を把握しておくことは意味があると考えられます。

(4) PERを使って株主価値を考える

① 日本企業のPERはだいたいどれくらいか

　一般に，日本の上場企業のPERについては，15倍というのが1つの目安になります。そのため，超単純化していうと，自社の株価と「自社の1株当たり当期純利益×15」を比較すれば，投資家からどのように評価されているかを判断できます。

　ただし，PERについては，分母が当期純利益というフロー数値であるため，必ずしも安定した指標ではありません。すなわち，上記(2)②のとおり，PERの計算の際には，1期分の1株当たり当期純利益のみを用いるため，それが企業の真の実力を反映したものでない場合（例えば，減損損失などの一過性の要因

が含まれている場合），数値としては意味を持たなくなります。したがって，PERだけを見て判断するのではなく，他の指標と組み合わせる必要があります。

なお，東証が公表している「規模別・業種別PER・PBR（連結・単体）一覧」によると，2024年3月末のプライム市場におけるPERの平均値は18.3倍であり，株価上昇を受けて15倍よりも高い水準となっています。一方，その1年前である2023年3月末のプライム市場におけるPERの平均値は14.8倍です。

② 業種別PERの重要性

上記①を一歩進めると，業種別PERと自社の1株当たり当期純利益から，自社の理論株価を推定することもできます（考え方としては，**Q-43**のEV/EBITDA倍率と同様です）。

すなわち，PERの水準が，企業の将来性に関する投資家の期待により決まるとすれば（上記(2)参照），「同じ業種の企業のPERの水準はある程度のレンジに収まるはず」というのが基本的な発想になります。つまり，利益の成長が期待できる業界であれば，その業界内の企業のPERは平均的に高くなるはずだということです（逆は逆）。実際に，業種によってPERの平均値は大きく異なります。例えば，上記の東証の公表資料において，ある程度企業数のある業種を見ると，2024年3月末のプライム市場における情報・通信業の平均PERは26.8倍，卸売業の平均PERは12.1倍となっています。

なお，業種別PERよりももう少し絞って，同業他社のうち規模や事業内容が類似する企業のPERのレンジを参照することで，自社の理論株価を推定するという方法もあります。

Q-46　PBR①：重視される理由（PERやROEとの関係）

PBRという指標については，近年話題になることも多いですが，まずはその意味合いについて教えてください。また，日本企業の平均的なPBRの水準はどれくらいですか？　PBRの水準は，PERやROEの水準にも関係するようですが，これらの指標間の関係についても教えてください。

A

PBRは，「株価が1株当たり純資産の何倍か」を見るための指標であり，2024年3月末のプライム市場におけるPBRの平均値は1.4倍です。PBRは，ROEとPERの積であり，PBRがこの2つの指標を包含する指標であるという点は，東証がPBRを重視している1つの理由と考えられます。

解説

(1) PBRとは

PBR（Keyword 94参照）は，近年特に重視されている株価指標です。

Keyword 94　PBR（株価純資産倍率）

PBR（price book-value ratio：株価純資産倍率）は，「株価が1株当たり純資産の何倍か」を見るための指標であり，以下のとおり，1株当たり数値で計算することもできますが，株式時価総額を純資産で除して計算することもできます。

$$PBR = \frac{株価}{1株当たり純資産} = \frac{株式時価総額}{純資産}$$

投資家から見たPBRは，貸借対照表上の株主の持分（1株当たり純資産）から判断して，株価が割高なのか割安なのかを判断するための指標の1つと言われます。また，PBRは，EV/EBITDA倍率やPERと同様，マルチプルの1つです。そのため，企業の視点では，業種や類似企業のPBRの水準を把握し，それを自社の1株当たり純資産に

乗じることで，自社の理論株価を推定するという使い方もできます。

経営者の立場では，PBRの分子である株価はコントロールできないうえ，「株価が必ずしも正しいとは限らない」という意識があり，かつてはPBRという指標に一定の心理的な抵抗もあったように思われます。しかしながら，近年では，有価証券報告書の「経営課題」でPBRに言及する企業も見られるなど，その位置付けも変わりつつあります。

(2) PBRの意味合い

PBRの意味合いを考える前に，まず，「PBR＝１倍」がどういう状態かを考えてみましょう。上記(1)の算式より，PBRが１倍ということは，株価が１株当たり純資産に等しいということです（**図表46-１**参照）。

図表46-１■「PBR＝１倍」が意味すること

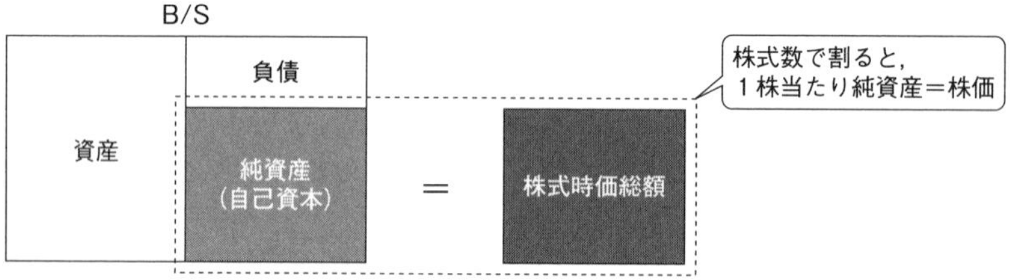

B/S
負債
資産
純資産（自己資本） ＝ 株式時価総額
株式数で割ると，１株当たり純資産＝株価

これをもって，「PBR＝１倍」は，「企業が何ら価値を創造していない状態」と言われることがあります。おそらく「純資産＝解散時に資産を換金して負債の返済に充てたときに残る資金の額」という前提の下，株式時価総額がそれと等しいということは，プラス α の価値がないという意味合いと推測されます（実際には，資産の換金価値は帳簿価額とは大きく異なりますが）。

そういう背景もあって，PBRは企業にとって価値創造の指標と言われます。すなわち，PBRは１倍を基準として，１倍を上回っていれば「価値創造」の状態，下回っていれば「価値破壊」の状態にあるということです。さらに，「PBRが１倍を下回っているということは，株式時価総額が解散価値（＝純資産）を下回っているということだから，事業を継続するよりも解散したほうがよい」という無茶苦茶な議論もあります。

一方で，冷静に考えてみると，１倍を基準とするかどうかは別として，PBR

を価値創造の指標と位置付けることにも一定の理解はできます。すなわち，残余利益モデルをもとに考えると，PBRの水準は，「資本コストを上回るリターンを稼得して，価値を生み出せているかどうか」を判断する際に目安になるためです（**Q-44**参照）。

(3) PBRに影響を与える要因（PBR＝ROE×PER）

PBRに影響を与える要因を考える際には，PBRを分解して考えるのが早道です。まず，PBRの算式について，間に1株当たり当期純利益を挟むと，PBRは以下のように分解できます。

$$\begin{aligned} \text{PBR} &= \frac{\text{株価}}{1\text{株当たり純資産}} \\ &= \frac{1\text{株当たり当期純利益}}{1\text{株当たり純資産}} \times \frac{\text{株価}}{1\text{株当たり当期純利益}} \\ &= \text{ROE} \times \text{PER} \end{aligned}$$

（注）ROEの分母について，自己資本と純資産の差は無視します。

つまり，PBRは，ROEとPERの積であり，PBRがこの2つの指標を包含する指標であるという点は，東証がPBRを重視している1つの理由と考えられます。例えば，東証を傘下に持つ日本取引所グループのCEOの記者会見要旨（2023年4月27日）では，PBRについて以下のように言及されています。

> なぜPBRと申し上げたかというと，PBRというのはご存じのようにROE掛けるPERで，ROEが現時点での収益性を表しているとすれば，PERというのは将来に対する期待値というものを表す指標と一般的に言われておりますので，そうした特徴から，投資者の目線を意識していただく，という意味で示唆に富んだ分析をしていただけるのではないかと思ったためです。

（下線は著者が追加）

かなり単純化された言い方ですが，ROEを「現時点での収益性」を表す指標，PERを「将来に対する期待値」は表す指標と捉えていることがわかります。

(4) 日本企業のPBRはだいたいどれくらいか

　東証が公表している「規模別・業種別PER・PBR（連結・単体）一覧」によると、2024年3月末のプライム市場におけるPBRの平均値（加重平均ではなく単純平均）は1.4倍です。ちなみに、その1年前である2023年3月末のプライム市場におけるPBRの平均値は1.2倍であり、やはりこの間の株価上昇の影響を反映しています。

　また、**Q-45**のプライム市場におけるPERの平均値をもとに、このPBRをROEとPERに分解すると、大まかには**図表46-2**のとおりです（ROEについては、8％程度と仮定しています。詳細については、**Q-35**をご参照ください）。

図表46-2 ■PBRに関係するだいたいの数字（2023年3月末→2024年3月末）

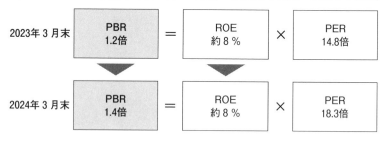

　なお、「PBR＝ROE×PER」を日米欧で比較したデータについては、後述の**Q-47**をご参照ください。

(5) PBRの改善策

　次に、PBRの改善策を考えてみます。この点、「PBR＝ROE×PER」という算式をもとに、まずは両指標の競合他社との比較を行い、自社のPBRが低くなっている要因を特定することから始めます。比較にあたっては、単年度の数字を見るのではなく、過去5年程度の数字を時系列で見るのが望ましいと考えられます。

① ROE改善が重要

　多くの場合、低PBRの状況から脱するために最も重要なのはROEの引上げです（ROEの改善について、**Q-37**参照）。すなわち、PERよりもROEのほう

が相対的に企業側でコントロールしやすく，また，ROEの改善はPBRの改善に与える影響が大きいと考えられるためです（PERの改善にもつながる可能性が高いので）。

この点，東証が2023年3月に公表した「資本コストや株価を意識した経営の実現に向けた対応について」という資料でも，現状分析にあたって，まずは「資本コストを上回る資本収益性を達成できているかどうか」を分析すべきこととしています（例えば，ROEと株主資本コストとの比較）。そして，そのうえで，「資本コストを上回る資本収益性を達成できていても，たとえばPBRが1倍を割れているなど，十分な市場評価を得られていない場合には，その要因」を分析すべきこととしており，分析は二段構えになっています。

したがって，自社の株主資本コストの水準をもとに適切なROEの目標値を設定し，それをクリアできるよう収益性を高めつつ，投資家と適切に対話することで，自社の成長可能性を評価してもらう（PERに反映してもらう）という流れが自然です。

② PER改善の視点

PBRの構成要素のうち，ROEが低い場合，PBRが低いのはある意味で当然のことですが，一方で，ROEが高いのにPBRが低い場合，それはPERが低いことを意味します。

PERは投資家側の成長期待に左右され，業種によって一定のレンジがあると言われています。したがって，直接的にPERを引き上げるのは難しい面がありますが，以下のような対策が考えられます。

(i) ROE改善策の検討
(ii) 成長投資の検討
(iii) IRの拡充

(注) その他，低PERの原因として，コングロマリット・ディスカウントなども念頭に置いておく必要があります（**Q-48**参照）。

(i)については，ROEの改善は将来の利益成長の期待（PER）の上昇にもつながり，さらにPBRを上昇させる可能性が高いと考えられます（後述の**Q-47**の**図表47-2**参照）。つまり，ROEを引き上げることで，間接的にPERも引き

上げられるということです。

　(ii)については、ROEが十分高いにもかかわらず、PERが低いのであれば、「現状の資本収益性は高いが、将来の成長期待に乏しい（あるいはリスクが高い）」と市場が評価していることになります。この場合、PBRを高めるためには、成長戦略を策定し、それを実行することが重要と考えられます。

　(iii)については、十分な成長性が見込めるにもかかわらず、PERが低いのであれば、投資家へのアピールが不十分である可能性もあります。この問題については、IRによる対応が必要であり（後述の**Q-49**参照）、東証の上記資料においては、成長性等に関する投資家からの評価改善のためには、「成長の実現に向けたサステナビリティや知的財産を含む無形資産に関する取組み」を示すことが考えられるとしています。また、日本取引所グループの前CEOの記者会見要旨（2023年2月27日）では、PERの改善について以下のように言及されています。

> 　PERの低さそのものに対しては、会社が目指す将来像、経営戦略を明確にしてアピールしていくということが非常に重要だと思います。やはり知ってもらえない企業は見落とされてしまいます。IRをおろそかにしてほとんどやっていないとか、やったとしても、課長もしくは部長クラスでしかやっていないというような企業と、社長が自ら表に立ってIRを行う企業とでは、市場からの評価も大きく変わりますので、そのあたりも含めて、経営陣が本気で取り組むということを市場にアピールいただくということが非常に重要だと思っています。

（下線は著者が追加）

(6) 1株当たり純資産にどれほどの意味があるのか

　Q-47で後述するとおり、東証は、PBR1倍割れの状態について、資本収益性や成長性の面での問題として指摘しています。「ROE8％」という数字も同様ですが、いったん東証が「PBR1倍」という数字に言及してしまうと、指標として理解しやすいこともあり、どうも数字が一人歩きしてしまう面があります。

　しかしながら、実際には「PBR1倍」というのは、あくまでも目安に過ぎません。というのも、会計上の純資産にそれほどの意味があるとは思えないからです。そもそも「過去」の資産の取得原価を積み上げて計算された会計上の純資産が、「将来」の予測キャッシュ・フローを基礎として計算されているはず

の株式時価総額と概念的に対応しているのか，という根本的な疑問があります（コラム参照）。

コラム　資産の含み益がPBRに与える影響

Q-3のとおり，純資産は資産と負債の差額です。つまり，純資産の評価は資産（と負債）の評価に影響されるということですが，資産のうち土地を含む事業資産は（減損処理されない限り）取得原価で評価されます。そのため，同じ時価の土地であっても，その帳簿価額（簿価）は取得時期によって大きく異なり，大昔に取得した工場用地などは簿価が小さい一方，最近取得した土地は簿価が大きい（時価に近い）という傾向があります。

設立年度の古い企業では，土地の時価が簿価の数百倍というケースもあります。当然ながら，純資産のベースになるのは土地の時価ではなく簿価なので，その含み益が株価に反映されるのであれば，それがPBRにも反映されることになります（つまり，相対的にPBRは高くなります。**図表46-3**参照）。

図表46-3 ■資産の含み益に起因する「PBR＞1倍」

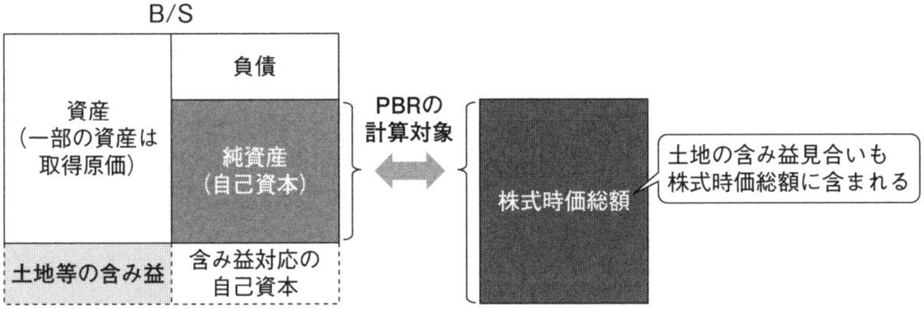

B/S

資産 （一部の資産は 取得原価）	負債	PBRの 計算対象	株式時価総額	土地の含み益見合いも 株式時価総額に含まれる
	純資産 （自己資本）	⇔		
土地等の含み益	含み益対応の 自己資本			

このケースでは，株式時価総額が純資産を上回る部分は，将来の利益に対する期待ではなく，単に現在保有している土地の含み益に過ぎず，「PBRが1倍を上回っているかどうか」に意味を見出すことはできません（これに対応するために，分母である純資産に不動産等の含み益（税引後）を加えたうえでPBRを算出しているケースもあります）。

なお，同様の議論は他の時価評価されていない資産にも当てはまります。例えば，有名なところでは，京成電鉄が保有するオリエンタルランド株式については，関連会社株式という位置付けのため，持分法は適用されるものの時価評価はされません。そのため，同株式に係る膨大な含み益も上記の土地の含み益と同じ扱いになっています。

まとめると，PBRが低いのであれば，上記(5)のとおり，ROEを高める努力（資本収益性の改善）も，PERを高める努力（成長のための投資や投資家との対話）も必要です。ただし，それは企業価値の向上のためであって，PBR1倍超えが目的ではありません。PBRという指標を用いること，言い換えると，株式時価総額と（会計上の）純資産を比較することの意味については，少し慎重に考えたほうがよいと思われます。

Q-47 PBR②：PBR 1 倍割れの意味

日本企業について，「PBR 1 倍割れ」の状態が問題視されているようですが，その意味合いについて教えてください。

A

東証は，PBR 1 倍割れの状態について，ROE 8 ％未満の状態とともに，資本収益性や成長性の面での問題として指摘しています。確かに，残余利益モデルで見ると，PBR 1 倍割れの状態は，企業が株主資本コストに見合うリターンを得られていないことを意味します。しかしながら，PBRについては，資本コストを意識した経営を推し進める際に参照すべき指標の 1 つに過ぎず，より重要なのは，中長期的な視点で企業価値の向上策を考えることといえます。

解説

(1) PBR 1 倍割れの場合に言われること

① ひどい扱い

PBRが 1 倍を下回っている場合，一言でいうと，ひどい扱いを受けます。**Q-46**のとおり，「株式時価総額が解散価値（＝純資産価値）を下回っているから，事業を継続するよりも解散したほうがよい（と投資家が判断している）」という議論もあるくらいです。実際には，貸借対照表上の資産や負債はすべてが時価というわけでもなく，純資産をもって解散価値（残余財産の分配額）と考えるのは無理な話なのですが，どうもそういう風潮があるということです。

② 東証のスタンスと企業にとっての問題点

当然ながら東証はそこまで言っていませんが，一方で，PBR 1 倍割れの状態は，ROE 8 ％未満の状態とともに，資本収益性や成長性の面での問題として指摘しています。

具体的には，東証が2023年 3 月に公表した「資本コストや株価を意識した経営の実現に向けた対応について」という資料では，プライム市場の約半数の上

場企業について,「ROE 8％未満, PBR 1倍割れ」の状況であることが問題視されており,企業価値向上に向けて,経営者の資本コストや株価に対する意識改革の必要性に言及されています。

また,経済産業省の持続的な企業価値向上に関する懇談会(第1回)の事務局資料(2024年5月)では,株価上昇を受けて,2024年1月末時点の「PBR 1倍割れ」企業は3割未満まで低下したものの,依然として欧米と比べると,その割合は高いことが指摘されています。

このような状況が企業にもたらす問題としては,「PBRが1倍割れだから」という理由で,機関投資家やアクティビストから改善を要請されることが多くなったという点が挙げられます。例えば,株主提案を含めて,「配当水準を引き上げて,自社株買いも実施してください」といった要求の内容自体は従来と変わりないものの,そこに「東証も改善を要請しているなか,PBRが低迷したままなので」という枕詞が付くようになったということです。PBR改善策という位置付けになると,それが短期的視点に偏ったものではない限り,企業としては提案に反対しづらくなるうえ,他の株主がアクティビストに追随する可能性も高くなります。また,還元拡充の提案に反対する場合,そこで示す対案が投資家目線になっていないと,投資家の信頼を失う事態も想定されます。

ただし,はっきりさせておきたいのは,そもそも東証は,「PBRの1倍割れの是正」を要請しているわけではないという点です。PBRは,数ある経営指標の1つであるという前提で,各企業がPBR等の指標を現状分析や改善策の検討に有効活用し,株主との建設的な対話を行うことを促しているという整理です。

(2) 残余利益モデルで見るPBR 1倍割れの意味

ここでは,改めてPBR 1倍割れの意味合いを考えてみましょう。**Q-44**のとおり,残余利益モデルによると,PBRはシンプルには以下のように表現できます。

$$PBR = 1 + \frac{残余利益の割引現在価値}{純資産簿価}$$

上式からわかるのは,単純化した残余利益モデルで見ると,「PBR 1倍割れ＝残余利益(の割引現在価値)がマイナス」という点です。解釈としては,株

主資本コストに見合うリターンを得られていなければ（つまり，ROEが株主資本コストを下回っていれば），残余利益がマイナスになり，PBRは1倍を下回るということです。言い換えると，PBR1倍割れは，経営者が株主の期待に応えられていない状況を示唆しており，厳しく見ると，これをもって「事業を継続するよりも解散したほうがよい」という解釈になるのかもしれません。

(3) 低PBRの構造的要因（ROEの問題か，PERの問題か）

次に，日本でPBR1倍割れの企業が多い要因を考えてみます。

定性面でいえば，やはり過去において，経営者が株価形成にそれほど関心がなく，自社の資本コストを意識したり，それを上回るような資本収益性を目指したり，という発想が必ずしも存在していなかった点が挙げられます。また，IRなどを通じた市場との対話もそれほど重視されていなかったのではないでしょうか。

「PBR＝ROE×PER」という関係を前提に（**Q-46**参照），もう少し定量的に見ると，上記の経済産業省の持続的な企業価値向上に関する懇談会（第1回）の事務局資料において，ROE・PER・PBRの推移を日米欧で比較したデータがあります（**図表47-1**参照）。

図表47-1 ■「PBR＝ROE×PER」の日米欧比較

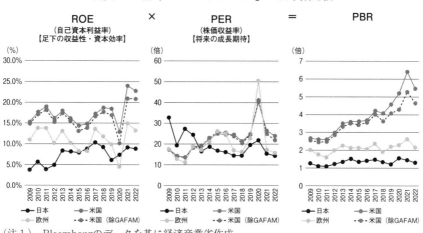

（注1） Bloombergのデータを基に経済産業省作成
※調査対象は，日本はTOPIX500のうち391社，米国はS&P500のうち335社，欧州はBE500のうち313社（金融業及び継続してデータを取得できない企業を除く）。

S&P500は，本社所在地が米国以外の企業を除く。
「2009」〜「2022」は，企業の事業年度を指す（例　2023年3月期決算の企業のPBRは「2022」に反映。）
(注2)　ROE＝純利益（決算期末）／純資産額（期首期末平均）*100
　　　PER＝時価総額／当期純利益
　　　PBR＝時価総額／純資産額
　　　※上記はすべて時価総額加重平均によるもの
(出典)　経済産業省　持続的な企業価値向上に関する懇談会（第1回）事務局資料

これによると，米国や欧州の企業と比較した場合，日本企業のROEとPERはいずれもが低位にあることが確認できます。

①　低ROE自体の問題

Q-35のとおり，上場企業の半数近くはROE8％未満に止まっているということを考えると，まずは資本収益性の問題が低PBRの1つの要因と判断できそうです。前掲の**図表47-1**からも，特に米国企業とのROEの差は大きいことが読み取れます。つまり，PBRをROEとPERに分解して考えた場合，低水準のPBRの要因の1つは，低水準のROEに求められるということです。

上記(1)では「ROE8％未満，PBR1倍割れ」と並列に扱いましたが，実際には両者が独立した事象ではなく，「ROEが8％未満という低水準であることもあって，PBRも1倍割れの低水準になっている」と解釈できます。

②　低ROE→低PERの問題

上記①に加えて，低ROEが低PERにつながっているという面もあります。**図表47-2**は，ROEとPBRの関係をグラフにしたものですが，これによると，PBRの水準は，ROE8％の左右で異なるように見えます。

図表47-2 ■ROEとPBRの関係

PBRと予想ROEの相関図:「8％は魔法の数字」の実証データ

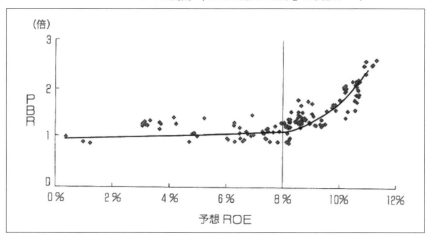

(注) 日経平均ベースの予想ROEとPBR（2005年1月〜2018年8月の毎月末）。
(出所) 柳・広木・井出（2019）
(出典) 柳良平『CFOポリシー（第3版）』

　すなわち，ROEが8％未満の水準では，ROEが上昇しても，PBRはあまり上昇していません。ROEについて10％以上の水準を期待している投資家も多い現状を考えると，ROEが8％未満という状況では，市場の評価を得るのは難しいということなのかもしれません。

　一方で，ROEが8％を超えている企業のPBRの水準（や傾き）を見ると，それは単にROEの高さによるものではなく，同時に市場の評価も得られている（つまり，PERも高い）という面がありそうです。言い換えると，現在の収益性を示すROEの向上が，将来の収益性を示すPERの改善につながり，その相乗効果でPBRが上昇しているということです。

　以上から，現状は，ROEで見ても，PERで見ても，「日本企業のPBRが低い水準に止まっていること」は納得できる結論であるように思います。

(4) 東証が考える「PBR＝1倍」の意味合い

　東証を傘下に持つ日本取引所グループのCEOは，2023年6月16日の記者会見において，記者からのPBRに関する質問に対して，以下のように回答しており，これが東証の考える「PBR＝1倍」の意味合いと考えておけばよいと思わ

れます。

> 　資本コストを意識した経営というのは，従来コーポレートガバナンス・コードでお示ししてきたものですが，それを実質的にどう推し進めるかということで，1つの例としてPBRというものを提示したということに過ぎず，(中略)全ての企業がPBR1倍を目指すべきだとか，あるいはPBR1倍以上であれば合格，1倍未満であれば不合格，などといった絶対的な基準として考えているわけではありません。

「PBR＝1倍」の意味合いをこのように考えている経営者はそれほど多くないかもしれません。ただ，それも承知のうえで，東証は「PBR＝1倍」という点を強調しているようにも見えます。「ROE＝8％」も同じですが，日本企業の体質（財務的な感覚の鈍さ）を考慮すると，「そうでも言わないと，具体的なアクションにつながらない」という懸念の表れとも受け取れるということです。

(5) PBR改善のポイント

PBRの改善については，ROEとPERという括りで考えると，結局は以下が重要なポイントと考えられます。

- 前提として，自社の資本コストを把握しておく
- 政策保有株式などは処分し，株主還元するなどして，ROEの分母を圧縮する
- 事業ポートフォリオを見直し，不採算事業などを売却することで，ROE（の分子）を改善する
- 長期的に資本コストを上回るリターンが得られる成長分野に投資し，ROEとともにPERを引き上げる
- 投資の成果は，さらなる成長投資に回し，余剰資金は自社株買い等により株主に追加還元する
- IR等を通じて，自社のポリシーをもとに投資家との対話を行う

どれも至極真っ当な内容と思われますが，いずれにせよ，対応は短期的なものであってはならず，中長期的な視点で，自社の考える企業価値向上のストーリーに沿って，具体的な対応を検討する必要があります。

Q-48 コングロマリット・ディスカウントと企業価値の関係

日本企業の低PBRの原因の1つとして，コングロマリット・ディスカウントが挙げられることがありますが，その意味合いを教えてください。

A

コングロマリット・ディスカウントは，多角化が企業価値を低下させる状況を指す用語です。日本企業は，収益の安定化やリスクの軽減等の観点から，多角化を好む傾向がありますが，投資家は基本的に多角化を評価しません。多角化による株価のディスカウントが，日本企業のPBRを引き下げている要因の1つとも言われています。

解説

(1) 多角化に関する基本的な考え方

企業が多角化することの是非を考えるにあたっては，「投資家は自社だけに投資しているわけではない」という視点が決定的に重要です。すなわち，そもそも投資家は自らが分散投資しているため，わざわざ企業が多角化する必要はないということです。

例えば，自社がA事業（コア事業）とB事業（A事業と無関係）を保有している場合，自社の株主は，ある意味で強制的にA事業とB事業のポートフォリオを持たされていることになります。しかしながら，自社がコア事業であるA事業だけを保有し，B事業をスピンオフすれば，A事業だけに投資したい投資家も，B事業だけに投資したい投資家もハッピーです。もちろん，既存株主も両事業を持ちたければ，そのようなポートフォリオを組めるので，不都合はありません（**図表48-1**参照）。

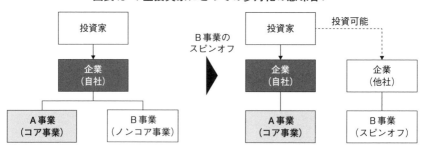

図表48-1 ■投資家にとっての多角化の意味合い

このような考え方に基づけば、投資家の選択肢を広げるという意味において、企業は多角化しないほうが望ましいといえます。つまり、投資家の立場からは、自らの投資ポートフォリオとバッティングする可能性のある事業ポートフォリオは不要だということです。

また、別の視点として、企業が多角化した結果として事業の数が増えすぎたり、事業領域が広がりすぎたりすると、投資家から見て「どのような企業なのか」がわかりづらくなるという面もあります。

これらの観点から、企業としては、自社の得意分野に経営資源を集中させるべきであり、多角化のための事業投資を行うくらいなら（他に投資対象がないのなら）、自社株買いなどにより株主に還元すべきと考えられます。多角化については様々な議論がありますが、「投資家は多角化を評価しない」という考え方が議論の出発点になります。

(2) コングロマリット・ディスカウントとは

企業が多角化により関連性の薄い事業に資本を配分する場合、コングロマリット・ディスカウント（Keyword 95参照）が発生する可能性があります。

Keyword 95　コングロマリット・ディスカウント

コングロマリット・ディスカウント（conglomerate discount）とは、多角化が企業価値を低下させる状況を指す用語です。すなわち、「多角化した企業（コングロマリット）の価値が、それを構成する各事業の価値の合計を下回っている状態」を意味し、多角化が企業価値を毀損させている状態と解釈することもできます。

一般に日本企業は，収益の安定化やリスクの軽減等の観点から，多角化を好む傾向がありますが，上記(1)のとおり，投資家は基本的に多角化を評価しません。このコングロマリット・ディスカウントによる株価のディスカウントが日本企業の低PBRの原因の１つと言われています。

　企業側の視点で考えても，事業の数が多くなればなるほど，事業の管理が難しくなる面があります。事業面で見れば，単純に経営者の管理能力（キャパシティ）を超えてしまうということです。また，財務面で見ても，リスクが大きく異なる複数の事業を抱える場合，全社としての資本構成の検討も含めて，より管理が煩雑になります（**Q-17**・**Q-18**参照）。

　ちなみに，多角化による収益の安定化やリスクの軽減については，企業の視点ではメリットといえるかもしれませんが，自らがより効率的に分散投資を行える投資家の視点ではメリットにはなりません。基本的な発想として，企業は多角化による業績の平準化や規模の拡大を重視する一方，投資家は選択と集中による効率化を重視するというイメージです。

コラム　コングロマリット・ディスカウント定量化の試み

　コングロマリット・ディスカウントについては，経済産業省の事業再編研究会（第１回）の事務局説明資料（2020年１月）において，いくつかの分析が示されています。
　まず，同資料では，事業セグメント数とPER（**Q-45**参照）の関係が示されており，東証１部（当時）の主要企業では，事業セグメント数が多いほどPERが低くなる傾向があることが示されています（**図表48-2**参照）。

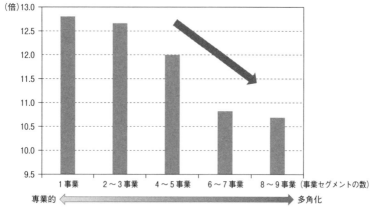

図表48-2 ■事業セグメント数とPER（株価収益率）の関係

(注) 対象はTOPIX1000，予想はQUICKコンセンサス（無い場合は東洋経済予想）。
　　 PER：株価／1株当たり当期純利益
(出典) 経済産業省 事業再編研究会（第1回）事務局説明資料（SMBC日興証券作成）

　PERの意味合いを考えると，これは事業の数が多くなればなるほど，投資家がその企業のリスクを高く，または成長性を低く評価しているという解釈になります。

　また，同資料では，コングロマリット・ディスカウントが以下の算式で試算されており（いわゆる「サム・オブ・ザ・パーツ分析」），日本の多角化企業が資本市場において一定程度ディスカウントされていることが示唆されるという分析結果が示されています。

| コングロマリット・ディスカウント＝各事業部門の事業価値(注)の合計額－親会社株式の時価総額 |

(注) 各事業部門の事業価値は，事業部門のEBITDA×業種全体のEV/EBITDA倍率（**Q-43**参照）の平均で算定。

　また，そのディスカウントの要因としては，経営の質の問題に加えて，投資家から見た事業構造のわかりにくさの問題が挙げられています。

---

(3) 多角化が正当化される状況

　上記(2)のようなコングロマリット・ディスカウントが存在するとして，そもそも企業による多角化が正当化される状況はあるのでしょうか？　この点につ

いては,「投資家には実現できない一方,企業であれば実現できる要素」を探す必要があり,具体的には,以下の2つが候補となります。

① 事業間のシナジー

多角化の経済合理性を説明する際には,事業間のシナジー(相乗効果)という概念が用いられることが多いと考えられます。

ここでいうシナジーとは,複数の事業を同じ企業の中に束ねることで,各事業を独立して営む場合よりも大きな価値を創出できることを意味します。上記(1)の例でいうと,自社がA事業とB事業の間でシナジーを実現できるのであれば,A・B両事業の保有が正当化される可能性があります。投資家は,基本的に保有銘柄間のシナジーを実現できないためです。

② 経営者のスキル(内部資本市場)

多角化を正当化するもう1つの要素は,経営者のスキルです。これは,優れた経営者はどんな事業でも効率的にマネジメントできるという考え方に基づきます。上記(1)の例でいうと,自社の経営者のスキルが高く,A・B事業とも,他社よりも効率的にマネジメントできるのであれば,A・B両事業の保有が正当化される可能性があります。これも投資家が関与できない部分だからです。

また,これに類似するものとして,「内部資本市場」という考え方もあります。これは,多角化した企業に優れた経営者がいる場合,外部の資本市場よりも,効率的に事業間の資本の配分を行えるという考え方です。つまり,投資家が自らポートフォリオを組むよりも,優れた経営者のほうが各事業の投資機会をよく理解しており,自社内部の事業間でより効率的に資金を割り振ることができる,言い換えると,より効率的な事業ポートフォリオを構築できるということです。

(4) コングロマリット・ディスカウントへの対応

上記(1)のとおり,投資家は基本的に多角化を評価しないと考えられますが,一方で,上記(3)のとおり,多角化が正当化される状況もありえます。そのため,重要になるのは投資家との対話です。すなわち,事業間のシナジーなどは企業側のほうがよく理解しているはずなので,まずは「自社が複数の異なる事業を展開することにより,中長期的にどのような追加的な価値を創出できるのか」

を発信し，それに対する投資家の考えを聞くのが望ましいと考えられます。

　その結果，自社の株価がコングロマリット・ディスカウントの状態であり，その解消が必要であれば，事業の数を減らすほかありません。つまり，求められる対応は，基本的に事業ポートフォリオの見直し（**Q-27**参照），もう少しいうと，ノンコア事業の売却です。具体的には，売却対象の事業を子会社が営んでいる場合，その子会社の株式を売却し，親会社内の事業であれば，事業譲渡やスピンオフ（＋株式売却）などの対応をとります。

　このような検討は，投資家（特にアクティビスト）からの要求を契機として行われることもあります。よくあるのは，「自社にとってのノンコア事業を売却し，経営資源をコア事業に集中させる一方，ノンコア事業の売却で得た資金を株主還元に回し，資本収益性を向上させるべき」といった要求です。

Q-49　IRと企業価値の関係

IRは株価に影響を与えると言われますが，その意味合いを教えてください。

A

　IRとは，シンプルには投資家向けの広報活動をいいます。一般に，IRにより適切なタイミングで投資家が求める情報を伝達することで，投資家の企業に対するリスク認識を低下させることができると言われています。したがって，IRは，資本コストの引下げを通じて，企業価値の向上（株価の上昇）にも寄与する可能性があります。

解説

(1) CGコードにおけるIRの位置付け

① 株主との対話

　IRについて考える前提として，まずは投資家（株主）との対話の位置付けを確認します。企業が投資家との関わり方を考える際，エンゲージメント（Keyword 96参照）という概念が重要になります。

Keyword 96　エンゲージメント

　エンゲージメント（engagement）は，シンプルにいうと，機関投資家による企業との「対話」を指す用語であり，日本版スチュワードシップ・コードでは，その目的は企業価値の向上や持続的成長を促すこととされています。エンゲージメントの具体的な手段としては，文字どおりの（経営者との）対話のみならず，株主総会での議決権行使や株主提案などを通じた対話なども含まれます。

　この点，コーポレートガバナンス・コード（CGコード）の基本原則5においても，株主との間で建設的な対話を行うことの重要性が強調されており，具体的には，大きく2つの方向から説明が行われています。

1つは,企業から株主に経営戦略や経営計画などを伝え,その理解を得るとともに,懸念があれば適切に対策を講じることが,持続的な成長に向けた取組みとして有益とされています。端的には,企業が中長期的な視点で投資を行ううえでは,中長期的な視点で自社に投資してくれる株主の存在が重要であり,そのような投資家に目線を合わせて自社の経営戦略や経営計画などを伝えていく必要があるということです。

もう1つは,逆方向で,企業が株主の声に耳を傾けることが,持続的な成長に向けた健全な企業家精神を喚起する機会になるとされています。短期的な利益や株主還元の要求は別として,企業の中長期的な成長を考えた外部からの客観的な提言は,企業としても検討の価値があるものと考えられます。このような観点からは,株主との対話の内容は社内で共有することも重要になります。

② IR=対話の手段

CGコードでは,上記①の基本原則を受けて,企業に株主との建設的な対話を促進するための方針を設定することを要求しており(原則5-1),この方針には「個別面談以外の対話の手段(例えば,投資家説明会やIR活動)の充実に関する取組み」が含まれます。つまり,CGコード上,IR活動は「株主との対話の手段の1つ」という位置付けになっており,以下ではこれを前提にIRの意味合いを確認します。

(2) IRとは

上記(1)のような対話の基礎となるのは情報開示であり,対話の促進のためには,IR(Keyword 97参照)による丁寧な情報開示が必須になります。

Keyword 97　IR

IR(investor relations)とは,一言でいうと投資家向けの広報活動であり,投資家向けに自社の業績や財務状況,今後の見通しなどを広報する活動をいいます。全米IR協会(NIRI)の定義によると,IRの最終目的は,企業の有価証券が公正な評価(fair valuation)を得られるようにすることにあります。

IRにおいて重要なのは,投資家が求める情報を適時に開示することです。この点,IRによる情報開示には,金融商品取引法に基づく開示(有価証券報告書など)や東証の規則に基づく開示(決算短信やその他適時開示など)に加えて,自社ウェブサイ

ト等における任意開示（決算説明会資料や統合報告書など）もあります。また，IRにおいてカバーする数字は，財務会計上の数値だけでなく，管理会計上の数値や中期経営計画上の数値なども含みます。もちろん，IRの範囲は数字に関わるものだけでなく，より多岐にわたり，例えば，ESGへの取組みなどもカバーしています。なお，近年では，海外の投資家向けに資料を英訳することの重要性も強調されています。

IR活動の具体的な内容としては，上記のような情報開示のほか，決算説明会，工場の見学会の開催など，様々な活動があります。これに加えて，主に機関投資家向けには，個別面談やスモール・ミーティングの開催があり，（セルサイド・）アナリストからの取材への対応も行います。

(3) IRによる資本コストの引下げ（企業価値の向上）

IRは投資家との対話を通じて関係を構築する手段の1つですが，企業のよくあるコメントとして，「資本コストの低減に向けて，財務・非財務の情報開示の充実に努める」等の内容があります。つまり，積極的なIRが資本コストの引下げに貢献し，それが企業価値の向上（あるいは市場での公正な評価）に貢献するということです。このように考えると，一般にIR活動に積極的な企業は，株式市場で評価されやすいという点も理解できます。

ここでは，このような観点から，IRと資本コスト（ひいては企業価値）の関係を考えます。

① 消極的なIR活動がもたらすもの

前提として，資本コストの水準を決めるのは投資家です。すなわち，投資家は，企業への投資に係る期待リターンだけでなく，リスクも考慮したうえで投資の意思決定を行っています。そして，リスクが高いと判断すれば，それに見合うリスク・プレミアムを上乗せするため，企業に対して要求するリターンも高くなります。

一方で，企業と投資家の間には情報の非対称性があり，企業には投資家が知り得ない潜在的なリスクも存在します。そして，投資家は，IR活動に消極的な企業に対して，より潜在的なリスクの存在を疑います。そうすると，IRの体制に問題があり，業績予想の修正を繰り返したり，結果として業績等に関して投資家にサプライズをもたらしたりすると，投資家はそのリスクに見合う高い収益率を要求することになります。つまり，投資家のリスク判断はある意味

で主観的なものなので，IRに問題があれば，企業にとっての資本コストが高くなるということです。

② IR活動が資本コストに与える影響

資本コストは投資家が企業のリスクに応じて要求するものなので，資本コストが高いこと自体に何ら問題はありません。しかしながら，消極的な情報開示により資本コストが上がっているのであれば，IRによる情報開示を充実させることで，投資家のリスク認識を引き下げる必要があります。つまり，投資家との対話により，資本コストを引き下げるということです。そして，資本コストの低下は，DCF法でいう割引率の低下を意味するので，企業価値（株主価値）の向上につながるという流れになります（**図表49-1**参照）。

図表49-1 ■IR活動→資本コスト引下げ→企業価値向上

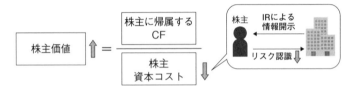

コラム　定性的にはそうかもしれないが定量化するのは難しい

「充実したIRが資本コストの引下げに貢献する」という定性面の議論は，ある程度は理解できるものです。一方で，「IRを充実させることにより，どのくらい資本コストが下がるのか」という定量面の議論になると，正確なところはよくわかりません。「IR優良企業のほうが資本コストが○％低い」や「IR優良企業のほうがPBRが○％高い」等々の分析結果は多くあるものの，IR活動の定量的効果については，コンセンサスのようなものは存在しないためです。

ただ，IRの充実により，仮に株主資本コストが8％から0.5％下がった（つまり，7.5％になった）とすると，単純計算で株主価値は6〜7％上昇するはずです（成長率をゼロと仮定した場合。**Q-44**参照）。このようなパーセンテージを自社の株式時価総額に乗じるなどすれば，IRの効果を大まかに把握することができるのではないでしょうか。

第Ⅶ章　企業価値と株価指標

Q-50　ESGと企業価値との関係

ESGへの対応は企業価値に影響を与えると言われますが，その意味合いを教えてください。

A

　ESGは，環境・社会・ガバナンスという非財務的要素を指す用語です。ESGへの対応が企業価値に与える影響は必ずしも明らかではありませんが，ESGを1つのリスク・ファクターとして捉えることで，資本コストとの関係で企業価値への影響を考えることはできます。

解説

(1) ESGとは

　中長期的な成長の実現のために，企業にはESG（Keyword 98参照）に代表される社会課題への対応が求められています。

Keyword 98　ESG

　ESGとは，環境（Environment）・社会（Social）・ガバナンス（Governance）という非財務的要素を指す用語です。ESGのうち，「ガバナンス」の問題は主に取締役会に関するものですが，「環境」の問題としては気候変動リスクなどが重要です。また，「社会」の問題は幅広いものの，例えば，ダイバーシティの推進や人権問題などのテーマがあります。

　ESGは，もともとは2006年に国連が示した責任投資原則（PRI：Principles for Responsible Investment）のなかに登場した用語です。PRIは，機関投資家に求められる諸原則であり，投資分析と意思決定のプロセスにESG課題を組み込んだり，投資対象企業に対してESG課題についての適切な開示を求めるなどの対応を規定しています。つまり，ESGという用語は，そもそもは投資家目線のものです。日本においては，2015年の年金積立金管理運用独立行政法人（GPIF）によるPRI署名を契機として，ESG投資への関心が高まり，実際にESG投資の拡大が見られます。

(2) ガバナンス（G）の重要性

ESGにおいては、環境（E）・社会（S）・ガバナンス（G）の3つの要素が並列になっていますが、このうち最も重要と考えられるのがガバナンス、つまり、企業にとってのコーポレート・ガバナンス（Keyword 99参照）です。

Keyword 99　コーポレート・ガバナンス

コーポレートガバナンス・コード（CGコード）において、コーポレート・ガバナンス（corporate governance）は、「会社が、株主をはじめ顧客・従業員・地域社会等の立場を踏まえた上で、透明・公正かつ迅速・果断な意思決定を行うための仕組み」と定義されています。

かなり広い定義ですが、基本的にコーポレート・ガバナンスは、経営者の意思決定が企業価値にプラスになるように統制する仕組みであり、その前提として、経営と所有の分離による経営者と株主との間の利益相反（エージェンシー問題）があります。そのため、ESG投資という文脈を抜きにしても、投資家が企業のガバナンスを重視するのは自然なことです。なお、コーポレート・ガバナンスの主な手段はモニタリングですが、ストック・オプションなどのインセンティブも重要になります。

日本企業の取締役会については、多様性の確保が重要な課題と言われており、女性取締役の比率などがよく議論になります。しかしながら、重要なのはガバナンスの実効性の有無なので、そのような「形式」に関する議論は、あくまでも「実質」を考えるうえでの一要素と考えておいたほうがよいでしょう。

(3) 環境（E）・社会（S）とサステナビリティの関連性

ESGのうち環境（E）・社会（S）については、持続可能な成長や発展を目指すという「サステナビリティ」の考え方との関連性が強く、その目的を実現するための手段と位置付けられます。

① CGコードにおけるサステナビリティ対応の位置付け

まず、CGコードでは、サステナビリティを巡る課題への対応を以下のように位置付けています（補充原則2-3①）。

取締役会は、気候変動などの地球環境問題への配慮、人権の尊重、従業員の健

康・労働環境への配慮や公正・適切な処遇，取引先との公正・適正な取引，自然災害等への危機管理など，サステナビリティを巡る課題への対応は，リスクの減少のみならず<u>収益機会にもつながる重要な経営課題であると認識し，中長期的な企業価値の向上の観点から，これらの課題に積極的・能動的に取り組むよう検討を深めるべき</u>である。

（下線は著者が追加）

　つまり，サステナビリティを巡る課題への対応に際しては，取締役会という高いレベルにおいて，中長期的な企業価値向上の観点から取り組む必要があるということです。また，サステナビリティの問題は，単なるリスクとしてではなく，収益機会にもつながる重要な経営課題と整理されています。
　また，CGコードでは，取締役会の役割として，以下のようにサステナビリティを巡る取組みに係る基本方針を策定することの必要性を示しています（補充原則4-2②）。

　<u>取締役会は，中長期的な企業価値の向上の観点から，自社のサステナビリティを巡る取組みについて基本的な方針を策定すべき</u>である。また，人的資本・知的財産への投資等の重要性に鑑み，これらをはじめとする経営資源の配分や，事業ポートフォリオに関する戦略の実行が，企業の持続的な成長に資するよう，実効的に監督を行うべきである。

（下線は著者が追加）

　なお，上記のとおり，サステナビリティを巡る取組みに係る基本方針は，それだけを独立して検討すべきものではなく，事業ポートフォリオに関する戦略（**Q-27**参照）の一環として検討すべきものとされています。

②　サステナビリティ対応の視点

　サステナビリティやESGに関する評価を事業ポートフォリオの評価に組み込むためには，企業が抱える多くの課題の中から，自社の事業活動への影響が大きく，優先的に取り組むべき重要課題（マテリアリティ）を特定する必要があります。サステナビリティ対応にもコストがかかるため，重要課題に限定して取り組むのが合理的であり，逆にいうと，マテリアリティを無視してすべてのサステナビリティ上の問題に対応する必要はありません。自社の財務数値への

インパクトが小さいのであれば，そのように説明すればよいということです。

具体的には，各種スタンダードや社外評価項目などに照らす形で，自社にとっての課題を抽出し，それらの課題のうち自社の持続的な成長の障害となるものや価値創造との結び付きが強いものを選別するという流れです。その際，業界によって課題の優先度合いには一定の傾向があるため，同業他社における情報は参考になります。また，気候変動リスクなどについては，国内外の環境団体のみならず，機関投資家から株主提案等を受けている企業もあるため，そのような情報も収集しておくのが望ましいといえます。

(4) 企業や投資家の実態

近年は，企業内でもESG・サステナビリティ・SDGsなどの用語ばかり耳にする気がしますが，実態として，これらはどのくらい重視されているのでしょうか？

この点，生命保険協会の企業・投資家向けアンケート（2023年度版）では，持続的な成長と中長期的な株式価値向上という観点で，企業に「今後取組みを強化する事項」，投資家に「強化を期待する事項」をそれぞれ質問しています（いずれも複数選択可）。これについて，「ESG・SDGsへの取組み」を選択した企業は74.2％であるのに対して，それを選択した投資家は40.0％であり，優先順位の付け方には若干の温度差があります。

また，一言で「ESG」といっても，関連するテーマは多岐にわたりますが，同アンケートでは，企業側に「ESG活動における主要テーマ」と，投資家側には「ESG投融資における主要テーマ」をそれぞれ質問しており，その結果をランキングの形にまとめたものが**図表50-1**です。

図表50-1 ■ESG活動（企業）及びESG投融資（投資家）における主要テーマ

	企業の視点	投資家の視点
①	人的資本（ダイバーシティ含む）（87.5％）	気候変動（88.4％）
②	気候変動（87.1％）	コーポレートガバナンス（75.4％）
③	コーポレートガバナンス（75.7％）	人的資本（ダイバーシティ含む）（63.8％）

（出典）　一般社団法人生命保険協会『生命保険会社の資産運用を通じた「株式市場の活性化」と「持続可能な社会の実現」に向けた取組について』（2024年4月公表）をもとに著者作成

順位に差はあるものの、やはり気候変動（E），人的資本（S），コーポレート・ガバナンス（G）といった項目が重視されていることがわかります。

(5) ESG対応と企業価値

上記(4)のとおり，企業の側は株主価値向上のためにESG対応を行うべきと考えていることが示されていますが，そもそも，ESG対応（及びサステナビリティを巡る取組み）が企業価値に与えるインパクトは定量化が難しく，コンセンサスも存在しない状況です。

① ESG対応の位置付け

ESG対応が企業価値に与える影響として，1つ確実に言えるのは，企業がESGに関する取組みを行う場合，それは，少なくとも短期的にはコスト要因になるということです（しかも，会計上，そのようなコストの多くは費用処理され，利益を圧迫します）。

一方で，投資家の視点では，企業が抱えるESG関連のリスク（例えば，気候変動問題や人権問題）への対応を重視していると考えられ，実際にESG投資では，ESG対応が不十分な企業を投資対象から外す方向で考慮しています（いわゆる「ネガティブ・スクリーニング」）。つまり，ESG関連のリスク対応は，消極的な意味において，企業価値の毀損を回避するために必要なものといえます。

② リスクとしてのESG（資本コストへの影響）

上記①のように，1つの整理の仕方として，ESGを将来の価値毀損につながる「リスク」として捉える考え方があります。

具体的には，ESGのうち，G（ガバナンス）については，リスク管理が不十分な企業が予期せぬ利益変動に直面しやすくなるのはイメージしやすいところです。同様に，E（環境）やS（社会）についても，脱炭素への対応などが不十分であったり，サプライチェーンにおける人権問題などを看過していたりすると，大きな経営上のリスクにつながります。

逆にいうと，ESGリスクにうまく対処すれば，経営上のリスクが緩和され，将来の業績の安定化に寄与するため，それが資本コストの低下につながる可能性もあります。このような考え方の下，ESGリスクの水準を資本コストに反映することで，企業価値への影響をある程度定量化することもできます（その他，

ESGの定性評価を行い，それを何らかの形で，別途算定した企業価値に加味するという方法もあります）。

③ 収益機会としてのESG（将来キャッシュ・フローへの影響）

CGコードでも示されているとおり，上記②を一歩進める形で，ESGを「リスク」ではなく，「収益機会」として捉える考え方もあります。

具体的には，ESG対応は，新市場の創出等による中長期的な利益への期待から行うということであり，実際にESG対応が収益力の強化につながり，結果として企業価値を増加させているという見解もあります。例えば，環境問題への取組みにはコストがかかりますが，脱炭素への対応を１つの投資案件と考えれば，それは既存技術の改良やイノベーションにつながり，企業の競争力を高める可能性もあるということです。

一方で，ESG対応が可能な企業は，そもそも収益力が高く，余裕もある企業なので，企業価値は自然に増加しているだけだという見方もあり，ESG対応と収益力（企業価値）の因果関係については不明確な状況です。

④ ESG対応の自己目的化に対する懸念

１つ言えるのは，通常の投資意思決定と同様，ESG対応の投資についても，しっかり費用対効果を考えるべきということです。結局のところ，企業価値を広く捉えるのでなければ（**Q-41**参照），「企業価値の向上に貢献する」ということは，将来キャッシュ・フローか資本コストのいずれかへの影響の観点から説明が必要になるためです（**図表50-2**）。

図表50-2 ■ESG対応と企業価値

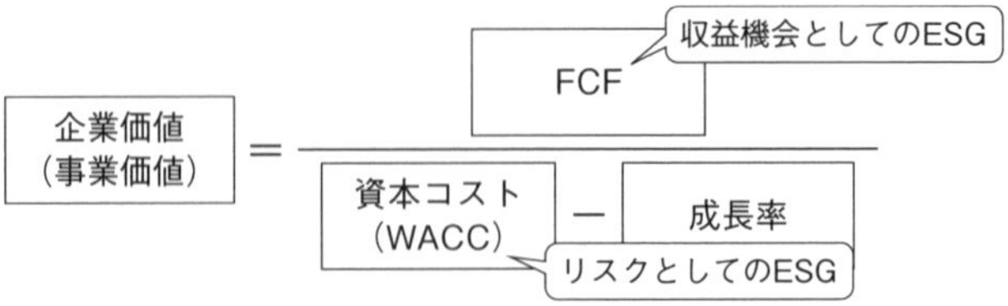

$$企業価値（事業価値） = \frac{FCF \text{（収益機会としてのESG）}}{資本コスト(WACC)\text{（リスクとしてのESG）} - 成長率}$$

投資家がESGに対する積極的な対応をどのように評価するのかは必ずしも明らかではありませんが，当然ながら収益やリスクを度外視しているわけではないと考えられます。つまり，ファイナンスの観点でESG対応について考える際

に重要なのは,「収益やリスクと切り離した議論に意味はない」という点であり,ESG対応が自己目的化しないように注意が必要といえます。よく言われるように,ESG対応は業績悪化の言い訳にはならないということです。

(6) 統合報告書による非財務情報の開示

① CGコードの要請

ESGは,投資家との対話の議題となるため,企業としては,投資家が中長期的な視点で企業価値を判断できるよう,財務情報に加えて,ESGを含む非財務情報を積極的に開示する必要があります。これは,CGコードの要請でもあり,情報提供に取り組むべき「経営戦略・経営課題,リスクやガバナンスに係る情報等の非財務情報」のうち,特に経営戦略との関連で,サステナビリティについての取組みを適切に開示すべきとしています(補充原則3-1③)。

② ESGに関する情報開示を巡る企業や投資家の実態

この点,生命保険協会の企業・投資家向けアンケート(2023年度版)によると,図表50-3のとおり,ESGへの取組みに関する情報開示について,企業の47%が「十分開示している」と認識している一方,そう考えている投資家は2%に止まり,両者の認識に大きな隔たりがあります。

図表50-3 ■ESGへの取組みに関する情報開示についての認識

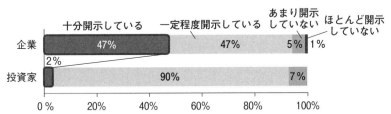

(出典) 一般社団法人生命保険協会 『生命保険会社の資産運用を通じた「株式市場の活性化」と「持続可能な社会の実現」に向けた取組について』(2024年4月公表)

③ 統合報告書の必要性

上記①のとおり,企業が求められる情報開示には,ESGに関する情報に限らず,経営戦略やリスクに関する情報など,様々なものがあります。

そのため,有価証券報告書やコーポレートガバナンス報告書における開示で

は必ずしも十分ではなく，追加の情報開示が必要になる場合があります。このような観点から求められるのが，統合報告書（Keyword 100参照）です。上記の企業・投資家向けアンケートでも，81％の投資家が統合報告書による開示を求めていることが示されています。

Keyword 100　統合報告書

　統合報告書（integrated report）とは，財務情報に加えてESGを含む非財務情報をまとめたものであり，さらに経営戦略やリスクに関する情報も記載した任意の開示資料をいいます。

　ただし，2023年3月31日以後終了事業年度からは，法定開示書類である有価証券報告書においても，「サステナビリティ情報」の記載項目が新設されており，コーポレート・ガバナンスに関する開示も拡充されています。これを受けて，気候変動が事業に及ぼす影響など，定量的な情報（対応費用を含む財務面の影響）については，有価証券報告書で暫定値を開示しておき，その後公表する統合報告書で確定値を開示している企業もあります。つまり，有価証券報告書と統合報告書を組み合わせて開示を考えるということです。

④　非財務情報と財務情報のリンク

　実際に統合報告書を公表する日本企業は年々増加していますが，統合報告書が非財務情報の開示に偏重しているという指摘もあります。「統合」報告なので，本来はESGを含む非財務情報を財務情報とリンクさせることが必要であり，ESG対応が企業価値の持続的向上に貢献することを（仮に定性的なストーリーであっても）投資家に論理的に説明できることが望ましいといえます。

　この点，非財務情報可視化の取組み等の位置付けで，中長期的な企業価値向上に関係する非財務指標のデータを蓄積し，継続的な分析を行った結果を開示している企業もあります。端的には，ESG要素と企業価値との関係について，何らかのモデル（有名なところではエーザイの「柳モデル」）により定式化を試みるアプローチということです。

索　引

英　数

CAGR …………………………………… 209
capex …………………………………… 50
CAPM …………………………………… 89
CCC ……………………………… 234, 270
DCF法
　……… 11, 84, 157, 257, 264, 276, 278, 284
DDM …………………………………… 277
D/Eレシオ ……………………………… 73
Debt/EBITDA倍率 ……………… 40, 74
DOE ……………………………… 182, 189
DPS …………………………………… 183
EBIT …………………………………… 41
EBITDA ………………………… 40, 274
EBITDAマージン ……………………… 41
EBITDA有利子負債倍率 ……………… 74
EPS ………………… 37, 65, 196, 239, 283
EPS成長率 ……………………………… 37
ESG …………………………………… 313
EV/EBITDA倍率 ………… 40, 258, 274
FCF ………………… 9, 42, 46, 150, 264
IR ……………………………… 186, 310
IRR ………………… 120, 131, 136, 254
M&A ……………………………… 156, 239
MM第1命題 …………………………… 101
MM第2命題 …………………………… 101
MM理論 ……………………………… 101
Net Debt/EBITDA倍率 ……………… 74
NOPAT ……………… 42, 48, 151, 242, 269
NOPLAT ……………………………… 43
NPV ………………… 84, 120, 125, 135, 156, 254
PBR ……………… 14, 273, 282, 289, 297
PER ………………………… 273, 283, 291
PI ……………………………………… 130
RIM …………………………………… 279

ROA ……………………………… 206, 212
ROE … 14, 17, 65, 114, 197, 206, 217, 219,
　226, 230, 237, 249, 252, 291, 297
ROIC ……………… 11, 17, 114, 206, 241, 250
ROICスプレッド ………………… 166, 250
ROICツリー …………………………… 247
TSR ……………………………… 183, 210
WACC
　… 17, 76, 96, 114, 129, 137, 244, 250, 264

あ 行

アセット・オーナー …………………… 94
アセット・マネジャー ………………… 94
安定配当 ………………………… 174, 181
アンレバード・ベータ ……………… 143
伊藤レポート ………… 58, 78, 206, 222, 226
インオーガニック・グロース ……… 208
インタレスト・カバレッジ・レシオ … 74
売上総利益 ……………………………… 36
売上高当期純利益率 …… 220, 230, 231, 238
売上高利益率 ………………………… 215
運転資本 …… 10, 50, 152, 234, 243, 267, 270
営業活動によるCF …………………… 45
営業利益 ……………… 35, 69, 75, 151, 213
営業レバレッジ ………………………… 69
エージェンシー・コスト ………… 28, 172
エージェント ………………………… 172
益回り ………………………………… 287
エクイティ・スプレッド ………… 252, 281
エクイティDCF法 …………………… 278
エクイティ・ファイナンス
　……………………… 64, 89, 100, 238
エンゲージメント …………………… 309
オーガニック・グロース …………… 208

か行

会計上の見積り ……………………………… 4
回収期間法 …………………………… 145, 160
格付け ………………………………… 15, 110
加重平均資本コスト（WACC）
　… 17, 76, 96, 114, 129, 137, 244, 250, 264
株価収益率（PER） ………… 273, 283, 291
株価純資産倍率（PBR）
　………………………… 14, 273, 282, 289, 297
株式時価総額 ………………… 97, 256, 289
株主価値 ……………………… 157, 258, 268, 277
株主還元 ……………………………… 57, 170
株主資本 ……………………………………… 13
株主資本コスト …… 17, 65, 76, 79, 89, 96,
　114, 228, 252, 280, 285
株主総利回り（TSR） ……………… 183, 210
為替換算調整勘定 …………………… 13, 235
感応度分析 …………………………………… 155
管理会計 ……………………………………… 5
関連会社 …………………………………… 19, 36
関連会社株式 ……………………………… 19
機会費用 ……………………………………… 153
機関投資家 …………………………………… 94
企業価値 ………………… 256, 257, 268, 274
議決権行使助言会社 ……………… 33, 223
希薄化 ………………………………………… 65
キャッシュ・アロケーション …………… 54
キャッシュ・コンバージョン・サイクル
　（CCC） …………………………… 234, 270
キャッシュ・フロー計算書 ……………… 44
キャピタル・アロケーション
　………………… 24, 45, 54, 119, 177, 235
クリーン・サープラス関係 ……………… 281
クレジット・スプレッド ………………… 86
経常利益 …………………………………… 213
継続価値 …………………………………… 266
限界利益 …………………………………… 39, 69
減価償却費 ………………………… 40, 50, 269

現在価値 …………………………… 84, 128
減損損失 …………………… 20, 111, 140, 165
コーポレート・ガバナンス ……………… 314
コーポレートガバナンス・コード
　…………… 31, 59, 77, 118, 205, 309, 314
コーポレート・ファイナンス ……………… 2
固定資産 ………………… 10, 152, 234, 243, 267
固定費 ………………………… 38, 69, 123, 150
固変分解 ……………………………………… 38
コミットメント・ライン ………………… 27
コングロマリット ………………………… 304
コングロマリット・ディスカウント
　………………………………………… 304
コントロール・プレミアム ……………… 276
コンバージョン・レート ………………… 47
コンプライ・オア・エクスプレイン … 31

さ行

最終損益 ……………………………………… 35
最適資本構成 ……………………………… 107
財務会計 ……………………………………… 3
財務活動によるCF ………………………… 45
財務健全性 ………………………………… 209
財務柔軟性に関する理論 ………………… 105
財務リスク ………………………………… 70
財務レバレッジ
　………… 71, 217, 220, 230, 235, 239, 249
サステナビリティ ………………………… 314
残余利益 …………………………………… 279
残余利益モデル（RIM）
　………………………… 221, 258, 279, 298
事業外資産 ………………… 9, 20, 257, 267, 271
事業外負債 …………………………………… 9
事業価値 …………………………… 157, 257, 267
事業再編ガイドライン ……………… 161, 243
事業資産 …………………………………… 9, 267
事業負債 ……………………………………… 9
事業ポートフォリオ
　………………… 161, 233, 240, 262, 270

索　引　*323*

事業利益 ································· 75
事業リスク ························ 68, 108
シグナリング効果 ············ 180, 196
自己株式 ································ 202
自己株式の取得 ···················· 192
自己株式の消却 ···················· 194
自己資本 ········· 13, 71, 190, 219, 243, 280
自己資本当期純利益率（ROE）···· 14, 17, 65, 114, 197, 206, 217, 219, 226, 230, 237, 249, 252, 291, 297
自己資本配当率（DOE）········· 182, 191
自己資本比率 ····················· 15, 100
自社株買い
　············ 170, 180, 182, 192, 199, 239, 262
シナジー ································ 158
シナリオ分析 ························· 155
資本構成 ········ 21, 58, 100, 175, 193, 271
資本コスト ···· 17, 28, 31, 76, 82, 113, 137, 227, 311, 317
資本資産評価モデル（CAPM）········ 89
資本収益性 ······················ 162, 193, 204
資本収益性を示す指標 ········ 17, 113, 204
資本制約 ································ 129
資本的支出（capex）············ 50, 269
収益性インデックス（PI）········· 130
純資産 ························· 12, 190, 289
純資産配当率（DOE）········ 182, 189
純負債比率 ···························· 73
純有利子負債 ························· 73
乗数法 ································ 272
正味現在価値（NPV）
　······················· 84, 120, 125, 135, 156, 254
将来価値 ································ 84
ショートターミズム ················· 58
初期投資 ································ 123
人的資本への投資 ················ 119
スチュワードシップ・コード ······ 309
政策保有株式 ·············· 19, 30, 194
成長性 ··························· 162, 207

成長率 ································ 285
税引後営業利益（NOPAT）
　····················· 42, 48, 151, 242, 269
増加運転資本 ························ 50
総還元性向 ···················· 177, 182
増資 ······························· 64, 262
総資産 ··························· 15, 71
総資産回転率 ········ 215, 220, 230, 233
総資産利益率（ROA）········ 206, 212
その他有価証券評価差額金 ······· 13
損益計算書 ···························· 34
損益分岐点売上高 ···················· 38

た 行

ターミナル・バリュー ················ 266
貸借対照表 ······················· 7, 152
対話 ································ 309
段階損益 ································ 35
賃貸不動産 ····························· 20
デット・キャパシティ ·················· 26
デット・ファイナンス ········ 62, 86, 100
手元流動性 ···························· 23
手元流動性比率 ······················ 23
投下資産 ································ 243
投下資本 ························ 17, 242
投下資本利益率（ROIC）
　························ 11, 17, 114, 206, 241, 250
当期純損益 ···························· 35
当期純利益 ···················· 214, 219
統合報告書 ···························· 320
倒産コスト ···························· 103
投資 ····················· 10, 37, 57, 118, 173
投資回収期間 ···················· 145, 286
投資活動によるCF ···················· 45
特別配当 ································ 201
トレードオフ理論 ···················· 102

な 行

内部収益率（IRR）········ 120, 131, 136, 254

内部留保 …………………………… 66, 238
ネットD/Eレシオ ………………………… 73
年平均成長率（CAGR）…………… 209

は 行

ハードル・レート ……………… 113, 132, 136
配当 ………………… 170, 179, 192, 199, 277
配当性向 ……………………… 177, 182, 187
配当政策 ……………………………… 180
配当無関連命題 ……………………… 180
配当利回り …………………………… 80
配当割引モデル（DDM）……………… 277
非財務情報 …………………………… 319
非支配株主持分 ………………… 13, 220
1株当たり純資産 ……………………… 289
1株当たり当期純利益（EPS）
  ………………… 37, 65, 196, 239, 283
1株当たり配当金（DPS）……… 80, 183
費用 …………………………………… 37
負債コスト ……………… 62, 76, 79, 86, 96
負債の節税効果 ……………………… 87, 103
負債比率（D/Eレシオ）… 26, 73, 100, 105
フリー・キャッシュ・フロー（FCF）
  ………………… 9, 42, 46, 150, 157, 264
フリー・キャッシュ・フロー仮説 …… 172
プリンシパル ………………………… 172
分配可能額 ………………………… 15, 185
ペイアウト …………………… 170, 192
ペイアウト政策 ……………………… 170
ベータ（β）………………………… 92, 142
ベストオーナー ……………………… 165
ペッキング・オーダー理論 ………… 104
変動費 ……………………… 38, 69, 150
簿価純資産 …………………………… 14

ま 行

マーケット・ポートフォリオ ………… 91
マーケット・リスク・プレミアム …… 91
埋没費用 ……………………………… 154
マルチプル …………………………… 272
みなし税引後営業利益（NOPLAT）… 43
無借金経営 …………………………… 79
無利子負債 …………………………… 63
持合株式 ……………………………… 30
持分法による投資損益 ………… 36, 214

や 行

有価証券報告書 ……………………… 320
遊休不動産 …………………………… 19
有利子負債 …… 9, 63, 73, 157, 243, 257, 267
要求収益率 …………………………… 82
余剰資金 ……………………… 18, 23, 239
予備的動機による資金保有 ………… 24

ら 行

リスクフリー・レート …………… 84, 86, 90
リスク・プレミアム ………………… 84, 86
利息・税金・減価償却費等控除前利益
  （EBITDA）……………………… 40
利息・税金控除前利益（EBIT）……… 41
リレバード・ベータ ………………… 143
理論株価 ……………………………… 259
累進配当 ……………………………… 181
レバード・ベータ …………………… 143

わ 行

割引率 ………………………… 84, 129, 157

【参考文献】

- KPMG FAS/あずさ監査法人編『ROIC経営』,日本経済新聞出版,2017年
- KPMG FAS/あずさ監査法人編『ROIC経営 実践編』,日本経済新聞出版,2022年
- 石野雄一 著『道具としてのファイナンス(増補改訂版)』,日本実業出版社,2022年
- 公益財団法人日本証券経済研究所編『日本のコーポレートファイナンス』,白桃書房,2020年
- 佐和周 著『M&Aにおける財務・税務デュー・デリジェンスのチェックリスト』,中央経済社,2016年
- 佐和周 著『財務数値への影響がわかるケース100』,中央経済社,2020年
- 田中慎一・保田隆明 著『コーポレートファイナンス 戦略と実践』,ダイヤモンド社,2019年
- 徳成旨亮 著『CFO思考』,ダイヤモンド社,2023年
- 宮川壽夫 著『企業価値の神秘』,中央経済社,2016年
- 柳良平 著『CFOポリシー(第3版)』,中央経済社,2023年

■著者紹介

佐和　周（さわ　あまね）

公認会計士，税理士
佐和公認会計士事務所　代表
社外監査役（東証プライム上場企業・東証スタンダード上場企業）
関西学院大学大学院　経営戦略研究科　非常勤講師

1999年　東京大学経済学部を卒業，同年朝日監査法人（現　有限責任　あずさ監査法人）に入所。日系グローバル企業や外資系企業の監査のほか，財務デュー・デリジェンス業務や企業価値評価業務等に従事。2008年　英国ケンブリッジ大学経営大学院（Cambridge Judge Business School）首席修了（MBA）。2009年　KPMG税理士法人に転籍。日系グローバル企業や外資系企業の税務申告のほか，国内・海外税務デュー・デリジェンス業務や国際税務に係るアドバイザリー業務等に従事。2011年佐和公認会計士事務所を開設。会計・税務・財務の面から，日本企業の海外事業の管理をサポートしている。

【主な著書】
『この取引でB/S・P/Lはどう動く？　財務数値への影響がわかるケース100』
『貸借対照表だけで会社の中身が8割わかる』
『これだけは押さえておこう　海外子会社管理の会計・税務・財務ケース50』
『これだけは押さえておこう　国際税務のよくあるケース50』
『これだけは押さえておこう　海外取引の経理実務ケース50』
『海外進出・展開・撤退の会計・税務Q&A』
『海外進出企業の税務調査対策チェックリスト』
『英和・和英　海外取引で使える会計・税務用語辞典』（以上，中央経済社）などその他，旬刊『経理情報』，月刊『国際税務』，週刊『税務通信』など，雑誌への寄稿も多数。

【ウェブサイト】
佐和公認会計士事務所：https://sawa-crossborder.jp
佐和周のブログ：https://sawa-crossborder.jp/sawa-blog

50テーマ＆100キーワードでわかる
一通りコーポレート・ファイナンス

2024年10月5日　第1版第1刷発行

著者　佐　和　　　周
発行者　山　本　　　継
発行所　㈱中央経済社
発売元　㈱中央経済グループ
　　　　パブリッシング

〒101-0051　東京都千代田区神田神保町1-35
電話　03（3293）3371（編集代表）
　　　03（3293）3381（営業代表）
https://www.chuokeizai.co.jp
印刷／昭和情報プロセス㈱
製本／誠　製　本　㈱

©2024
Printed in Japan

＊頁の「欠落」や「順序違い」などがありましたらお取り替えいたしますので発売元までご送付ください。（送料小社負担）

ISBN978-4-502-51271-1　C3034

JCOPY〈出版者著作権管理機構委託出版物〉本書を無断で複写複製（コピー）することは，著作権法上の例外を除き，禁じられています。本書をコピーされる場合は事前に出版者著作権管理機構（JCOPY）の許諾を受けてください。
　JCOPY〈https://www.jcopy.or.jp　eメール：info@jcopy.or.jp〉